Über dieses Buch Die Autoren möchten mit diesem Band zwischenmenschliche Konflikte, die die Entwicklung einer Ehe bestimmen und belasten können, aus der Erfahrung des Psychotherapeuten heraus darstellen und erläutern. Die Ursachen solcher Konflikte sind in der Regel nicht bei einem der Partner, sondern in ihrem wechselseitigen Einfluß aufeinander zu suchen. Durch Beobachtung und Deutung ehelicher Gefühlsbeziehungen gelingt es den Autoren, ein besseres Verständnis für störende Einflüsse zu wecken und damit die Voraussetzung für eine beide Eheleute erfüllende Beziehung zu schaffen.

Die Autoren Annelise Heigl-Evers und Franz Heigl sind als ärztliche Psychotherapeuten und Psychoanalytiker an der Fachklinik für psychogene und psychosomatische Erkrankungen Tiefenbrunn bei Göttingen tätig.
Von den Autoren sind in der Reihe *Geist und Psyche* ferner erschienen: *Gelten und Geltenlassen in der Ehe* (Bd. 42128) und *Geben und Nehmen in der Ehe* (Bd. 42151).

Annelise Heigl-Evers
und Franz Heigl

Lieben und Geliebtwerden in der Ehe

Eine tiefenpsychologische Studie über Ursachen und Auswirkungen von Partnerschaftskonflikten

Fischer Taschenbuch Verlag

Geist und Psyche
Begründet von Nina Kindler 1964

6.–8. Tausend: Februar 1985

Ungekürzte Ausgabe
Veröffentlicht im Fischer Taschenbuch Verlag GmbH,
Frankfurt am Main, Juli 1983
Genehmigte Taschenbuchausgabe
Die Originalausgabe ist 1969 im
Verlag für Psychologie Dr. C. J. Hogrefe,
3400 Göttingen, Rohnsweg 25, erschienen
Lektorat: Willi Köhler
Umschlaggestaltung: Graupner & Partner GmbH
Satz: Friedrich Pustet, Regensburg
Druck und Bindung: Clausen & Bosse, Leck
Printed in Germany
1080-ISBN-3-596-42118-7

Inhalt

II. Das Liebesstreben des Menschen

III. Eheleute unter sich: Szenen mit Kommentar

Vorwort

Wir möchten zwischenmenschliche Konflikte, wie sie die Entwicklung einer Ehe bestimmen und belasten können, aus der Erfahrung des Psychotherapeuten heraus darstellen und erläutern. Wir wenden uns damit an interessierte Eheleute und an die mit Eheproblemen befaßten Experten. Es handelt sich bei dieser Studie um die zweite Fortsetzung der Reihe »Eheleute unter sich«, die mit dem Thema »Geben und Nehmen in der Ehe« begann und mit dem Thema »Gelten und Geltenlassen in der Ehe« weitergeführt wurde. Sie behandelt jene Schwierigkeiten, die mit gefühlshafter Nähe und Distanz in der ehelichen Partnerschaft zusammenhängen.

Nähe und Distanz in kleinen Gruppen bestimmen sich immer durch das Verhalten *aller* Mitglieder der betreffenden Gruppe, in unserem speziellen Fall *beider* Partner einer Ehe. Wir haben Beobachtung und Überlegung daher auf die zwischen den Ehepartnern ablaufenden Interaktionen gerichtet und haben nicht, wie in den ersten beiden Bänden, das konflikthafte Erleben jeweils *eines* der beiden Partner herausgeblendet. Es geht uns im Zusammenhang unseres Themas darum, den wechselseitigen Einfluß der Eheleute aufeinander anschaulich zu machen. Wir haben uns dabei auf schädliche, die Partnerschaft störende Einflüsse konzentriert; ein besseres Verständnis für solche störenden Einflüsse wird, so hoffen wir, den Blick auf die Möglichkeiten fördernder Interaktionen öffnen.

Göttingen, im Januar 1969

I.

Einige Betrachtungen über die Gefühlsbeziehungen in der Ehe

Es geht um die Ehe als eine Form des Miteinanderlebens von Mann und Frau. Wir wollen uns den damit zusammenhängenden Fragen so nähern, daß wir uns in einem ersten Schritt mit der antinomischen Grundsituation der Ehe befassen und die Schlüsse und Folgerungen aufzeigen, die sich bei Anerkennung dieser Grundsituation ziehen lassen. In einem weiteren Schritt wollen wir sodann die Eigenart der ehelichen Partnerschaft und die für ihre Verwirklichung notwendigen Voraussetzungen sowie auch einige ihrer Zerrformen schildern. Ein dritter Schritt soll uns zur erotisch-sexuellen Beziehung führen; wir werden uns dabei des näheren mit häufig anzutreffenden Klischeevorstellungen, Schamschranken und Fehlerwartungen, mit unbewußten Störquellen, mit seelisch bedingten Symptomen und mit einigen Grundzügen humaner Kohabitation beschäftigen. Der darauf folgende Schritt soll uns dem Verständnis eines gleichsam gemeinsamen Nenners aller Eheschwierigkeiten näherbringen; und mit einem letzten Schritt der Überlegung und Betrachtung wollen wir uns schließlich dem Thema der Gefühlsabbrüche in der Ehe und den daraus erwachsenden Konsequenzen zuwenden.

Liebe deinen Nächsten wie dich selbst – so lautet eines der ersten und vornehmsten Gebote der jüdisch-christlichen Überlieferung. Die durch psychoanalytische Beobachtung gewonnene Erfahrung lehrt, daß dieses Gebot vor allem auf dreierlei Weise mißverstanden und dadurch unerfüllbar wird. Davon soll im folgenden die Rede sein.

1. Viele Menschen sind nur für den ersten Teil der Empfehlung zugänglich, für die Weisung: Liebe deinen Nächsten . . . und überhören gleichsam die Hinzufügung . . . wie dich selbst. Sie konzentrieren ihre Aufmerksamkeit, ihre Bemühung und ihren Einsatz lediglich auf die Person und auf die Bedürfnisse des anderen unter Mißachtung der eigenen Person und ihrer Belange. Sie entwickeln eine Art der Zuwendung zum anderen

und zu dessen Bedürfnissen und Interessen, die bis zur Aufopferung und Selbstaufgabe geht. Ein solcher Mensch verliert sich selbst dabei aus Auge und Sinn; er nimmt sich selbst nicht ernst; er versäumt es, die eigene Person in den Bereich seiner liebevollen Sorge einzubeziehen.
Es handelt sich bei dieser vordergründigen Selbstlosigkeit nicht um Liebe, die ihrer Art nach eine rationale Strebung ist, sondern um eine aus irrationalen, zumeist unbewußten (das heißt nicht bewußt registrierten und nicht reflektierten) Motiven genährte Tendenz, eine bestimmte Form der Zuwendung und Kommunikation durchzusetzen und auch für die eigene Person die gleiche selbstlose Hinwendung vom anderen her zu erzwingen oder, wenn das nicht gelingt, den anderen mit Hilfe des eigenen Entbehrens und Leidens moralisch zu geißeln.

2. Andere Menschen lieben nur sich selbst oder, in genauerer Formulierung, sind nur von den eigenen Interessen und dem Interesse für die eigene Person erfüllt und bewegt. Sie sind egozentrisch nur sich selbst zugewandt, sind mehr oder weniger nur von sich fasziniert wie der Narziß des Mythos, der für die Liebe der Nymphe Echo taub und unzugänglich blieb. Auch diese Art der Hinwendung zu sich selbst kann nicht Liebe genannt werden. Der darin enthaltene Anspruch: Alle anderen sollen mich mehr lieben als sich selbst – löst bei diesen immer aggressive Reaktionen und Abwendung aus. Diese Abwendung der anderen und die nicht gelebte Zuwendung und Zuneigung zum anderen führt zur Isolierung. Wenn der Betreffende an dieser Isolierung leidet, so signalisiert er auf diese Weise die sonst von ihm mißachteten Wünsche nach Kontakt und Nähe.

3. Es ist noch ein weiteres häufiges Mißverstehen des genannten Gebotes zu erwähnen. Es wird oft nicht bedacht, daß es dabei nicht um ein Bedürfnis von biologisch-antriebhafter Art geht, das sich gleichsam von selbst versteht, sondern um eine ethische, rationale Strebung, um ein Regulationsprinzip, das mit oft sehr widersprüchlichen Tendenzen irrationaler und rationaler Herkunft ordnend umgehen muß. »Sittlich richtig handelt aber nur, wer erstens seine irrationalen Strebungen nach

den rationalen Prinzipien der Selbstliebe und Nächstenliebe beherrscht, und zweitens, wer beiden Prinzipien den jeweils richtigen Spielraum öffnet« (G. Patzig[1]).

Mit diesem Gebot wird dem Menschen aktive Gefühlszuwendung zum anderen Menschen, zum Nächsten empfohlen nach Maßgabe der Zuwendung zu sich selbst, der Hingabe an die eigenen Bedürfnisse und Interessen. Dem anderen die gleichen Rechte und Bedürfnisse zugestehen wie sich selbst und sich selbst soviel wie dem anderen, sich selbst im anderen und den anderen in sich selbst annehmen und bejahen, die Selbstbehauptung an der Selbsthingabe messen und umgekehrt, beide in ein fließendes Gleichgewicht bringen – das ist die hohe Fähigkeit, die von diesem Gebot gefordert wird.

Liebe deinen Nächsten wie dich selbst! Selbstliebe und Wohlwollen für den anderen schließen sich nicht gegenseitig aus, sondern bedingen einander. In diesem Sinne verstanden, ist Liebe »unteilbar« (E. Fromm)[2], ist die Selbstliebe von der Nächstenliebe nicht zu trennen. Gelingt die Selbstliebe (Selbstliebe in einem rationalen Sinne), so gelingt auch die Berücksichtigung des anderen, da das eigene Wohlbefinden das Wohlbefinden auch des anderen fordert. Nicht diese beiden rationalen Strebungen schließen einander aus, sondern die rationalen Strebungen einerseits und die das menschliche Erleben mehr oder weniger bestimmenden irrationalen Tendenzen andererseits lassen sich nicht vereinbaren; solche Tendenzen, die nach Befriedigung im Sinne von Lust drängen, lassen sich mit der rationalen Selbst- und Nächstenliebe meist nicht vereinbaren; denn sie erstrebt Wohlbefinden und nicht nur die Sofortbefriedigung der Lust.

---

1 Patzig, G.: Über die Begründbarkeit moralischer Forderungen. In: Festschrift für Joseph Klein zum 70. Geburtstag. Hrsg. von E. Fries, Verlag Vandenhoeck u. Ruprecht, Göttingen 1967, S. 41.

2 Fromm, E.: Man for himself. Routledge and Kegan Paul, London 1950, S. 129.

A. Die antinomische Grundsituation der Ehe

Die Ehe, die auf Dauer angelegte Beziehung zwischen zwei Menschen verschiedenen Geschlechts wird, ebenso wie jede andere zwischenmenschliche Beziehung, bestimmt durch eine Vielzahl von Bedürfnissen, Strebungen, Affekten der beiden Partner, die teils irrationaler, teils rationaler Natur sind, die teils bewußt registriert und reflektiert werden, teils, unbewußt und unreflektiert, um so nachhaltiger das Erleben und Verhalten bestimmen. Zwei Menschen, zwei verschiedenartige Motivationsgewebe, zwei verschieden geordnete Wertsysteme, zwei unterschiedliche Erlebnisverarbeitungen, die in sich bereits mehr oder weniger widersprüchlich sind! Die Interaktionen zwischen ihnen werden durch die Verschiedenartigkeiten bestimmt; und alle irrationalen Elemente, alle Widersprüchlichkeiten im Erleben der beiden Partner fließen in sie ein.

Das Zusammenleben der Menschen ist durch Antinomien bestimmt. So beginnt zum Beispiel das Zusammenleben mit dem geschwisterlichen Nächsten durchaus nicht mit der Freude aneinander als einer der Komponenten der Liebe, sondern es beginnt mit Rivalitätsgefühlen. Das läßt sich in jeder Kinderstube beobachten, ganz besonders bei der Geburt eines Geschwisters. Das Neugeborene, dessen winzige Körpermaße sich umgekehrt proportional zu seiner Ansprüchlichkeit verhalten, einer immensen, total egozentrischen Ansprüchlichkeit, wird von den älteren Geschwistern zunächst als bedrohlicher, lästiger Eindringling und Konkurrent erlebt. Seine maßlose Ansprüchlichkeit wird nur dadurch einigermaßen erträglich, daß sie sich mit minimalen Kräften, mit einer großen Hilflosigkeit paart. »Wie klein es ist, wie winzig, wie niedlich!« Dieser Eindruck, der das Gefühl eigener kräftemäßiger Überlegenheit nährt, mildert den oft groben Unmut der Älteren über die ansprüchliche Existenz des Neuankömmlings.

Das neue Geschwister ist zunächst herzlich unerwünscht. »Willst du ein Brüderchen oder ein Schwesterchen?« fragte eine

Mutter ihren kleinen dreieinhalbjährigen Sohn. »Ich will eine elektrische Eisenbahn«, war die prompte Antwort, eine Antwort, aus dem Herzen gesprochen und nicht aus angestrengter, angstgesteuerter Anpassung an die Erwartung der Eltern, nach der man sich auf das Geschwisterchen eben einfach nur zu freuen hat. Unbefangene Kinder freuen sich, zunächst, überhaupt nicht.

Die Tante winkt, die Tante lacht:
  He, Fritz, komm mal herein!
  Sieh, welch ein hübsches Brüderlein
  Der gute Storch in letzter Nacht
  Ganz heimlich der Mama gebracht.
  Ei ja, das wird dich freun!
Der Fritz, der sagte kurz und grob:
  Ich hol'n dicken Stein
  Und schmeiß ihm an den Kopp! (W. Busch)

Nimmt man die Bibel als einen Niederschlag früher Menschheitserfahrung, so findet man darin das Thema der Geschwisterrivalität vielfältig variiert:

Kain und Abel – die Bevorzugung des Bruders durch den göttlichen Vater löst heftigsten Haß aus und führt zum Brudermord.

Jaakob und Esau – der Neid auf den Erstgeborenen, der Anrecht auf den Segen, das heißt auf die vorbehaltlose Bejahung durch den Vater hat, führt zum listigen Betrug, der bei dem Betrogenen mörderische Affekte weckt, denen sich der Segensdieb nur durch schleunigst vollzogene Flucht entziehen kann. Der Brudermord kommt diesmal nicht zustande.

Josef und seine Brüder – der Neid auf den verhätschelten Lieblingssohn des Vaters und dessen naiver Narzißmus heizt den Zorn der mindergeliebten Brüder bis zum Haß. Doch sind die Aggressionen jetzt soweit steuerbar, daß nicht unbedingt getötet werden muß; es genügt, daß der Anstößige verkauft, verschoben wird, daß er aus dem Gesichtskreis der neidischen Brüder verschwindet.

Und in einer der Brüder-Geschichten des Neuen Testaments, der Geschichte vom »verlorenen Sohn«, antwortet der zu Hause gebliebene brave Sohn mit heftigem Unmut darauf, daß der Vater von der Heimkehr des verwahrlosten Bruders so viel Aufhebens macht. Doch der Ärger ist nunmehr in Worten auszutragen, und wie auch immer geartete Tätlichkeiten sind entbehrlich geworden.

Die Grundthematik in all diesen Geschichten ist die gleiche – heftige Rivalität von Brüdern um die Gunst und Zuwendung des Vaters. Damit beginnt das Leben in der Geschwistergemeinschaft, mit Eifersucht, Neid, Rivalität und Konkurrenz – nicht mit Liebe und Verbundenheit! Es wirkt sich immer negativ aus, ist immer verhängnisvoll, wenn zum Beispiel Eltern ihren Kindern diesen Grundkonflikt nicht einräumen: Wir sind Geschwister, gehören offenbar irgendwie zusammen – wir sind Gegner, ja Feinde, da sich unsere Interessen so vielfach überschneiden und einander zuwiderlaufen. Das ist zunächst kein Anlaß zur Freude am Dasein des anderen. Doch wenn sich zum Beispiel Kinder diesen Konflikten stellen und im Geschwister den Rivalen erleben und mit ihm umgehen dürfen, wenn sie ihre Kräfte in diesem Umgang entwickeln und üben dürfen und dabei immer geschmeidiger und gewitzter werden, dann können sich die anfänglichen Nur-Konkurrenten zunehmend auch als Kon-kurrenten, als Kameraden, auch gegen die Eltern, erleben und können sich auch gern haben. Diese Freude am andern, das Gernhaben und Lieben an den Anfang setzen, heißt sich täuschen, sich Illusionen über die wahre Natur menschlichen Erlebens und zwischenmenschlicher Reaktionen hingeben.

Gar nicht so selten wird die Ehe, ganz besonders in ihrem Beginn, im falschen Licht solcher Illusionen gesehen. Braut- und Eheleute gehen oft wie selbstverständlich und ohne Reflektion davon aus, daß in der Ehe weitgehende Interessengleichheit herrsche oder daß sich die Interessen der Partner immer ergänzten. Kurzum: Es herrscht das Wunschdenken, in der Ehe möge sich jene selbstverständliche Harmonisierung des Erlebens zweier Menschen herstellen, die nach den Erfahrungen der beiden Partner in anderen Beziehungen eben *nicht* so ohne weiteres zustande kommt. In diesem Fall aber sei Liebe im Spiel; und so werde sich die Harmonisierung schon vollziehen. Das eben sei der Vorgang der Liebe. So wird gehofft und erwartet. Und diese Erwartung wird auf verschiedene Weise, meist weniger bewußt-gezielt als vage, von den Partnern begründet.

Die Vorstellung, wie die Harmonisierung sich vollziehen soll, und die Art und Weise, wie man ihr Zustandekommen zu fördern versucht, zeigt charakteristische Variationen. Vier Grundtypen dieser Art seien aufgeführt. Man muß sich dabei vor Augen halten, saß es um vages, nicht oder nicht voll-bewußtes Erleben geht, und daß es sich bei den nun folgenden Beispielen gleichsam um Übersetzungen in bewußt verbalisiertes Erleben handelt:

So erlebt ein Mann etwa so: Meine Partnerin kann sich darauf verlassen, daß ich sie zur Außenwelt hin immer verteidige und auf Biegen oder Brechen zu ihr stehe. Sie braucht sich dafür nur jederzeit in mich einzufühlen, mich vor jedem unangenehmen Reiz und jeder Unlustempfindung zu bewahren, braucht sich nur dafür einzusetzen, daß nichts mir zu nahe an die Haut kommt. Dann ist alles gut und harmonisch zwischen uns.

Oder eine Frau erlebt folgendermaßen: Ich bin ganz auf die Erfüllung und Befriedigung meines Partners eingestellt. Er braucht mich dafür nur ganz in sich aufzunehmen und mich an sich teilhaben zu lassen, braucht mich nur liebevoll-fürsorglich total einzuschließen. Dann herrscht zwischen uns volle Harmonie.

Oder ein Mann ist etwa so eingestellt: Ich bin bemüht, nur das Gute und Richtige zu wollen und zu tun. Meine Partnerin braucht dazu nur ja zu sagen und sich danach zu richten. Dann ist unsere Ehe eine einzige Harmonie.

Oder eine Frau erlebt: Ich bin mit jeder Faser darauf eingestellt, meinen Partner anzuregen, zu unterhalten, zu erheitern und zu entzücken. Er braucht dafür gar nichts anderes zu tun, als sich unaufgefordert und diskret immer dort einzuschalten, wo ich etwas nicht kann, er braucht nur meine Schwächen so zu kompensieren, daß sie gar nicht erst in Erscheinung treten. Dann werden wir ein harmonisches Paar sein.

Die Betreffenden tun im Sinne der skizzierten Einstellung ihren Teil und erwarten sodann, daß der Partner sich ihren Erwartungen entsprechend verhält und daß man auf diese Weise harmonisch und zwistfrei zusammen lebt.

Es ist bemerkenswert, mit welcher Vertrauensseligkeit und Arglosigkeit sich Menschen, die sonst durchaus kritisch und urteilsfähig sind, solchen Erwartungen überlassen. Diese Neigung, ohne Vorbedacht darauf zu bauen, daß der Partner die eigenen Erwartungen schon erfüllen wird, schließt ein, daß man sich über den Partner eigentlich wenig Gedanken macht, daß man sich wenig in ihn einfühlt und nicht überprüft, wieweit bei ihm die Voraussetzungen dafür gegeben sind, daß er diesen Erwartungen entspricht. Ebenso wenig wird überprüft, wieweit die eigenen Erwartungen überhaupt vernünftig zu begründen sind.

Wie ist das zu erklären? Die eheliche Beziehung ist gekennzeichnet durch räumliche und gefühlshafte Nähe. Sie unterscheidet sich von anderen Beziehungen mit ähnlicher Nähe, etwa im Beruf und am Arbeitsplatz, durch ein besonders großes Maß an Privatheit, Privatheit verstanden als Nicht-öffentlich-sein. Es ist verständlich, daß solche Privatheit die Entfaltung von Erwartungen begünstigt, die in der Öffentlichkeit sonstiger Beziehungen durch eine widerständige Realität von vornherein eingegrenzt oder ausgeschlossen oder in ihrem illusionären Charakter freigelegt werden.

In der Intimität und Privatheit der Ehe wird das sonst unterdrückte Verlangen nach zwischenmenschlicher Harmonie, Harmonie gemäß dem Muster, das der einzelne aufgrund seiner Entwicklung und frühen Erlebnisprägungen in sich trägt, neu belebt. Denn in dieser intimen Privatheit klingen Erlebnisse von Verwöhnungen wieder an, die einem in der intimen Privatheit früher Kindheitsphasen zuteil wurden und deren Wiederherstellung man sich insgeheim wünscht. Hier möchte man endlich einmal wieder arglos vertrauen können, ohne fürchten zu müssen, enttäuscht zu werden. Wenigstens hier möchte man dem sonst bestehenden Widerstreit der Interessen, den unauflösbaren Gegensätzen in den Meinungen und Gefühlen enthoben sein. Man möchte Liebe erleben und versteht darunter den vage konturierten Wunsch, daß der andere die gleichfalls vagen eigenen Erwartungen erfüllt, daß der Partner jemand ist, der in dieser Hinsicht *nicht* enttäuscht. Lieben heißt dann: blind-selig vertrauen. Geliebt werden hieße: in den eigenen Harmonie-Erwartungen nicht enttäuscht werden.

Die Erfahrung lehrt, daß dieser Versuch, lieben und geliebt zu werden, scheitert, daß er über kurz oder lang in mehr oder weniger eingestandener Enttäuschung, Bitterkeit und Resignation endet. Denn zumeist geschieht folgendes: Es bleibt nicht dabei, daß die eigenen Erwartungen vom Partner nicht erfüllt werden. Die besondere Art von Weichheit dem Partner gegenüber, die Neigung, sich ihm arglos und vertrauensselig zu überlassen, wird von diesem im Vergleich mit sonstigen Beziehungen als eine Stelle schwächeren Widerstands erlebt, Widerstand gegen die eigenen sonst unterdrückten Tendenzen, den anderen auszunutzen. Dadurch, daß man sich dem Partner ohne kritische Aufmerksamkeit und ohne waches Zugewandtsein überläßt, verführt man ihn dazu, einen zu manipulieren, zu beherrschen, zu überfahren, einen so oder so zu mißbrauchen.

Diese Erfahrungen legen nahe, daß Liebe vielleicht anders verstanden sein will. Vielleicht ist der wirklich Liebende nicht der arglos Vertrauende, sondern der in seiner Zuneigung Wache, Kritische und Kluge. Thomas Mann spricht von »Gefühlsklugheit«.

In der Ehe gefühlsklug sein heißt; erspüren, wann der Partner zu anderen Ansichten neigt oder Bedürfnisse hat, die den eigenen zuwiderlaufen. Es heißt auch: die Auswirkungen des eigenen Verhaltens auf den Partner wie die dadurch bei ihm ausgelösten Folgen überlegen, sich darauf einstellen und sie berücksichtigen.

Ein solches Verhalten ist mitmenschlich und liebevoll zugleich, sich selbst wie dem anderen gegenüber. Denn es ist mitmenschlich, wenn man sich fragt, wie die eigenen Äußerungen – seien es Meinungen, Überlegungen, Bedürfnisse, Wünsche – beim anderen ankommen, wie er sie aufnimmt, ob man ihn dadurch nicht vielleicht kränkt und verletzt.

Dieses Sich-einfühlen in das Erleben des Partners ist hingebend und liebevoll ihm gegenüber. Gleichzeitig ist es liebevoll gegenüber sich selbst; denn es dient der Beziehung zum anderen. Der andere fühlt sich verstanden und wird dadurch meist zugänglicher; er fühlt sich berücksichtigt und wird dadurch meist selbst zu Rücksicht und Freundlichkeit gestimmt. Durch solch ein gefühlskluges Verhalten schafft man in der Beziehung zum Partner ein Klima, von dem man nicht zuletzt selbst profitiert.

B. Eigenart und Merkmale der ehelichen Partnerschaft

1. Erleben eines Wir

Worin besteht nun die Eigenart der ehelichen Partnerschaft? Welche Merkmale sind es, die sie kennzeichnen?

Eines dieser Merkmale ist das Erleben eines Wir. Die Ehe ist eine Gruppe , eine Gruppe in ihrer kleinstmöglichen Form, der Dualbeziehung oder Dyade. Das Erleben eines Wir ist ein Merkmal jeder Gruppe.

Die Ehe und ihre erweiterte Form, die Familie, gehören zu den ältesten und den dauerhaftesten Basisgruppen menschlicher sozialer Organisation. Die primitivste Organisation menschlichen Zusammenlebens ist die Horde, ein lockerer Verband festgefügter monogamer Kleinfamilien.

Der Soziologe G. C. Homans[3] nennt die Ehe »die erfolgreichste aller menschlichen Institutionen«. Aus der Tatsache, daß sich »die Kernfamilie, das heißt die gebilligte Verbindung zwischen einem Mann, mindestens einer Frau und beider Kinder, in jeder uns bekannten Gesellschaft als erkennbares Sozialgebilde vorfindet«, folgert er, daß »die Ehe ein universales menschliches Bedürfnis erfüllen muß«. Homans weist in diesem Zusammenhang auch darauf hin, daß »alle Theorien einer primitiven Gruppenehe, nach denen die Männer und Frauen gemischte Geschlechtsbeziehungen zueinander unterhielten und die Kinder von der Horde im ganzen und nicht von bestimmten Paaren großgezogen wurden«, ... »im Lichte genauerer empirischer Untersuchungen unter primitiven Völkern und einer besseren Kenntnis der früher für die ursprüngliche Existenz einer Gruppenehe als Beweis angesehenen Institutionen dahingeschmolzen« sind.

---

[3] Homans, C. G.: Theorie der sozialen Gruppe. Westdeutscher Verlag, Köln und Opladen, 1960, S. 193.

2. *Freie Liebeswahl*

Ein anderes Merkmal der ehelichen Partnerschaft in ihrer heutigen Form ist die freie Liebeswahl. Das Erleben eines Wir kommt zustande aufgrund eigener freier Entscheidung für *diesen* Mann, für *diese* Frau.

Dem Menschen ist die Einflußnahme darauf, in welche Primärgruppe, in welche Familie er durch den biologischen Akt der Geburt hineingerät, total entzogen. Bei der Gründung einer eigenen Familie kann er sich dagegen in bezug auf die Wahl des Partners frei fühlen, wenngleich diese Freiheit natürlich eingeschränkt ist. Sie ist einmal eingeschränkt durch die innerseelischen Determinanten seines Erlebens, ferner durch die Grenzen der ihm zugänglichen Umwelt und damit der ihm erreichbaren möglichen Partner und außerdem dadurch, daß auch der erwählte Partner Wahlfreiheit hat und eine Werbung annehmen oder zurückweisen kann.

Es wird einleuchten, daß das Erleben des Wir anders geartet ist in einer Gruppe, in die man vom Schicksal hineingeworfen wurde, als in einer Gruppe, die man selbst gegründet hat.

Nach einer von Albert W. Silver[4] aufgestellten Hypothese wird die Reife einer Gruppe und das in ihr herrschende emotionelle Klima einmal durch das Maß an Einfluß bestimmt, den die Mitglieder der Gruppe aufeinander ausüben, und ferner durch die subjektive und objektive Freiheit, die gegenseitige Beeinflussung zu internalisieren. Internalisieren heißt: kritisch aufnehmen, verarbeiten und sich zu eigen machen.

Die Liebeswahl ist ein Akt gegenseitiger Einflußnahme. Wenn diese Beeinflussung von beiden Seiten her Zuneigung zum anderen und Bejahung des anderen bedeutet, dann können jene Interaktionen entstehen, die eine liebevolle Verbindung und eine Liebesehe kennzeichnen. Wenn die gegenseitige Beeinflussung sich in Freiheit vollzieht, dann kann sie die Entwicklung und Reifung der Beteiligten fördern. Freiheit sei hier verstanden als Fähigkeit zur Selbstabgrenzung, zur Kritik, zu angstfreier Meinungsäußerung und Meinungsbegründung. Jeder nimmt sich die Freiheit, den Einfluß des anderen kritisch aufzunehmen und sich einzu-

[4] Silver, A. W.: Interrelating group-dynamic, therapeutic, and psychodynamic concepts. In: Int. J. Gr. Psychother. 17: 139–150.

verwandeln. Jeder läßt dem anderen die Freiheit, mit dem auf ihn ausgeübten Einfluß in gleicher Weise zu verfahren.

Eheliche Partnerschaft bedeutet das Erleben eines Wir aufgrund freier Liebeswahl.

3. Kreative Sexualität und Kreativität

Ein weiteres Merkmal der ehelichen Partnerschaft ist die kreative Sexualität oder die Kreativität überhaupt.

Die sexuelle Gemeinschaft der Ehe ist in Abhebung gegen andere nichteheliche Gemeinschaften dieser Art dadurch gekennzeichnet, daß sie mit einem stärkeren Wunsch nach Kreativität verbunden ist. Dieses kreative Streben treibt aus seiner biologischen Wurzel unmittelbar den Wunsch nach Fortpflanzung und Vermehrung, nach einem Kind oder nach mehreren Kindern. Die Ehe ist potentiell eine Familie.

Eine Ehe ist dadurch gekennzeichnet, daß sie etwas hervorbringt. Sie ist eine kreative Gemeinschaft – nicht nur im biologischen Sinne. Der biologische Akt und der dadurch eingeleitete Zeugungsprozeß ist beispielhaft für das in einer Ehe ablaufende Geschehen überhaupt: Der eine läßt seine zeugerische Kraft in den anderen einfließen. Der andere öffnet sich diesem »Einfluß«; er nimmt ihn in sich auf und läßt das Gezeugte in sich wachsen. Das so Erzeugte und Gehegte tritt in die Welt und wird nunmehr von beiden Partnern in Obhut genommen und in seinem weiteren Wachstum gefördert. Ein Geschehen, bei dem im übrigen, wenn man von der biologischen Zeugung, Schwangerschaft und Geburt absieht, die Rollen des Zeugenden und des Empfangenden nicht geschlechtsgebunden, sondern austauschbar sind.

Die so hervorgebrachten Früchte können vielfältiger Art sein, vom Kind bis hin zu geistigen Neuvollzügen, zum Denken im Sinne von Überschreiten (Ernst Bloch[5]) und zu künstlerischen Produktionen. Doch wichtiger noch sind die Resultate gegenseitiger Einflußnahme, die das alltägliche Zusammenleben bestimmen. Die beiden Partner schaffen sich miteinander und füreinander einen ihnen eigentümlichen Stil der Interaktionen, der

[5] Bloch, E.: Atheismus im Christentum. Suhrkamp Verlag 1968, S. 15.

Auseinandersetzung und der Verständigung, der Dialoggestaltung und des Zärtlichkeitsaustauschs und nicht zuletzt auch der sexuellen Kommunikation.

Eheliche Partnerschaft ermöglicht Kreativität im Erleben eines Wir, das aufgrund freier Liebeswahl zustande gekommen ist.

4. Kontinuität und Dauer

Ein wichtiges Merkmal der ehelichen Partnerschaft ist die lebenslange Kontinuität, auf die sie angelegt ist. »Bis daß der Tod uns scheidet« – so oder ähnlich lautet die Formel, mit der in den meisten Kulturen die Eheschließung besiegelt wird.

Die Ehe als Entwurf umfaßt die Gesamtspanne der Lebenserwartung der beiden Partner. Die Tatsache hoher Scheidungsquoten bei den zeitgenössischen Ehen hebt die Bedeutung dieses Merkmals nicht auf; denn häufig kommt es gerade deswegen zur Scheidung, weil das erhoffte Dauerglück nicht eintreten will.

Der Wunsch nach Dauer einer Beziehung mag noch stärker werden in einer Welt wie der heutigen, wo mehr denn je nur das Unbeständige beständig ist. C. G. Homans[6], der sich speziell mit der Theorie der kleinen Gruppe beschäftigt hat, weist darauf hin, daß die einzige historische Kontinuität des sozialen Menschen die der kleinen Gruppen ist. Und Bernard de Voto[7] sagt: »Handwerke, Zünfte, Religionen, Klassen, Nationen, Weltreiche, Kulturen, Zivilisationen – alle sind zerrissen, zerbrochen und ausgelöscht worden; aber die kleinen Gruppen haben jede soziale Desintegration überdauert, und wir kennen keine Gesellschaft, in der es sie nicht gegeben hätte.« Eine der ältesten und wichtigsten Basisgruppen aber ist die Ehe und die Familie.

Eine Beziehung wie die eheliche Partnerschaft bietet ihrer Grundstruktur nach besonders günstige Voraussetzungen für Dauerbefriedigungen.

Je häufiger und je vielfältiger die Interaktionen zwischen Menschen sind, so lehrt es die Soziologie (C. G. Homans[8]), um so stärker sind im allgemeinen auch die füreinander gehegten

---

[6] Homans, C. G.: wie oben, S. 14.
[7] Bernard de Voto: Vorwort zu Homans, Theorie der sozialen Gruppe. S. 14.
[8] Homans, C. G.: wie oben, S. 238.

Zuneigungsgefühle, besonders dann, wenn die Betreffenden nicht nur häufig, sondern auch als Gleiche miteinander in Interaktion stehen. Gleiche sind solche, die wenig Autorität übereinander haben: Keiner von ihnen gibt erheblich mehr Befehle und Anweisungen als der andere, anders gewendet: Keiner von ihnen leitet viel häufiger Interaktionen ein als der andere. Gleichheit unter Ehepartnern ist in weiten Bereichen der westlichen Zivilisation als Gleichberechtigung auch gesetzlich verankert.

Wie kann man sich die positive Einwirkung des Zeitfaktors, der Kontinuität auf die eheliche Partnerschaft vorstellen?

Zwei Menschen verschiedenen Geschlechts, ein Mann und eine Frau, haben einander gern. Warum haben sie einander gern? Weil sie gemeinsame Interessen haben, weil die Persönlichkeit des einen Menschen zu der des anderen paßt, weil die beiderseitigen physischen und psychischen Strukturen sich im Sinne beiderseitiger Befriedigung komplementär ergänzen oder identifikatorisch einander parallel laufen.

Die beiden heiraten sich also, weil sie gemeinsame Interessen haben und gemeinsam an befriedigenden Aktivitäten, nicht zuletzt auch sexuellen, teilhaben können und weil die gemeinsame Aktivität ihnen eine Aufgliederung in Teilaktivitäten ermöglicht, die jeweils ihrer physischen und psychischen Natur entspricht und die in ihrer Zuordnung beiden ein Optimum an Befriedigung vermittelt oder vermitteln könnte.

Sie haben sich geheiratet, weil sie gemeinsame Interessen, gemeinsame Aktivitäten und gemeinsame Befriedigungen haben. Aber auch das Umgekehrte trifft nach soziologischer Beobachtung und Schlußfolgerung (Homans[9]) zu: Weil sie Ehepartner geworden sind und als solche häufig, alltäglich, einander begegnen, werden sie gemeinsame Interessen, Aktivitäten und Befriedigungen entwickeln. Beide Elemente sind voneinander abhängig.

Freilich gewährleistet die Häufigkeit der zwischen Partnern stattfindenden Interaktionen allein noch nicht, daß es dabei auch zu einer für beide produktiven Befriedigung kommt und die Partnerschaft in diesem Sinne erfolgreich wird. Von den weiteren Faktoren, die solche fruchtbaren Befriedigungen fördern beziehungsweise behindern, wird im Gang dieser Studie noch die

[9] Homans, C. G.: wie oben, S. 34.

Rede sein. Es kann auch zu Befriedigungen kommen, die zwar subjektiv als positiv erlebt werden, die jedoch nicht der Entwicklung und Reifung der Partner dienen, sondern in dieser Hinsicht einen Stillstand bedeuten. Doch ist die Aussicht, daß die Gefühle füreinander im inneren System einer Ehe unter der Einwirkung der Dauer der Partnerschaft zunehmen, im allgemeinen günstig, weitaus günstiger als etwa in homosexuellen Beziehungen.

Die Tragik homophiler Partnerschaft liegt unter anderem darin, daß man nicht miteinander altern kann. Krämer-Badoni[10] hat darüber lesenswerte Betrachtungen angestellt. Charles Dyer[11] hat diese Tragik in einem Schauspiel dichterisch deutlich gemacht. In dem Zwei-Personen-Stück »Unter der Treppe« quälen zwei alternde Homosexuelle in unerträglicher Weise einander, ohne voneinander lassen zu können, weil dann ein beängstigendes Alleinsein drohte.

»Wenn sich Menschen, die sich lieben, hassen,
Tun sie es auf unerhörte Art«,

sagt Erich Kästner

Die beiden alten Männer in Dyers Stück haben ein Leben zusammen verbracht, wobei die gemeinsamen Befriedigungen zunehmend mehr zerbröckelten. Die Interaktionen zwischen ihnen bestehen nun in gegenseitigen Kränkungen. Der eine kränkt den anderen, weil dieser nicht die eigenen narzißtischen Ideale verkörpert und weil er Hinweis und höhnischer Zeuge dafür ist, daß man selbst sie gleichfalls nicht verwirklicht.

Charlie brüllt Harry an: ... »Und ob du existierst! So eine traurige Fata Morgana wie dich hätte ich doch nie erfunden. *Zu sich:* O nein! Wenn: dann jemand mit schwarzen Locken und schmalen Hüften! ... Ha! Und ob der existiert! *Brüllt:* Du existierst, Mann! Du bist so existent, daß einem graust!« – Und Harry zu Charlie: ... »Im Traum aber stand ich neben mir ... Ich stand neben mir und habe zugesehen, wie ich die Rolltreppe rauffuhr. Es war grausig, Charlie! Ich sah einen fetten, aufgedunsenen, alten Kerl, an dem alles runter hing: lächer-

---

10 Krämer-Badoni, R.: Soll Homosexualität strafbar bleiben? Der Monat. 15. Jg., Heft 173, 1963, S. 88.

11 Dyer, Ch.: Unter der Treppe (staircase). In: Theater heute. Erhard Friedrich Verlag, November 1968, S. 58–72.

lich und schlaff! Mit 'nem Wanst wie'n Schwein, sommersprossig, abstoßend und ...«

Es gibt kein Philemon- und Baucis-Glück für homophile Partner. Das Glück zärtlichen Miteinander-alterns wird durch eine Ehe natürlich auch nicht garantiert; aber es ist als Möglichkeit in dieser Art Partnerschaft enthalten. Dänemark, dessen Bevölkerung eine besonders hohe Ehescheidungsquote aufweist, ist andererseits auch ein Land, in dem man besonders häufig alternde Ehepaare sieht, die sich offensichtlich gern haben. Man sieht sie, etwa an herbstlichen Sonntagen, wenn der Wind schon kühl über Land und Sund weht, Hand in Hand auf den nordseeländischen Dünen gehen, von einem Philemon- und Baucis-Glanz umgeben, wie ihn auch Andersen, der dänische Märchenerzähler, in seiner Geschichte von der Dryade, dem Fliedermütterchen, beschreibt.

Ehe ermöglicht also Kreativität bei Kontinuität und Dauer im Erleben eines Wir, das aufgrund freier Liebeswahl zustande gekommen ist.

5. Privatheit und Intimität

Ein weiteres wesentliches Merkmal der ehelichen Partnerschaft scheint uns schließlich eine ihr zugehörige Sphäre der Privatheit und des Intimen zu sein.

Privat ist das Gegenteil von öffentlich. Hannah Arendt[12] hat die These entwickelt, daß Tätigkeiten in einem hohen Grade ihr Wesen ändern, je nachdem, ob sie öffentlich oder privat ausgeübt werden.

Die Unterscheidung zwischen privat und öffentlich existiert zumindest seit Beginn des antiken Stadt-Staates. Sie bezeichnete damals den Bereich des Haushalts und der Familie einerseits und den Raum der Polis andererseits; sie trennte zwischen der biologisch verwurzelten Tendenz zu naturhaftem Zusammenleben und der menschlichen Fähigkeit zu politischer Organisation.

Das lateinische Wort privatus hat als Partizipialadjektiv des Verbums privare (= berauben; befreien; sondern) die Bedeu-

---

[12] Arendt, Hannah: Vita activa. W. Kohlhammer Verlag, Stuttgart 1960, S. 57–75.

tung »beraubt« – beraubt nämlich der Wirklichkeit des öffentlichen Raumes. Da das Private in seiner ursprünglichen Bedeutung also das der Öffentlichkeit Beraubte ist, wollen wir mit der Bedeutung des Öffentlichen beginnen und damit zugleich festlegen, was das Private *nicht* ist.

Das Wort »öffentlich« bezeichnet unter anderem folgende drei miteinander zusammenhängende, aber nicht identische Merkmale:

1. Alles was öffentlich wird, wird gehört und gesehen von jedermann, ist sichtbar und hörbar für andere. Dadurch entsteht ein Erscheinungsraum; Menschen sind nicht bloß vorhanden, sondern erscheinen voreinander.

2. Öffentlich werden, das Erscheinen vor den anderen und das Wahrgenommenwerden durch sie, schafft Wirklichkeit. Was jemand sagt und tut, gewinnt erst Wirklichkeit dadurch, daß andere es hören und sehen. Verglichen mit der Realität, die im Gehört- und Gesehenwerden gründet, ist die Realität des menschlichen Innenlebens ungewiß und vage. »Die Gegenwart anderer, die sehen, was wir sehen, und hören, was wir hören, versichert uns der Realität der Welt und unser selbst« (Hannah Arendt).

3. Das Erscheinen vor den anderen und das Wahrgenommenwerden durch sie läßt eine gemeinsame Welt entstehen. Was öffentlich ist, ist allen gemeinsam. Durch Mit-teilung entsteht erst eine gemeinsame Welt als Inbegriff aller zwischen den Menschen nur spielenden Angelegenheiten.

»Der privative Charakter des Privaten liegt in der Abwesenheit von anderen; was diese anderen betrifft, so tritt der Privatmensch nicht in Erscheinung, und es ist, als gäbe es ihn gar nicht. Was er tut oder läßt, bleibt ohne Bedeutung, hat keine Folgen und was ihn angeht, geht niemanden sonst an« (Hannah Arendt).

Freilich hat das Wort privat neben der ursprünglichen privativen noch eine andere, nicht-privative Bedeutung, die heute die vorherrschende ist.

So hat das Private einmal das Merkmal des Gesonderten (privare i.e. sondern); es bezeichnet das Zurückgezogensein vom Öffentlichen, die eingegrenzte und eingezäunte Geborgenheit und Sicherheit der eigenen vier Wände, die Wärme des eigenen

Herdes und die Stille des eigenen Heimes, das In-sich-vertieftsein. Ständig im Öffentlichen sein, führt meist zur Verflachung. Privat ist, was abgesondert, geborgen und vertieft ist.

Das Private hat als Ergebnis einer neuzeitlichen Entwicklung auch das Merkmal des Intimen, der Stille des verborgenen Seins, in der sich das innere Leben überhaupt erst entfalten kann. Privat ist, was intim und innerlich ist (siehe dazu A. Heigl-Evers u. F. Heigl[13]).

Privat ist also einmal jener Bereich des Eigenlebens, der eigenen Innerlichkeit, den man auch gegen den vertrautesten Menschen abschließt. Privat ist aber auch die innere Sphäre der ehelichen Dyade, der Bereich der intimen Begegnungen. Er ist durch das Bewußtsein gekennzeichnet, daß die Öffentlichkeit weitgehend ausgeschaltet ist und damit auch die dem Öffentlichen anhaftenden Gefährdungen, Risiken, Befürchtungen und Ängste.

Es ist ein Bereich, in dem man Schwächen und Blößen zeigen darf, ohne sich in dem Maße zu gefährden wie in der Öffentlichkeit. Der Spontaneität ist hier vergleichsweise größerer Raum gegeben; es läßt sich gleichsam ins Unreine sprechen und handeln; man kann Neuansätze unbefangener ausprobieren.

Dadurch, daß man sich spontan und unbefangen gibt, entsteht größere Nähe und Vertrautheit zum anderen. Spontanes Sichgeben wird wiederum ermöglicht und gefördert durch Vertrautheit und intime Nähe. Beides steht zueinander in Interdependenz.

Eheliche Partnerschaft bedeutet also das Erleben eines Wir aufgrund freier Liebeswahl. Sie ermöglicht Kreativität bei Kontinuität und Dauer, verbunden mit einer Sphäre der Privatheit und des Intimen.

---

[13] Heigl-Evers, Annelise u. Heigl, F.: Analytische Einzel- und Gruppenpsychotherapie – Differentia specifica. In: Gruppenpsychotherapie und Gruppendynamik, Bd. 2, hrsg. von R. Battegay, H. Enke, A. Heigl-Evers, R. Schindler, H. Strotzka, A. Uchtenhagen. Verlag für Medizinische Psychologie, Göttingen 1968, S. 21–52.

C. Voraussetzungen der ehelichen Partnerschaft

Welches sind nun die notwendigen Voraussetzungen dafür, daß sich eine eheliche Partnerschaft im eben skizzierten Sinne entwickeln kann?

1. Fähigkeit zu aktiver Hingabe

Eine der wichtigsten Voraussetzungen dafür ist wohl das menschliche Bedürfnis nach aktiver Hingabe und die zu seiner Befriedigung entwickelten Fähigkeiten. Ohne diese Fähigkeiten könnte vielleicht ein Ehevertrag zustande kommen, jedoch keine lebendige Beziehung.

Die Fähigkeit zu aktiver Hingabe ist ebenso vielfältig wie das sie nährende Bedürfnis. Der elementare Kern dieses Bedürfnisses besteht darin, sich mit der zunächst total fremden und befremdenden Welt, mit der der Mensch durch seine Geburt konfrontiert wird, bekannt und vertraut zu machen, sich zu ihr in Beziehung zu setzen, sie zu erfassen und zu verstehen, ihre Einzelphänomene einander zuzuordnen, in ihr heimisch zu werden.

Die den Menschen umgebende Welt gliedert sich in die dem Kosmos zugehörige außermenschliche Natur, in die Welt der Dinge und in die der Mitmenschen. Schon im frühesten Alter öffnet der Mensch seine Sinnesorgane den Reizen der Umwelt und übt sich darin, zunächst zu perzipieren und später zu apperzipieren. In derselben frühen Phase übt sich das Kind auch in den ersten sozialen Interaktionen. Interaktion bedeutet, daß das Verhalten des einen Lebewesens zum Reiz für das Verhalten des anderen wird. So wird das Lächeln einer Beziehungsperson für das Kleinstkind zum Reiz, zurückzulächeln. Diese ersten Interaktionen begründen die Entwicklung des Menschen zu einer »sozial-kulturellen Persönlichkeit«, sie führen in diesem Sinne zu seiner »zweiten Geburt« (R. König[14]). Die Entwicklung des Menschen zu einer sozial-kulturellen Persönlichkeit wird wesentlich durch das Bedürfnis und die Fähigkeit bestimmt, Zeichen und Signale zu senden und zu empfangen. Wir möchten hier die Definitionen von Zeichen, Signal und Symbol einfügen, wie sie von English and English[15] formuliert werden.

Danach ist ein Zeichen in seiner allgemeinsten Bedeutung ein Indikator, ein Hinweis. Im engeren Sinne ist unter Zeichen jedes Objekt, jedes Ereignis und insbesondere auch jede Aktion zu verstehen, die in ihrer über sich selbst hinausweisenden Bedeutung wahrgenommen und begriffen werden. So wird zum Beispiel das Erröten eines Menschen dann als ein Zeichen erlebt, wenn es nicht nur als Rotverfärbung der Gesichtshaut wahrgenommen, sondern auch als Hinweis auf Gefühle der Scham und Verlegenheit verstanden wird.

Ein Signal wird definiert als ein Zeichen, das eine Person einer anderen gibt, um kundzutun, daß Ort und Zeit für eine bestimmte Aktion nunmehr gegeben sind.

Ein Symbol ist eine Aktion, mit der der Ausführende versucht, die Aufmerksamkeit auf eine bestimmte, über die Aktion hinausweisende Bedeutung zu lenken; jemand versucht zum Beispiel, durch zusammengesunkenes Dasitzen kundzutun, daß er sich gelangweilt fühlt. – Zu den Symbolen gehört auch das Zeichensystem der Sprache, gehören die Wörter.

Der Mensch bedient sich also der Zeichen, Signale und Symbole, um Mitteilungen und Informationen zu senden und zu empfangen, um in diesem Sinne Austausch einzuleiten und zu pflegen. Er bedient sich vornehmlich des Zeichensystems der Sprache, um einerseits auszusagen, zu rufen und zu fragen und um andererseits zuzustimmen oder zu widersprechen, um zu antworten. Jedoch erschöpfen sich die Zeichen und Signale, mit deren Hilfe sich Menschen zueinander in Beziehung setzen und sich untereinander verständigen können, nicht in den Symbolen der Sprache. Sie umfassen darüber hinaus auch Mimik, Gestik, Ausdrucksgebärden und Handlungsvollzüge im weitesten Sinne.

---

[14] König, R.: Soziologie der Familie. In: Soziologie. Eugen Diederichs Verlag, Düsseldorf, 1955, S. 119–156.

[15] English, H. B. and English, Ava C.: A comprehensive dictionary of psychological and psychoanalytical terms. Longmans, Toronto, 1958.

Das menschliche Bedürfnis nach Mitteilung und Austausch fördert die Fähigkeit zum Gespräch in seinen vielfältigen Variationen, vom polemischen Streitgespräch über die sachliche Diskussion bis zur Causerie, vom Klatsch- und Tratschgespräch über intimes Geplauder bis zum liturgischen Wechselgesang, vom richterlichen Verhör bis zum sokratischen Lehrgespräch.

In Goethes »Märchen« findet sich folgende Wechselrede:

> »Was ist herrlicher als Gold?« fragte der König.
> »Das Licht«, antwortete die Schlange.
> »Was ist erquicklicher als Licht?« fragte jener.
> »Das Gespräch«, antwortete diese.

Damit ist gesagt: Das Gespräch ist etwas Erhellendes und in diesem Sinne mehr als das Licht. Die Gesprächspartner erhellen sich füreinander; und das ist erquicklich. Eine Partnerschaft kann sich in dem Maße entwickeln, in dem die Beteiligten ein Bedürfnis nach wechselseitiger Mitteilung, nach Austausch, nach Gespräch erleben und die zu dessen Befriedigung notwendigen Fähigkeiten entwickeln und pflegen.

In dem Maße, in dem einem Menschen die für die wahrnehmende und urteilende Welterfassung notwendigen Funktionen verfügbar sind, verliert das noch Fremde und Unbekannte seinen furchteinflößenden Charakter. Es weckt vielmehr Neugier, Neubegierde, wie Thomas Mann abwandelnd sagt. Thomas Mann spricht in seinem Roman »Felix Krull« davon, daß doch in aller Reiselust ein gut Teil Verlangen stecke nach nie erfahrener Menschlichkeit, ein gut Teil von Neubegierde, in fremde Augen, fremde Physiognomien zu blicken, sich an einer unbekannten menschlichen Körperlichkeit und Verhaltensweise zu erfreuen.

Ähnlich geartet ist die Neubegierde, die schon das Kind, besonders aber den heranwachsenden Menschen in der Pubertät dazu treibt, die unbekannte Körperlichkeit und Verhaltensweise des anderen Geschlechts zu erforschen, zu begreifen und sich daran zu erfreuen.

Wenn die Entfaltung der auf die Welt und insbesondere auf die Mitmenschen gerichteten sensorischen, affektiven, konativen und kognitiven Intentionen behindert ist, wenn die Neubegierde des Kindes verkümmert anstatt sich zu entwickeln, dann bleibt der Mensch vornehmlich auf sich bezogen, bleibt in sich selbst verloren, unempfänglich für die Reize der anderen; er erlebt die anderen in verzerrter Form. Das Lebensgefühl wird dadurch erheblich beeinträchtigt.

Für eine in dieser Weise gestörte junge Frau waren die Männer »Wesen in grauen Anzügen«; sie erlebte das andere Geschlecht als graues, stumpfes, gesichtsloses Einerlei und wurde demgegenüber selbst mehr und mehr zu einem häßlichen grauen Entlein. Sie verspürte keine Reizausstrahlung von seiten des anderen Geschlechts, auf die sie, ihrerseits reizend, hätte antworten können.

Für einen in ähnlicher Weise gestörten jungen Mann waren alle Frauen gleich, war eine wie die andere ein Wesen mit »Busen« und einem »Loch«. Er deutete damit an, daß die Frauen für ihn nur insofern interessant waren, als sie einen Busen besaßen, den er als nährende Substanz erlebte, und ein Loch, das seinem Erleben bergende Zuflucht bedeutete. Die Interaktionen zwischen ihm und den Frauen waren dadurch weitgehend festgelegt und eingeengt. Er blieb ihnen gegenüber in der Rolle des ansprüchlichen Kleinkindes, war deswegen nur für solche Frauen attraktiv, die mit einer großen Bereitschaft zu spenden einen entsprechend starken Drang verbanden, sich des von ihnen genährten Wesens zu bemächtigen, es in der Hand und unter dem Rock zu haben. Daraus schürzten sich für diesen Mann immer wieder neue Konflikte, da er zwar total versorgt, andererseits aber auch uneingeschränkt mächtig, his majesty the baby, sein wollte.

Wenn solche Gestörtheiten nicht bestehen, wenn die Neubegierde des Menschen sich unbehindert dem anderen Geschlecht zuwenden darf, dann kann er Erfahrungen machen und Erkenntnisse gewinnen, die mit zum Reizvollsten und Belebendsten gehören, was menschliches Erleben zu bewegen vermag. Das wird zu allen Zeiten und in allen Kulturen durch reiche literarische Zeugnisse und durch Darlegungen sonstiger Künste bezeugt.

Sich dem anders gearteten Menschen, dem anderen Geschlecht nähern, bis auf Hautnähe, in das Erleben des anderen fragend, forschend und erkennend eindringen und sich gleichzeitig selbst vom anderen erschlossen und verstanden fühlen – das ist für viele Menschen der Inbegriff des Glücks.

Wenn sich der Mensch also mit Neubegierde dem anderen Geschlecht nähert, bemüht, sich mitzuteilen und Mitteilung zu empfangen, auf Austausch, auf Verstehen und Verstandenwerden bedacht, dann gerät er mehr und mehr in eine Reizausstrahlung hinein, die vielfältige Empfindungen und Gefühle in ihm in Bewegung bringt. Es handelt sich um Gefühle, die als bereichernd, als Steigerung des allgemeinen Lebensgefühls empfunden werden. Es sind Gefühle wie Entzücken, Bewunderung, Begeisterung und Verehrung, Gefühle der Zärtlichkeit und des sexuellen Begehrens. Sie auszusenden ist ebenso befriedigend wie ihr Empfänger zu sein. Vielleicht ist das Aussenden solcher Gefühle, das Erleben, sie unter der Einwirkung des anderen in sich erzeugen und ausdrücken zu können, noch bewegender und erfüllender, als sie zu wecken und zu empfangen.

»Oh es ist schön, von einem Helden sich geliebt
Zu sehen – es ist noch schöner, ihn zu lieben!«

läßt Schiller Agnes Sorel in der »Jungfrau von Orleans« sagen.

Thomas Mann legt seinem Felix Krull einen geradezu begeisterten Lobpreis der Liebe in den Mund. Er bezeichnet es nicht mehr und nicht weniger als ein Wunder, daß die Natur in der Liebe folgende »erstaunliche Ausnahme zuläßt oder vielmehr veranstaltet«: Der Mensch, der gesondert und abgetrennt vom anderen in seiner Haut leben muß und leben will, dem die leibliche Nähe des anderen im allgemeinen bedrängend und eigentlich widerlich ist, erlebt, wenn er liebt, in genauer Umkehrung des üblichen die leibliche Nähe des anderen nicht mehr als abstoßend, sondern als in hohem Maße anziehend, so daß es ihn drängt, die Getrenntheit aufzuheben und durch Nähe, »nächste Nähe, Nähe, so grenzenlos wie möglich« zu ersetzen. Dieses Streben nach grenzenloser Nähe findet seinen äußersten Ausdruck in der sexuellen Vereinigung mit der ihr innewohnenden Überwältigung durch Gefühle einer aufs höchste gesteigerten Lust.

Weil diese Gefühle strömender Hingabe zum anderen als so ungemein erfüllend erlebt werden, scheint es verständlich, daß der Mensch sich bemüht, den anderen, denjenigen, der sie auslöst und dem sie gelten, anzuziehen, um ihn zu werben, sich seiner Nähe zu versichern, wenn möglich für immer, »bis daß der Tod uns scheidet«.

Wenn ein Partner Sender und Empfänger von Gefühlen ist, die das Erleben so vielfältig anreichern, dann möchte man, daß es so bleibt und eine so erfüllende Beziehung nicht verkümmert. So begründet sich das Bemühen, den Partner zu fördern, ihn teilhaben zu lassen an allem Eigenen, um sein Interesse an der eigenen Person wachzuhalten und zu pflegen. Das Bestreben, ihn mitwachsen zu lassen, damit man nebeneinander bleiben und miteinander Schritt halten kann. Das Bedürfnis, ihm zu helfen, wenn er der Hilfe bedarf, und ihn zu pflegen, wenn er krank ist. Die Interaktionen, die einen zärtlichen und liebevollen Austausch zwischen Menschen kennzeichnen, sind dann besonders befriedigend, wenn sich beide Partner wohlfühlen, wenn beide sich stetig entwickeln können. Ein Tennisspiel etwa ist um so genußreicher für beide Partner, je mehr sie einander nach Trainingsstand, Kraft und Geschicklichkeit angenähert sind.

Zur Förderung des Partners gehört auch die Anerkennung der Tatsache, daß er wie man selbst ein Mängelwesen (A. Gehlen[16]) ist. Denn nur ein Wesen mit Mängeln, ein unvollkommenes Wesen bedarf der Förderung. Es ist zweifelhaft, ob ein vollkommenes Wesen überhaupt Liebe wecken könnte. Der Beweis dafür ist natürlich nicht zu erbringen. Lebendigsein bedeutet, auf Veränderung und Wandel drängen. Das Vollkommene wäre das am endgültigen Ziel Angelangte, das Vollendete und damit Unwandelbare und würde daher kaum mehr als ein flüchtiges Interesse wecken. Man wäre eher geneigt, sich abzuwenden. Lessing[17] stellt in seinem »Laokoon« folgende Überlegung an: ». . . dem Auge das Äußerste zeigen heißt der Phantasie die Flügel binden und sie nötigen, da sie über den sinnlichen Eindruck nicht hinaus kann, sich unter ihm mit schwächeren Bildern zu beschäftigen, über die sie die sichtbare Fülle des Ausdrucks als ihrer Grenze scheuet.« Marshall McLuhan[18] spricht davon, daß sogenannte heiße Medien, wie etwa das Radio – im Gegensatz zum kühlen Medium des Telefons – oder wie der Film – im Gegensatz zum kühlen Medium des Fernsehens nur einen der Sinne allein erweitert –, und zwar bis das Wahrgenommene »detailreich« ist; aus diesem Grunde verlangen sie vom Publikum ein geringeres Maß an Vervollständigung durch die Phantasie

---

[16] Gehlen, A.: Der Mensch. Athenäum Verlag, Bonn, 1955, S. 21.

[17] Lessing, G. E.: Laokoon oder Über die Grenzen der Malerei und Poesie. Ges. Werke, Band 2, Carl Hanser Verlag, München,1959, S. 799.

[18] McLuhan, Die magischen Kanäle. Econ-Verlag, Düsseldorf – Wien, 1968, S. 29–41.

und eine entsprechend geringere persönliche Beteiligung als die kühlen Medien.

2. Fähigkeit zur Selbstabgrenzung und Selbstbehauptung

Wir haben von der Fähigkeit zu aktiver Hingabe als einer der notwendigen Voraussetzungen für die Bildung einer ehelichen Partnerschaft gesprochen. Die Fähigkeit zu aktiver Hingabe kann aber nur dann zu wirklicher Befriedigung führen, wenn gleichzeitig Bedürfnisse nach Selbstbehauptung und Selbstabgrenzung erlebt werden und die entsprechenden Fähigkeiten zur Verfügung stehen. Ohne Selbstbehauptung führt Hingabe zur Unterwerfung, ohne Selbstabgrenzung führt sie zur Auslieferung.

Wir erwähnten bereits die von Albert W. Silver[19] aufgestellte Hypothese, wonach die Reife einer Gruppe und das in ihr herrschende emotionelle Klima einmal durch das Maß an Einfluß bestimmt wird, den die Gruppenmitglieder aufeinander ausüben, und ferner durch das Maß an Freiheit, das ihnen verfügbar ist, um die gegenseitige Beeinflussung kritisch zu verarbeiten und sich zu eigen zu machen. Die Verarbeitung eines Einflusses in Freiheit schließt ein, daß man ihn auch zurückweisen, ablehnen kann. Die Fähigkeit zur aktiven Hingabe und die dadurch gegebene Möglichkeit zu gegenseitiger Einflußnahme, und die Freiheit, den ausgesandten Einfluß im Sinne von Selbstbehauptung und Selbstabgrenzung kritisch zu überprüfen, müssen nebeneinander gegeben sein. Nur dann kann sich eine Partnerschaft entwickeln, in der Reifungsprozesse stattfinden und in der das emotionelle Klima für beide Beteiligten gelöst, warm und freundlich ist.

Albert Silver hat versucht, mit Hilfe von Beispielen abzugrenzen, was er mit seiner Hypothese sagen will. Er weist auf der einen Seite auf Gruppen hin, in denen eine nachhaltige gegenseitige Beeinflussung stattfindet, jedoch nicht in Freiheit, sondern unter Zwang. Bei der Zuordnung der Mitglieder zueinander spielen Fügsamkeit und Identifizierung eine große Rolle. Es

[19] Silver, A. W.: wie oben, S. 139–150.

handelt sich um autokratische Gruppen, zum Beispiel um tyrannisch-patriarchalisch geführte Familien, in denen Einfluß in der Form von Zwang, das heißt ohne Freiheit, ausgeübt wird.

Auf der anderen Seite verweist Silver auf extrem permissive, liberale Gruppen, von Kurt Lewin laissez-faire-Gruppen genannt, in denen die Freiheit der Mitglieder, den von anderen ausgesandten Einfluß anzunehmen oder zurückzuweisen, mit ihm kritisch zu verfahren, sehr groß ist. Das kann jedoch zur Freiheit ohne gegenseitigen Einfluß führen; denn die Mitglieder, etwa die Partner einer sogenannten Vernunftehe, können sich mit Beharrlichkeit dafür entscheiden, sich gegenseitig zu ignorieren beziehungsweise nur wenig Notiz voneinander zu nehmen.

Die optimale Lösung auch für die eheliche Dyade ist die der demokratischen Gruppe, in der die Internalisation eine entscheidende Funktion hat. Internalisation heißt: Die Ziele und Werte des anderen, der vom anderen gesendete Einfluß, werden nicht im Sinne der Fügsamkeit kritiklos unterwürfig hingenommen und werden auch nicht im Sinne der Identifikation um der Verbundenheit mit dem anderen willen übernommen, sondern sie werden nach kritischer Auseinandersetzung sich zu eigen gemacht – eben internalisiert. Auf diese Weise kommt es zu einem innerlich erfahrenen und regulierten Dialog zwischen persönlichen Gefühlen, Werten und Zielen einerseits und den vom Partner vertretenen Gefühlen, Werten und Zielen andererseits.

Die Bildung einer demokratischen Gruppe setzt bei ihren Mitgliedern voraus, daß sie Bedürfnisse und Fähigkeiten im Sinne von Eigenwilligkeit, Abgrenzung gegen den anderen und Selbstbeschränkung, Zielstrebigkeit und Toleranz schon in früher Kindheit relativ störungsfrei entwickeln konnten, daß sie imstande sind, zu gelten und gelten zu lassen.

3. Streben nach hetero-sexueller Verbindung, nach Arterhaltung und Fortpflanzung

Eine weitere Voraussetzung für das Zustandekommen einer ehelichen Partnerschaft ist das Streben nach hetero-sexueller Verbindung, nach Arterhaltung und Fortpflanzung.

Die von außen in eine Gruppe eingeführten Gefühle werden von den Soziologen als Elemente des sogenannten äußeren Systems betrachtet, das wiederum ein Teil des sozialen Systems der Gruppe darstellt. Zu den von außen in die Dyade einer Ehe eingeführten Gefühle gehören die biologischen Triebe des Menschen, mit denen er bereits bei seiner Geburt ausgestattet ist. In der Ehegruppe ist der wichtigste dieser biologischen Triebe das Sexualverlangen.

Mit diesen Trieben ist der Mensch in der Natur verwurzelt und der Tierreihe, aus der er hervorgegangen ist, verbunden. Der Soziologe König grenzt die Tierfamilie gegen die Menschenfamilie als »Zeugungsgruppe« ab, in der außerdem bei den Jungtieren die arteigenen Instinkte und Fähigkeiten ausgelöst werden, bis sich die Jungen völlig selbständig bewegen können. Die menschliche Familiengruppe habe dagegen neben der physischen Geburt und Aufzucht der Nachkommenschaft auch noch die moralische Erziehung des Menschen zu leisten, die grundsätzlich über den Kreis der Natur hinausführe. »Darum möchten wir auch von der physischen Geburt die ›zweite Geburt‹ (R. König[20]) des Menschen als sozial-kulturelle Persönlichkeit und sittliches Wesen unterscheiden.«

4. Anerkennung der Tatsache, daß eheliche Partnerschaft nicht etwas Vorgegebenes, sondern ein Prozeß ist

Neben der Fähigkeit zu aktiver Hingabe einerseits und zu Selbstabgrenzung und Selbstbehauptung andererseits, die erst eine gegenseitige Einflußnahme in Freiheit ermöglichen, und neben ihrer biologischen Verwurzelung im Streben nach Zeugung und Fortpflanzung ist noch an eine weitere Voraussetzung für die Bildung einer ehelichen Partnerschaft zu denken: Es handelt sich um die Anerkennung, daß die Ehe ein Prozeß und nicht etwas Vorgegebenes ist, daß sie ein Geschehen ist und Bereitschaft zu Entwicklung und Veränderung voraussetzt, wenn sie nicht zur bloßen Institution erstarren soll. In einer Zeit wie der heutigen, wo mehr denn je nur das Unbeständige beständig ist

[20] König, R.: wie oben, S. 143.

und enorme Wandlungen die Welt durchschütteln, wird die Ehe häufig zum Zufluchtsort für die Illusion eines bereits vorgeformten, bereitliegenden Glücks, eines vorgewärmten Bettes, für die Illusion, sich ins gemachte Nest setzen zu können.

D. Die erotisch-sexuelle Beziehung des Menschen

1. Häufige Klischeevorstellungen, Schamschranken und Fehlerwartungen

Wir wollen uns nun mit dem sexuellen Erleben des Menschen befassen oder anders ausgedrückt: mit dem sexuellen Aspekt, der sexuellen Komponente der zwischenmenschlichen Beziehung. Wenn man das sexuelle Erleben in seiner jeweiligen Erscheinungsform verstehen will, darf man es nicht isoliert betrachten, sondern muß es im Zusammenhang des gesamten Erlebens sehen. Auch die Sexualität ist nur ein Teilaspekt des Gesamterlebens des betreffenden Menschen, sie ist eine spezielle Ausdrucksform der gesamten zwischenmenschlichen Beziehung, um die es sich jeweils handelt.

Wir möchten uns zunächst mit einigen Klischeevorstellungen in bezug auf das sexuelle Erleben befassen, da sie den Zugang zum Verstehen dieses Bereichs erschweren könnten.

Omne animal triste post coitum, jedes Lebewesen ist nach dem sexuellen Verkehr traurig – diese Vorstellung ist so oder anders formuliert nicht selten anzutreffen. Sie ist zumindest in dieser Verallgemeinerung nicht gültig. Es sei denn, sie gäbe der Erfahrung Ausdruck, die Thomas Mann in seinem Felix Krull in den Mund gelegten Lobpreis der Liebe in folgende Worte faßt: »Die Liebe tut durch die Liebenden alles, sie tut und versucht das Äußerste, um die Nähe grenzenlos, um sie vollkommen zu machen, um sie bis zu wirklichem, völligem Einswerden von zweierlei Leben zu treiben, was ihr aber komischer- und traurigerweise bei aller Anstrengung niemals gelingt.«

Wenn sich der Satz: omne animal triste post coitum auf das Mißlingen der Herstellung eines völligen Einsseins zwischen Liebenden im sexuellen Akt beziehen sollte, dann freilich wäre er allgemein gültig. Doch er meint etwas anderes als die nach dem Liebesakt sich einstellende, wenn auch nicht immer registrierte Mischung von Heiterkeit und Trauer, auf die Thomas

Mann anspielt. Diese Gefühlsreaktion ist letztlich eine Antwort auf die menschliche Grundantinomie, wonach der Mensch immer zugleich Einzelwesen, das heißt getrennt von den anderen, und Sozialwesen, das heißt mit den anderen verbunden sein will, ganz besonders mit dem geliebten Wesen des anderen Geschlechts.

Der Satz: omne animal triste post coitum formuliert die Erfahrung von bestimmten Menschen, ist Ausdruck eines Erlebens eigener Art, der sogenannten Süchtigkeitsstruktur. Menschen dieser Struktur sind in ihrer Fähigkeit zu aktiver Hingabe meist schwer eingeschränkt und gestört, deswegen weil sie bei der Entfaltung dieser Fähigkeit in ihrer Kindheit nicht gefördert, sondern unauflösbaren Ängsten ausgesetzt wurden. Sie können sich nicht mit Neubegierde, Interesse und Wärme den anderen Menschen zuwenden. Sie können es nicht, weil ihre Beziehung zu den anderen durch starke Feindseligkeitsspannungen bestimmt ist. Diese Feindseligkeit ist eine Antwort auf die Enttäuschung von Erwartungen auf totale Verläßlichkeit und total liebevolle Zugewandtheit von seiten der anderen. Sie ist ferner eine Reaktion auf die bei den anderen selektiv und akzentuiert registrierten unfreundlichen Züge und Regungen sowie auf die Projektion der eigenen Feindseligkeit. Und sie ist eine Reaktion auf die bei den anderen durch das eigene feindselige Verhalten ausgelöste faktische Ablehnung und Unfreundlichkeit.

Gleichzeitig haben diese Menschen schon relativ früh die Sexualität weitgehend angstfrei als eine Möglichkeit erlebt, körperliche Verbundenheit und Nähe zum anderen herzustellen. Ihre aufgestaute Sehnsucht, ihr aufgestautes Verlangen nach mitmenschlicher Nähe, nach warmer Vertrautheit und Verbundenheit drängt gleichsam in den Kanal der reinen Sexualität. Doch kann auf diesem Wege die latent ersehnte Erfüllung natürlich nicht erreicht werden. Ohne den Einsatz und die Entfaltung eigener Gefühle der zärtlichen Annäherung und liebevollen Hingabe führt die »isolierte« Sexualität lediglich zum Orgasmus, der ohne das Erleben der Verbundenheit eine flüchtige Sensation bleibt. Er läßt Leere, Unbefriedigtsein, Enttäuschung zurück: Omne animal triste post coitum. Das Unbefriedigtsein treibt den Betreffenden zu neuen Versuchen, auf dem Wege sexueller Vereinigung das Ziel gefühlshafter Erfüllung und Verbundenheit zu erreichen. Wenn die Enttäuschung, das Leerbleiben dem

Partner, der Partnerin angelastet wird, treibt sie zum Partnerwechsel. Doch jeder neue Versuch intensiviert nur das süchtige, das vergebliche Verlangen, läßt die innere Leere noch leerer, die mit Ekel vermischte Enttäuschung an dem anderen noch größer werden.

Der amerikanische Anthropologe Oscar Lewis[21], der sich mit der Kultur beziehungsweise der Subkultur der Armut beschäftigt hat, wie er sie in der unteren Bevölkerungsschicht in Mexico-City beobachten konnte, hat die Mitglieder einer dieser Schicht angehörenden Familie dafür gewinnen können, in breiten Selbstschilderungen von ihrem Leben und Erleben zu berichten. In diesen Berichten zeichnen sich häufig Züge solcher Süchtigkeitsstrukturen ab. Freilich finden sich diese Strukturen nicht nur in der Kultur oder Subkultur der Armut. Der älteste Sohn dieser Familie, Manuel, berichtet von sich aus der Zeit seiner Pubertät: »Danach packte mich dieser ganze Geschlechtstrieb wie ein Fieber, und ich konnte an nichts anderes mehr denken. Nachts träumte ich nur noch von Mädchen und Geschlechtsverkehr. Ich begehrte jede Frau, die mir begegnete. Und wenn ich kein Mädchen auftreiben konnte, onanierte ich eben.«

Manuels Schwester Consuelo äußert über diesen Bruder folgendes: Sie schildert ihn als einen harten Menschen, der nie da war, »wenn man ihn brauchte, und wenn er da war, blieb er gegen alles gleichgültig«. Sie schildert, wie er unfähig ist zu einem realitätsbezogenen, zielgerichteten Vorgehen und Verhalten. »Er glich einem Menschen, der im Dunkeln rückwärts geht, ohne die Füße auf festen Boden zu setzen. Er ging und ging und kam nirgends an. Er bewegte nur seine Beine, damit die Leute denken sollten, daß er etwas tat.«

Sie beschreibt sein süchtiges Sich-sehnen: »Sein Blick war dabei« (während er ging und ging) »starr auf die kleinen Sterne am Himmel gerichtet. Er versuchte, sie zu fangen, und wenn es ihm gelungen war, einen zu fassen, setzte er sich dort in der unendlichen Leere nieder und spielte mit ihm, bis das strahlende Licht schwächer wurde. Dann ließ er den toten Stern in der Luft schweben und folgte unwiderstehlich einem anderen.«

Sie schildert seine Hingabeängste: »Er sah nie unter sich, denn

---

[21] Lewis, O.: Die Kinder von Sánchez. Econ-Verlag, Düsseldorf – Wien, 1963, S. 67 u. S. 200/201.

hätte er das getan, dann würde er den dunklen Abgrund dort entdeckt haben. Ihm graute davor, zu fallen; wenn er je den Boden berührte, fühlte er, wie rauh und hart der Weg war, auf dem die Menschen gingen. Deswegen sah er zum Himmel auf, nicht um etwas zu erflehen, sondern um eine Entschuldigung zu haben, wenn er stolperte. ›Das habe ich nicht gesehen ... ich wußte es nicht.‹ Vielleicht fürchtete er, verurteilt oder zerschmettert zu werden oder zu erkennen, daß es für ihn keine Rettung gab. Deshalb hatte er wohl zwei oder drei Seelen und viele Gesichter. Er bemühte sich zu zeigen, daß er ein unbesiegbarer, weltkluger Mann war, aber das stimmte nicht. Er war nur oberflächlich und zynisch. Er hatte einen Funken Großmut und Verständnis in sich, vielleicht, weil er die Liebe meiner Mutter und Paulas (seiner Frau) erfahren hatte, aber warum war er nicht menschlicher? Er wußte, was er anrichtete, aber er hätte unter keinen Umständen gesagt: ›Ja, das habe ich getan.‹

Und warum wich er jeder Verantwortung aus? Er verschloß seine Augen vor allem. Ein Zusammengehörigkeitsgefühl oder eine Hilfe von ihm war undenkbar. War ich in Not, dann sagte er zu mir: ›Wenn du Hilfe brauchst, rechne nicht mit mir.‹ ... Er war in seinem Egoismus nicht fähig, tief zu fühlen, selbst als Vater nicht. Sein Leben war vollkommen frei (frei von allen Bindungen), und er verteidigte seine Unabhängigkeit mehr als alles andere. Bei Manuel war das Freiheitsbedürfnis zu einem Laster geworden.« –

In den Zusammenhang der zuvor geschilderten Klischeevorstellung gehört auch die Ansicht, daß die Häufigkeit sexuellen Verkehrs in einer gegebenen Zeit, in einer Woche oder auch in einer Nacht, etwas über die Kraft des Erlebens der Betreffenden aussage oder ein Indikator für deren männliche oder weibliche Vitalität sei. Einem solchen quantitativen Mißverständnis erliegen erfahrungsgemäß besonders häufig Menschen, die aus Gründen unverarbeiteter verdrängter Ängste ein beglückendes Strömen zum Partner hin nicht zulassen können. Sie unterdrükken es in dem Maße, in dem sie es vage bewußt ersehnen, und versuchen, durch die Frequenz und Dramatik körperlicher Vereinigungen das Fehlende zu ersetzen und das quälende Gefühl herabgeminderter eigener Lebendigkeit auszugleichen.

Von der süchtigen Sexualität ist eine andere Art dranghaft gesteigerten sexuellen Verlangens abzuheben, die zu einer anderen gleichfalls häufig geäußerten Klischeevorstellung führt, zu dem Klischee: Sex ist gesund, Sex muß sein! Damit soll gesagt werden, daß der Mensch auf alle Impulse eher, leichter verzichten könne, als gerade auf die sexuellen.

Versucht man diese Art von Dranghaftigkeit aus dem strukturellen Zusammenhang des betreffenden Erlebens zu verstehen, dann ergibt sich folgendes: Es handelt sich um Menschen, die gleichfalls eingeengt sind in der Möglichkeit, strömende Gefühle von Hingabe und Verbundenheit ohne Ängste zu erleben und zum Ausdruck zu bringen. Sie sind in ihrem Kontaktstil eher forsch, betont aktiv, manchmal kaltschnäuzig, manchmal auch hart und zynisch. Durch den sexuellen Vollzug werden die sonst zurückgestauten Hingabegefühle dann jedoch quasi mitgerissen, mit anderen Worten: Im sexuellen Vollzug können diese Menschen, zumeist Männer, die bei Zulassen von Hingabe und Weichheit ein destrukturierendes Zerfließen fürchten müßten, ihrer Aktivität in Form der sexuellen Betätigung soweit versichert sein, daß sie weiche Gefühle zulassen können. Sie vermögen sich unter diesen Bedingungen dem Partner beziehungsweise der Partnerin mehr zu erschließen, können zärtlich und warm sein, was ihnen sonst zu riskant erscheint. Das Drängende, das sie auf ihre sexuellen Impulse beziehen, rührt im Grunde von der Gestautheit weicher, hingebender, zärtlicher Gefühle her und gibt den sexuellen Impulsen ihre besondere Intensität.

Eine andere weitverbreitete Klischeevorstellung ist, daß Männlichkeit und Weiblichkeit, daß die vitale Kraft des Mannes oder einer Frau sich besonders überzeugend in Form der sexuellen Potenz darstelle oder umgekehrt, daß die sexuelle Potenz ein besonders wichtiger Indikator für die Vitalität eines Mannes oder einer Frau sei.

Sieht man sich die Erlebniszusammenhänge, aus denen solche Sexualprotzerei resultiert, etwas genauer an, so entdeckt man häufig, daß diese Männer und Frauen deswegen so oft zu sexuellen Vollzügen drängen, weil sie sich als Mann im Konkurrenzkampf mit anderen Männern, als Frau im Konkurrenzkampf mit anderen Frauen gerade *nicht* besonders stark fühlen. Sie sind ihrer Durchsetzungsmöglichkeit zum Beispiel im beruflichen Konkurrenzkampf mit den Geschlechtsgenossen gerade *nicht* sicher. Sie können sich in sonstigen Lebensbereichen nicht in dem Maße als starker Mann oder als imposante Frau durchsetzen, wie es ihnen ihre Idealvorstellungen von sich selbst abverlangen. Daher bietet sich ihnen das Bett als ausgleichende Chance leichter Siege an.

So trug eine junge Frau, die mit ihren Erfolgen in einem künstlerischen Beruf wenig zufrieden war und wegen erheblicher Lern- und Arbeitsstörungen und der Illusion müheloser Sofort-erfolge auch objektiv wenig zustande brachte, in ihrer Handtasche stets einige mehr oder weniger begeisterte »Anerkennungsschreiben« verschiedener Liebhaber mit sich herum. Sie tat das, um sich selbst und unter Umständen auch anderen ihre fabelhaften Leistungen und Erfolge in diesem Bereich jederzeit belegen zu können.

Für solche Menschen, die die entscheidenden, ihre Selbstbejahung stabilisierenden Triumphe im Schlafzimmer feiern, ist dann verständlicherweise das Altern oft eine besonders konflikthafte Lebensphase. Sie erleben die erotische Reizeinbuße des höheren Lebensalters buchstäblich als ein Dahinwelken und Verfallen, fühlen sich nur noch als kraftlose, unansehnliche Hülle.

Ein weiteres Vorstellungsklischee bezieht sich auf die Synchronizität des Orgasmus bei Mann und Frau. Ein sexueller Akt gilt dann als einwandfrei gelungen, wenn er im streng gleichzeitigen Orgasmus der beiden Partner gipfelt. Um das zu erreichen, werden große Anstrengungen gemacht, auf Kosten der Spontaneität der physiologischen und gefühlshaften Abläufe bei den Beteiligten. Leistungsideale einer quasi technischen Perfektion sind hier im Spiel.

Die Befriedigung des Sexualverlangens macht eine Cooperation zwischen Mann und Frau gemäß einer bestimmten Technik erforderlich, sagt Homans[22]. Wenn dieser Gesichtspunkt der technischen Cooperation und Perfektion überwertig wird und etwa die Gleichzeitigkeit des Orgasmus zum Beleg der eigenen Leistungsfähigkeit in diesem Bereich wird, zum Wert- und Gütezeichen quasi, dann leidet etwas anderes Not: Es muß etwas erreicht werden, anstatt daß etwas geschehen darf. Es muß ein bestimmter Effekt zustande gebracht werden, anstatt daß beglückend strömendes Gefühl zugelassen werden darf. Denn wenn beide Partner warm, zärtlich und begeistert einander zugewandt sind, dann liegt eben darin die entscheidende und erfül-

[22] Homans, C. G.: wie oben, S. 230.

lende Beglückung, mag der beiderseitige Orgasmus nacheinander ablaufen.

Wir möchten uns nun einigen bei Eheleuten häufig vorkommenden Verhaltensweisen zuwenden, wie sie unter der Einwirkung von Schamgefühlen zustande kommen.

Was ist unter Schamgefühl zu verstehen? Erikson[23] sagt darüber: »Der sich Schämende nimmt an, daß er rundherum allen Augen ausgesetzt ist, er fühlt sich unsicher und befangen ... Scham drückt sich ... in dem Impuls aus, das Gesicht zu verstekken, am liebsten jetzt und hier in der Erde zu versinken ... der Schamerfüllte möchte ... die Welt zwingen, ihn nicht anzusehen oder seine beschämende Situation nicht zu beachten. Er würde am liebsten die Augen aller anderen zerstören ...«

Karen Horney[24] sieht Scham im Zusammenhang mit verletztem Stolz. Sie bezeichnet Scham und Demütigung als die zwei typischen Reaktionen auf verletzten Stolz. Wir schämen uns, wenn wir etwas tun, denken oder fühlen, was unseren Stolz verletzt. Und wir fühlen uns gedemütigt, wenn andere sich uns gegenüber so verhalten, daß es unseren Stolz verletzt, beziehungsweise sich zu uns nicht so verhalten, wie unser Stolz es von ihnen verlangt.

Das Schamgefühl zeigt demnach an, daß man in Gefahr steht, etwas von sich zu enthüllen und darzubieten, was sich mit der eigenen Selbstbejahung, dem eigenen Stolz in keiner Weise vereinbaren läßt, was den eigenen Ich-Idealen nicht entspricht. Denn Stolz ist nach Karen Horney eine verstärkte Selbstbejahung als Antwort darauf, daß man den eigenen Ich-Idealen entspricht, daß man vor sich und den anderen so dasteht, wie die Ich-Ideale es verlangen. Von eigenen untergründigen Tendenzen her möchte man sich freilich oft ganz anders, den Ich-Idealen entgegengesetzt, verhalten.

Scham ist ein Indikator dafür, daß eine Diskrepanz zwischen Ich-Idealen und Real-Ich offenkundig geworden ist oder offenkundig zu werden droht – eine Diskrepanz, die den Betreffenden in den eigenen Augen und, wie er fest annimmt, auch in den

---

[23] Erikson, E. H.: Kindheit und Gesellschaft. Ernst Klett Verlag, Stuttgart, 1965, 2. Aufl., S. 246/247.

[24] Horney, Karen: Neurosis and human growth. Routledge and Kegan Paul, London 1951, S. 95–97, deutsche Ausgabe in der Reihe »Geist und Psyche« in Vorbereitung.

Augen aller anderen herabsetzt oder herabsetzen würde. Stolz und Scham sind in dem Maße konflikthaft, als sie mit neurotischen Ich-Idealen in Zusammenhang stehen, mit Ich-Idealen, die irrationale Ängste und als bedrohlich erlebte eigene Impulse dem bewußten Erleben fernhalten sollen.

In solcher Art konflikthafte Schamgefühle können einen Ehepartner zum Beispiel daran hindern, den anderen nach dem sexuellen Beisammensein zu fragen, ob es befriedigend und schön gewesen sei. Der Stolz, der durch solche Schamgefühle geschützt werden soll, ist dann häufig auf folgendes gegründet: Es muß völlig außer Frage stehen, daß man in der Lage war, den anderen zu befriedigen, es ihm schön zu machen. Es muß feststehen, daß alles, was man getan und vollzogen hat, keiner Änderung und keiner Korrektur bedarf. Jeder Zweifel am eigenen Tun ist beschämend. Man darf nur mit perfekten Leistungen in Erscheinung treten, ohne vorangegangene Probierphase und ohne vorangegangene langwierige Lernprozesse mit ihrem Wechsel von Versuch und Irrtum. Das gilt besonders für den erotisch-sexuellen Bereich, für den in unserer Kultur bisher zu wenig Lernprozesse vorgesehen sind, wo vielmehr erwartet wird, daß man ohne Training vollbefriedigende Resultate erzielt.

Es wäre einem solchen Menschen daher äußerst peinlich, vom Partner oder der Partnerin hören zu müssen, daß er es beim Verkehr an diesem oder jenem habe fehlen lassen, daß hier eine Änderung anzubringen und dort vielleicht etwas Neues auszuprobieren sei. Er würde eine solche Kritik als ungemein herabsetzend, als eine Art Kastration erleben, die er sich, verständlicherweise, ersparen möchte.

Unter dem Gesichtswinkel der Partnerschaft betrachtet, ist es natürlich ein Jammer, wenn man sich durch einen so gelagerten Stolz hindern läßt, mit Partner oder Partnerin zusammen die sexuelle Kommunikation zu variieren, in dieser Hinsicht Entwicklung und Wandel zuzulassen.

Es gibt ferner Schamgefühle, wodurch Eheleute, insbesondere Frauen, sich gehindert fühlen, dem Partner durch Signale sprachlicher oder nichtsprachlicher Art kundzutun, daß Gelegenheit und Stunde für ein intimes Beisammensein jetzt gerade günstig seien. Solche Schamgefühle verbieten dann meistens auch, dem Partner während des Zusammenseins Hinweise darauf zu geben, wie man es denn am liebsten hätte, diese oder jene

Abwandlung und Nuance des Liebesspiels aktiv anzuregen. Die Scham verbietet es; denn es ist mit dem eigenen Stolz, der eigenen Würde nicht vereinbar.

Stolz und Würde beinhalten dann häufig, daß es doch unmöglich sei, für die eigene Lust und Befriedigung etwas zu tun, Phantasie, Initiative und Aktivität dafür einzusetzen. Für die des Partners ja, jederzeit! Aber für die eigene? Nein!

Ferner gibt es Frauen, die sich mit Hilfe von Scham und manchmal auch Ekelgefühlen gegen das Gelüst schützen müssen, das Genitale des Partners, das von vielen gelöst erlebenden Frauen als eine Art liebstes Spielzeug empfunden wird, in die Hand zu nehmen und damit zu spielen. Eine so geartete Frau gründet ihren Stolz, ihre Würde häufig darauf, daß sie eine bescheidene zurückhaltende Dienerin des Mannes und der Familie sei, ein Mensch, der seine Kräfte in den Dienst der anderen stelle, anstatt sie auf eigene Ziele zu richten.

Sie möchte nicht als eine Frau in Erscheinung treten, der es höchst lustvoll ist, das erregte Glied des Partners als »Steuerknüppel« in der Hand zu fühlen und damit die Macht zu haben, den ganzen Mann in Bewegung zu setzen, ihn zu steuern und zu dirigieren. Das eben erlebte eine dieser Frauen, als sie es in der psychotherapeutischen Behandlung wagte, den Hintergründen ihrer Schamgefühle nachzuspüren.

Bei beiden Geschlechtern können Schamgefühle bestimmten Ursprungs es verbieten, dem durch die Kohabitation bewirkten intensiven Erleben einen spontanen lautlichen Ausdruck zu gönnen. Man hat nicht die Freiheit, durch verbale und nichtverbale Äußerungen kundzutun, wie bewegt man ist. Man unterwirft die innere Begeisterung einer ähnlichen Beherrschung wie jener auf einem Cartoon dargestellte fußballbegeisterte Brite, der unbewegt einem Match zusah, an dem auch seine Mannschaft beteiligt war. Als seine Mannschaft unter dem Jubelgeschrei der Zuschauermenge das entscheidende Tor schoß, bemerkte er zu dem neben ihm sitzenden Diener-Chauffeur: »John, werfen Sie meinen Hut in die Luft!«

Stolz und Würde fordern in diesen Fällen Selbstbeherrschung, Vermeidung aller Äußerungen, bei denen Animalisches anklingt. Der Stolz beruht darauf, auf »menschliche« Weise zu lieben. Aus ähnlichen Gründen erscheint es manchen Frauen würdelos, wenn der Partner sich ihnen von hinten, a tergo, nähert. Sie fühlen sich dadurch unangenehm an Formen tierischer Begattung erinnert und können jene wonnevollen Gefühle nicht zulassen, die den Hengst, den Bock, den Hahn in einen himmlischen Gesellen verwandeln. So legt es Thomas Mann in seinem Roman »Der Erwählte« der Sibylla in ihrer Brautnacht in den Mund: »Oh, schäme dich! Ganz wie ein Hengst, ein Bock, ein Hahn! Oh fort! Oh, fort und fort! Oh Engelsbub! Oh himmlischer Gesell!«

Solch ein Erleben – den Bock, den Stier im Mann zu sehen – scheint diesen Frauen nicht erlaubt. Ihre Würde fordert auch, sich beim Verkehr das Gesicht zuzuwenden, sich dabei ins Auge sehen zu können, aufeinander ein Auge zu haben im Sinne von Aufsicht und Kontrolle. Nachdem eine so empfindende Frau mit Hilfe einer Psychotherapie die Schamschranke etwas gelokkert hatte und die Annäherung ihres Ehepartners in einer der bisher verpönten Formen, unter Verzicht auf gegenseitige Blickkontrolle, zulassen konnte, da registrierte sie bei sich mit einer Mischung von Schrecken und Erleichterung folgendes: Dem Blick des Ehemanns entzogen, verzerrte sich ihr Gesicht vor heftiger Lust und entfuhren ihrem Munde wilde unartikulierte Laute, Äußerungen, die sie sich bis dahin als würdelos-animalisch nicht zugebilligt hatte.

Andererseits gibt es Männer, die sich vor sich selbst schämen und sich durch ihre Partnerin gedemütigt fühlen, wenn diese nicht durch Stöhnen und Aufschreie bezeugt, wie der Mann sie bewegt und aufwühlt. Der Stolz dieser Männer verlangt von ihnen, daß sie sich als Urheber von dramatischen Bewegungen und Erschütterungen darstellen. Weiche Gefühle, Gefühle sanfter Zärtlichkeit und inniger Verbundenheit gelten ihnen als Zeichen von Schwäche und werden deswegen im eigenen Erleben abgewehrt.

Besonders häufig sind im Bereich unserer Kultur, vor allem bei Männern, Schamgefühle zu beobachten, mit denen Regungen zu gefallen, schön zu sein und schön gefunden zu werden, bekämpft und abgewehrt werden.

Durch solche Scham befangene Eheleute finden keinen Spaß daran, finden es vielmehr unmöglich, im erotisch-sexuellen Spiel sich dem Partner in nackter Pracht vor Augen zu stellen und, vom Bewußtsein der eigenen Schönheit durchdrungen, etwa zu fragen: Gefalle ich dir? Sie können nicht balzen, nicht kokettieren, nicht flirten, können ihre Reize nicht anpreisend zur Schau stellen. Das Bedürfnis zu gefallen, ist bei ihnen nicht entfaltet, ein Bedürfnis, das den Kern des Erosstrebens darstellt. Das Erosstreben wird von H. Schultz-Hencke[25] zu den elementaren Grundstrebungen des Menschen gezählt.

Das Erosstreben ist eine Form der aktiven Liebeszuwendung: Ein Mann liebt eine Frau, weil sie Reize ausstrahlt, die er als schön empfindet; und er findet die Frau schön, weil er sie liebt. Liebe und Schönheit stehen zueinander in Interdependenz. Ein als lieblich empfundenes Kind ist im allgemeinen auch liebenswürdig. Es führt zur Verarmung einer ehelichen Partnerschaft, wenn die Eheleute Bedürfnisse, selbst körperlich zu gefallen und Gefallen an der Leiblichkeit des Partners zu finden, nicht wahrhaben und offen ausdrücken dürfen.

Das Erosstreben entfaltet sich aus dem Kern des: Ich will schön sein und als schön empfunden werden und will meinerseits das Schönsein des anderen genießen, zum Verlangen nach Schönheit und Harmonie im weitesten Sinn und schließt die Entwicklung der entsprechenden Gemütskräfte ein. Es ist somit auch ein Bestandteil der Kontemplation und der ruhigen Betrachtung und Anschauung der Welt und ist so Voraussetzung für jede geistige und insbesondere auch künstlerische Aktivität.

Goethe war im besonderen Maße von solchem Streben bewegt, als er im Jahre 1786 dem Weimarer Hof nach Rom entfloh, sich den »schönen Damen« und den »Herren der feineren Welt«, den »großen und kleinen Zirkeln«, die ihn oft »nahe der Verzweiflung gebracht«, entzog und sich in Rom vielerorts und nicht zuletzt in den Armen seines »bräunlichen Mädchens« der Einwirkung der Schönheit höchst aktiv überließ.

Froh empfind' ich mich nun auf klassischem Boden begeistert,
Vor- und Mitwelt spricht lauter und reizender mir.
Hier befolg' ich den Rat, durchblättre die Werke der Alten
Mit geschäftiger Hand, täglich mit neuem Genuß.
Aber die Nächte hindurch hält Amor mich anders beschäftigt;
Werd' ich auch halb nur gelehrt, bin ich doch doppelt beglückt.
Und belehr' ich mich nicht, indem ich des lieblichen Busen
Formen spähe, die Hand leite die Hüften hinab?

---

[25] Schultz-Hencke, H.: Lehrbuch der analytischen Psychotherapie. Georg Thieme Verlag, Stuttgart 1951, S. 37–39.

Dann versteh' ich den Marmor erst recht; ich denk' und vergleiche,
Sehe mit fühlendem Aug', fühle mit sehender Hand.
Raubt die Liebste denn gleich mir einige Stunden des Tages,
Gibt sie Stunden der Nacht mir zur Entschädigung hin.
Wird doch nicht immer geküßt, es wird vernünftig gesprochen;
Überfällt sie der Schlaf, lieg' ich und denke mir viel.
Oftmals hab' ich auch schon in ihren Armen gedichtet,
Und des Hexameters Maß leise mit fingernder Hand
Ihr auf den Rücken gezählt. Sie atmet in lieblichem Schlummer,
Und es durchglühet ihr Hauch mir bis ins Tiefste die Brust.
(V. Römische Elegie)

Wir möchten nun auf einige häufig anzutreffende Fehlerwartungen eingehen, die die sexuelle Beziehung zwischen Ehepartnern stören können.

Eine vor allem bei Männern anzutreffende Erwartung hat zum Inhalt: Wenn meine Frau mich wirklich, mich richtig liebt, dann ist sie zum sexuellen Zusammensein mit mir immer bereit; denn sonst liebte sie mich nicht. Diese Männer erleben es oft als eine tiefe Demütigung, fühlen sich abgelehnt und in ihrer Eigenliebe gekränkt, wenn die Frau auf einen sexuellen Kontaktwunsch nicht jederzeit eingeht. Sie erwarten, daß die Partnerin, eigener Wünsche, Bedürfnisse und Regungen ungeachtet, sich in hymnischer Dauerbejahung auf sie einstellt. Sie schelten die Partnerin lieblos, wenn das nicht geschieht; und nennen Liebe, was in Wirklichkeit ein Anspruch kleinkindhafter Art ist.

Mit dieser Art von Ansprüchlichkeit ist häufig die Unfähigkeit verbunden, um die Partnerin zu werben. Warum werben, da eine Frau doch durch Einfühlung gerade auch in die sexuellen Wünsche des Partners ihre Liebe für ihn zu belegen hat?! Fehlt diese Einfühlung, liegt ihre Lieblosigkeit auf der Hand. Das voreheliche Balzen war anstrengend genug: Wenn ich diese Anstrengungen fortführen soll – warum habe ich dann geheiratet? – Auf diese Weise verarmt das Liebesspiel zu einer Art von Stillakt: Wenn der Säugling schreit, bekommt er Brust oder Flasche gereicht. Der Verzicht darauf, um die Gunst der Partnerin immer wieder neu zu werben, ihre Bejahung zum intimen Beisammensein zu erbitten, sich, wenn man so will, Erhörung zu erflehen, bedeutet eine große Einschränkung: Er schränkt in gleicher

Weise die Entfaltung der eigenen Gefühls- und Gemütskräfte wie auch die erotischen Interaktionen ein.

In diesen Zusammenhang gehört auch, daß viele Männer ein anfängliches Nein der Frau zum Liebesakt oder ein halbes Nein in seinen verschiedenen Schattierungen bis hin zum leisen Zögern fälschlicherweise als ein Nein gegenüber den männlichen Liebeswünschen deuten und nicht verstehen können, daß dieses Nein zur weiblichen Rolle im Liebesspiel gehört. Sie können sich nicht vorstellen, daß die Frau mit diesem Nein den männlichen Liebeswunsch auf seine Ernsthaftigkeit und Intensität hin prüfen, daß sie den Mann dadurch zu weiterer erotischer Entfaltung reizen und ihn veranlassen möchte, die Schale des Nein zu öffnen, damit das darin eingeschlossene Ja herausspringt.

Solche Männer können häufig deswegen nicht werben, können nicht balzen vor der Frau, können sie nicht umkosen und umschmeicheln, weil sie fürchten, sich dadurch lächerlich zu machen, von der Frau offen oder insgeheim verlacht zu werden. Sie versäumen es deswegen, die Möglichkeit einer intimen Liebesbeziehung auszuschöpfen, die darin besteht, daß schlechthin alles sagbar wird, alles ausgedrückt werden kann, wenn es nur ehrlich gemeint ist.

Beim Nein einer Frau ist freilich zu bedenken, daß es auch etwas anderes ausdrücken kann als die spielerische Verkleidung eines Ja zum Partner und zum gemeinsamen Liebesgenuß. Es gibt Frauen, für die das Nein der ausgestreckte Arm ist, an dem sie den Mann zappeln und hungern lassen, ein Mittel ihrer Macht über ihn. Ein solches Nein ist nicht Schale für ein freudiges Ja, sondern zielt auf Unterwerfung ab, die eventuell mit einem Akt gnädigen Gewährenlassens beantwortet wird.

Eine weitere Fehlerwartung, die in die Reihe der bisher genannten gehört, hat zum Inhalt, daß Partner oder Partnerin, wenn er oder sie nur richtig liebevoll ist, im Liebesspiel doch erspüren müsse, was man sich jetzt in diesem Augenblick gerade wünscht. Der andere müsse fühlen, wo man gerade geküßt werden will und wie man gerade gestreichelt werden möchte. Diese Erwartung resultiert aus der Phantasie eines totalen Einsseins von Mann und Frau oder eines Austauschs der Identitäten: Du bist ich und ich bin du – Phantasien, die die Getrenntheit aufheben und damit eine der Grundantinomien der menschlichen Existenz, gleichzeitig ein von den anderen getrenntes Einzelwesen und ein mit den anderen verbundenes Sozialwesen zu sein, leugnet.

2. Unbewußte Störquellen

Wir wollen nun auf einige unbewußte Störquellen eingehen, wie sie erfahrungsgemäß besonders häufig die Beziehung zwischen Eheleuten beeinträchtigen.

Zunächst wollen wir den sogenannten Weiblichkeitskomplex des Mannes betrachten. Es geht dabei um den unbewußten Wunsch des Mannes, eine Frau zu sein. Wenn wir »unbewußt« sagen, so meinen wir, daß dieser Wunsch nicht als solcher, klar konturiert, erlebt wird, sondern nur in Form vager, zum Beispiel in Träumen sich darstellender Phantasien, daß er zwar ins bewußte Erleben drängt und das manifeste Verhalten der Betreffenden auch weitgehend bestimmt, daß aber gleichzeitig Anstrengungen gemacht werden, ihn vom Erleben fernzuhalten. Auch diese Anstrengungen, sogenannte Abwehrmechanismen, werden nicht vollbewußt registriert.

Ein Mann möchte also eine Frau sein; er möchte dabei auch über die spezifische sexuelle Möglichkeit der Frau verfügen, möchte erleben, daß etwas in seinen Körper eingeführt wird. Diese Wünsche sind verbunden mit einem gleichfalls unbewußten Neid auf die Frau. Der betreffende Mann ist neidisch auf die schwellenden Polster, auf die Weichheit und Abgerundetheit des weiblichen Körpers und auf die Fähigkeit der Frau zu weichfließender Hingabe im Gefühl. Dieser Neid kann auch speziell der Vagina der Frau gelten und sich so in Träumen und Tagesphantasien, aber auch in Form von bewußt erlebten Wünschen darstellen. Die Vagina ist ein spezifisch weibliches Aufnahmeorgan; der Neid solcher Männer gilt der weiblichen Möglichkeit, aufzunehmen, gilt dem Rezeptiv-sein-dürfen im weiteren Sinn, das der Frau, für das Erleben dieser Männer, in größerem Maß eingeräumt wird als dem Mann: »Wenn ich eine Frau wäre, bräuchte ich nicht dauernd so aktiv zu sein.« – »Mein Geschlecht, das muß sich regen und etwas tun, um herrlich zu sein. Mit deinem darf man nur sein und blühen und ist schon herrlich. Das ist der allgemeinste Unterschied zwischen Mann und Weib, von Genauerem abgesehen«, läßt Thomas Mann den jungen

Willo zu seiner von ihm geliebten und begehrten Schwester in dem Roman »Der Erwählte« sagen. Er sagt das nach einem Reiterspiel, bei dem er sich hat anstrengen müssen, indessen seine Schwester und die anderen Frauen, Spott oder verliebten Beifall spendend, auf hölzernen Balkonen um den Kampfplatz saßen.

Der Weiblichkeitskomplex des Mannes kann sich in verschiedenen Formen darstellen. Darauf hat O. Fenichel[26] in Anlehnung an Boehm hingewiesen. Gemeinsam ist den verschiedenen Ausformungen des Weiblichkeitskomplexes die zugrunde liegende Kastrationsangst. Im engsten Sinne gefaßt, ist es die Angst, bei sexueller Betätigung das Genitale zu verlieren; im weiteren Sinne ist es die Angst, bei sexueller Betätigung in irgendeiner Weise Schaden zu erleiden.

Der Weiblichkeitskomplex kann sich in der Weise darstellen, daß der betreffende Mann aus Angst, von der Frau kastriert zu werden, sich mit ihr identifiziert. Um der drohenden Kastration durch die Frau zu entgehen, entwickelt der Betreffende eine »Identifikations-Liebe«. Was heißt das? Solche Männer möchten der Partnerin dauernd zeigen, wie verständnisvoll sie sind, wie sie die Frau in jeder Faser verstehen. Ein solch totales Verstehen eines Mannes für eine Frau bedeutet aber, daß die Frau gleichsam wie der Mann ist; denn sonst wäre ein Verstehen dieser Art nicht möglich.

Durch den Versuch einer völligen Einsfühlung, wobei eigene Wünsche, Interessen und Belange notgedrungen hintan gestellt werden, soll die als gefährlich erlebte Frau permanent besänftigt werden. Gleichzeitig wird auf diese Weise mit potentiellen Rivalen konkurriert: Welcher Mann sollte dich so innig verstehen können wie ich, der ich mich mit dir eins fühle! – Andererseits fühlen sich solche Männer in der Gesellschaft von Männern wohler als in der anspruchsvollen Gegenwart einer Frau. Eine andere Ausformung des Weiblichkeitskomplexes sieht so aus: Der betreffende Mann fürchtet in erster Linie die Konkurrenz mit anderen Männern, insbesondere auch im Bereich beruflicher Auseinandersetzung; er fürchtet sich, Mann unter Männern zu sein, und flüchtet sich daher quasi zur Frau, sucht einen bergenden Unterschlupf in der Ehe. Die Ehe ist für ihn eine Zuflucht

---

[26] Fenichel, O.: The psychoanalytic theory of neurosis. Routledge and Kegan Paul, London 1955, S. 335/336.

vor den Gefahren, die in der rauhen Männerwelt drohen. Er kriecht bildlich gesprochen bei der Ehefrau unter. Er kriecht auch buchstäblich bei der Ehefrau unter, das heißt: Er verspürt beim sexuellen Verkehr oft das Bedürfnis, sich in der Scheide der Frau zu verkriechen und darin in immerwährender Geborgenheit zu verbleiben. Ein so erlebender Mann äußerte einmal: »Am schönsten wäre es, ich könnte ganz in die warme Höhle schlüpfen und könnte Tage oder Wochen darin bleiben.«

Der Weiblichkeitskomplex hat folgende Auswirkungen: Der darin enthaltene scheele, das heißt feindselige Neid (die Frau besitzt etwas, was mir unabänderlich vorenthalten wird), die Kastrationsängste im weiteren Sinne (es ist bedrohlich, ein Mann zu sein, man ist gefährdet durch die Frau oder durch die anderen Männer) und die Neigungen zu passivem Verhalten stören und beeinträchtigen das Erleben aktiver Hingabe während des sexuellen Beisammenseins. Sie lassen es nicht zu, daß der Betreffende gefühlsselig erlebt: Wie gut, daß ich ein Mann bin und du eine Frau. Wie schön, daß wir, gerade weil wir verschieden sind, so gut zueinander passen. – Je nach Ausmaß und Intensität des Weiblichkeitskomplexes kommt es zu Beeinträchtigungen der erotisch-sexuellen Erlebnisfähigkeit bis hin zu ausgeprägtesten sexuellen Störungen unter Umständen von Krankheitswert.

Eine andere unbewußte Störquelle sexuellen Erlebens und sexueller Interaktionen wird mit dem Begriff des sogenannten phallischen Coitus erfaßt. Es handelt sich dabei um eine spezielle Verarbeitung sexueller Impulse, um eine Art und Weise, den sexuellen Akt zu erleben, die weit mehr durch das Bemühen um Leistung und das Streben nach Geltung als durch Hingabe und Verbundenheit bestimmt ist.

Das Erleben des »phallischen« Coitus ist auch bei Frauen zu finden. Wegen der in unserer Kultur bei den Männern vergleichsweise stärkeren Orientierung an Leistung und Geltung spielt er jedoch im männlichen Erleben die größere Rolle. Er gehört zu Erlebnisverarbeitungen, die Wilhelm Reich[27] als phallisch-narzißtische Charaktere bezeichnet hat. Bei Männern dieser Struktur steht das Genitale weniger im Dienst der Liebe als im Dienst der Bemühung um Leistung und Geltung; es wird daneben auch als Instrument der Aggression erlebt.

---

[27] Reich, W.: Charakteranalyse. Im Selbstverlag des Verfassers, S. 226–233.

Das intime Zusammensein wird in solchen Fällen zum immer wieder neu benötigten Test der eigenen Leistungsfähigkeit, zu häufig gesuchtem Anlaß, sich des eigenen Könnens, der eigenen Potenz zu versichern. Deswegen spielt die Zahl der Kohabitationen während einer Nacht eine große Rolle, ebenso wie die Frequenz der männlichen »Stöße« und das Ausmaß, in dem die Frau müde oder »fertig gemacht« wird. Während des Aktes tauchen oft Konkurrenzphantasien in bezug auf andere Männer auf. Die latente Geltungsrivalität mit den Geschlechtsgenossen äußert sich häufig in folgenden Fragen, die, ausgesprochen oder unausgesprochen, nach dem Verkehr auftauchen: War ich besser als andere Männer, die du gekannt hast? Oder, im Falle der Frau: Wie war ich? War ich gut? Besser als deine frühere Freundin?

Im Falle des phallischen Coitus bestehen unverarbeitete, unter der Oberfläche des Erlebens schwelende Konflikte im Bereich von Leistung, Geltung, Konkurrenz und Rivalität. Diese Konflikte greifen gleichsam auf sexuelles Gebiet über; sie dringen störend in das erotisch-sexuelle Geschehen ein und verhindern, daß Impulse zu gefallen, sich Gefühlen strömender Hingabe zu überlassen, Zärtlichkeit und Lust zu geben und zu empfangen, die Grenzen zum Du aufzulockern, sich ausbreiten und den Betreffenden erfüllen können.

Eine Variante der als phallischer Coitus bezeichneten Störung ist die bei manchen Männern bestehende Platzhirsch-Thematik. Diese Männer verspüren nur dann stärkere sexuelle Impulse, wenn es darum geht, einen im eigenen Revier auftauchenden anderen Mann zu vertreiben. Das sieht im Eheleben so aus: Im allgemeinen macht sich ein solcher Mann nicht viel aus seiner Frau; er findet sie nicht besonders interessant und anziehend. Im Augenblick jedoch, da ein anderer Mann an der Ehefrau Gefallen findet und dieses Gefallen durch Kompliment und Flirt, durch Engtanzen und ähnliches signalisiert, wird der Ehemann wach und wandelt sich zum aktiven Liebhaber. Nun bemüht er sich eifrig um seine Frau, seine Partnerin. Es geht ihm dabei jedoch nicht so sehr darum, ein besseres wechselseitiges Verstehen zu bewirken und einander mehr Lust und Glück zu schenken, es geht ihm vielmehr darum, den Rivalen auszustechen, ihn vom Platz zu treiben und über ihn zu triumphieren. Ist das geschehen, geht er zumeist wieder in Ruhestellung.

Es sind Männer, die im sonstigen sozialen Leben, in der Öffentlichkeit, nicht in ausreichendem Maße Platzhirsch sein können, die nicht den Platz zu erobern und zu behaupten vermögen, der ihren Talenten und Fähigkeiten entspräche.

Als eine weitere wichtige unbewußte Störquelle sexuellen Erlebens ist schließlich der sogenannte Penisneid der Frau zu erwähnen. In seiner von S. Freud gegebenen ursprünglichen Formulierung und Bedeutung besagt Penisneid folgendes: Das kleine Mädchen stellt irgendwann in seiner frühen Entwicklung fest, daß ihm gegenüber dem kleinen Jungen etwas Entscheidendes fehlt, daß ein beim kleinen Jungen vorhandenes Organ bei ihm eindeutig nicht oder nicht mehr vorhanden ist. Das kleine Mädchen bringt in der Phantasie diesen Mangel in Verbindung mit unerlaubten, von den Eltern verpönten sexuellen Regungen; es erlebt ihn als Bestrafung für solche Regungen. Es kommt sich bestraft und gegenüber dem kleinen Jungen herabgesetzt vor; es fühlt sich gegenüber dem männlichen Geschlecht benachteiligt und minderwertig. Auf diese Erfahrungen – Entdeckung des Penisverlustes mit nachfolgenden Benachteiligungs- und Minderwertigkeitsgefühlen – reagiert das kleine Mädchen im typischen Fall mit Gekränktheit und einem daraus resultierenden Neid auf das dem kleinen Jungen erhalten gebliebene Organ und des weiteren auf das ganze so hoch bevorzugte männliche Geschlecht.

In späteren Interpretationen des Penisneides, wie sie zum Beispiel von Karen Horney[28] gegeben wurden, ist der Penis Symbol für alles, um was das kleine Mädchen und später die Frau den Mann, das männliche Geschlecht, beneidet. Eine mit dem sogenannten Penisneid behaftete Frau beneidet den Mann um all seine, tatsächlichen und vermeintlichen, Vorzüge und Privilegien wie größere Körperkraft und mehr aggressive Freiheit, bessere Möglichkeit in bezug auf Ehrgeiz und Geltung, größere Produktivität, Zeugungskraft und Kreativität und anderes.

Je mehr das System, in dem die Frau erzogen wurde, autoritär-patriarchalisch geprägt war, um so mehr ist sie von der Überlegenheit des Mannes und seinem Überprivilegiertsein überzeugt und um so stärker ist der darauf gerichtete Neid. Dieser Neid ist in dem Maße vorhanden, in dem die als Privilegien des Mannes

---

[28] Horney, Karen: Neue Wege in der Psychoanalyse, Taschenbuchreihe »Geist und Psyche«, Band 2090, Kindler Verlag, München 1973.

betrachteten Fähigkeiten von der betreffenden Frau selbst nicht entwickelt wurden, das heißt unter den Bedingungen ihrer frühen Kindheit nicht entwickelt werden konnten, und je mehr sie an den Mann delegiert, was bei ihr selbst unentfaltet geblieben ist.

Aus dem Penisneid resultieren Konflikte in der Beziehung solcher Frauen zu ihrem Partner, die sich als erhebliche und oft schwer zu behebende Störung des sexuellen Erlebens auswirken:

Auf der einen Seite löst der Neid auf den so vielfältig bevorzugten Mann feindselige Reaktionen insbesondere in der Form von Rache aus. Der Frau ist eine Wunde geschlagen worden, von der der Mann profitiert: Er ist der vergleichsweise Stärkere und der Überlegene, und die »Wunde« ist für ihn eine Stätte der Lust und des Genusses. Das schreit nach Rache. Der Bevorzugte soll spüren, was es heißt, kleingemacht zu werden, minderwertiger zu sein als andere, was es heißt zu unterliegen. Solche Frauen haben daher Tendenzen, ihren Partner herabzusetzen, zum Beispiel durch Vergleich mit anderen stärkeren, begabteren, erfolgreicheren Männern, ihn herabzusetzen insbesondere in Gegenwart anderer Menschen, damit er die Demütigung auch richtig spüre. Er kann ihr gar nicht klein genug sein.

Auf der anderen Seite wird aus dem Penisneid der Anspruch entwickelt, daß der privilegierte Mann seine Bevorzugungen in den Dienst der Partnerin stellt, daß er die Fähigkeiten, die er im Sinne männlicher Vorrechte entwickeln durfte, stellvertretend für die Partnerin einsetzt und daß er sie an seinen Erfolgen partizipieren läßt. Solche Frauen haben daher auch Tendenzen, ihren Partner anzutreiben, noch mehr Stärke, noch großartigere Fähigkeiten zu entwickeln, noch mehr Erfolge einzuheimsen, noch glanzvoller dazustehen. Er kann ihr also auch gar nicht groß genug sein.

Als eine Lösung dieses Konflikts schwebt solchen Frauen dann oft vage vor, daß ihr Partner gegenüber der Welt ein erfolgreicher strahlender Held und in der Hand der Partnerin klein und weich wie Wachs sein möge. Der wirklich starke Mann läßt sich jedoch auch von seiner Frau nicht klein machen, nicht »unterbuttern«. Und der Mann, der in den Händen seiner Partnerin zu Wachs wird, vermag sich auch der Welt gegenüber nicht durchzusetzen.

So führt die Beziehung zum Partner für solche Frauen immer

zu Kränkung und Enttäuschung: Entweder ist der Mann stark, dann erlebt sie das eigene Kleinsein als Kränkung, die nach Rache schreit. Oder der Mann ist klein, dann erlebt sie die mangelnde Größe des Mannes als Enttäuschung ihrer Hoffnung, durch ihn ihrerseits glänzend dazustehen; es resultiert Enttäuschungszorn. Die so oder so ausgelösten aggressiven Reaktionen lassen gelöste Hingabe, lassen ein lustvolles Sicherschließen gegenüber dem Partner und damit eine genußreiche sexuelle Kommunikation nicht zu.

Eine wirkliche Lösung des Konflikts, eine Aufhebung des Penisneids könnte nur dann zustande kommen, wenn die Frau die als Privilegien des Mannes erlebten Fähigkeiten selbst entwickeln würde. Dann könnte sie sich dem Manne gleichwertig und gewachsen fühlen und aus der »Wunde« würde ein Organ, das für eine lustvolle Kommunikation mit dem Mann, für ein genießendes Aufnehmen des Partners geradezu geschaffen ist.

3. Seelisch bedingte sexuelle Störungen und Symptome

Wir möchten jetzt auf die wichtigsten seelisch bedingten sexuellen Störungen eingehen, derentwegen Menschen den Arzt oder den Psychotherapeuten aufsuchen: die Frigidität der Frau und die Impotenz des Mannes.

Frigidität heißt: die Frau kommt nicht oder kaum zum Orgasmus, jenem psychophysischen Höhepunkt des sexuellen Aktes, der durch höchste Lust und nachfolgende völlige Entspannung gekennzeichnet ist. Die Fähigkeit zum Orgasmus hat wenig mit der physiologischen Bereitschaft zur Konzeption, zur Vereinigung von Ei- und Samenzelle zu tun; auch Frauen, die keinen Orgasmus kennen, empfangen Kinder.

Wir sprachen von einer Fähigkeit zum Orgasmus. Das Erleben eines Orgasmus setzt voraus, daß Hingabefähigkeit besteht, daß die betreffende Frau imstande ist, geschehen zu lassen, gelöst zu sein, Gefühle der Hingabe fließen zu lassen. Frigidität bedeutet, daß die Frau nichts fühlt (O. Fenichel[29]). In die Verwörterung bewußten Erlebens übersetzt, würde das »Nichts-fühlen« einmal heißen: Ich will nichts damit zu tun haben. Die betref-

[29] Fenichel, O.: wie oben, S. 173/174.

fende Frau will im Sinne unbewußten Wollens nichts damit zu tun haben, weil der Orgasmus, genauer weil das sexuelle Erleben des gesamten Aktes eine Gefahr für sie darstellt (O. Fenichel). Auf diese Gefahr reagiert sie mit Angst und auf die Angst mit Abriegelung der Hingabegefühle.

In diesem Sinne zeigen männliche Impotenz und weibliche Frigidität die gleiche Struktur: Beide sind Reaktionen auf die Angst vor einer Gefahr, die mit dem emotionellen Vollzug des sexuellen Aktes und der Erreichung seines Zieles verbunden sind (O. Fenichel). Dieser Angst wird so begegnet, daß die Bereitschaft zur Hingabe und die dazugehörigen Gefühle zurückgenommen oder zurückgehalten werden.

Die Gefahr, die von der Angst signalisiert wird, besteht darin, daß im sexuellen Akt, im Orgasmus, infantile das heißt unentwickelte und unreife, ihrer Art nach archaische und ungesteuerte Impulse nicht-sexueller Art ins Erleben durchbrechen und das Verhalten der betreffenden Frau bestimmen könnten. Die Gefahr des Durchbruchs solcher Impulse oder mit anderen Worten: die Gefahr, daß persistierende infantile Triebziele im sexuellen Verkehr sich Befriedigung erzwingen wollen (O. Fenichel), besteht in dem Maße, in dem solche Impulse nicht eine sozial-adäquate Kanalisierung gefunden haben.

Bei solchen Impulsen archaischer oder infantiler, ungesteuerter Art und den damit verbundenen infantilen Triebzielen kann es sich zum Beispiel um oral-kannibalistische Impulse handeln, die dahin drängen, sich den anderen einzuverleiben und ihn sich ganz und gar zu eigen zu machen, oder um anal-sadistische Impulse, die dahin drängen, sich des anderen zu bemächtigen, ihm den eigenen Willen mit Gewalt aufzuzwingen oder aber umgekehrt sich masochistisch in passiv-willenloser Weise ihm völlig zu unterwerfen und auszuliefern.

Das Nichts-fühlen, das die Frigidität beinhaltet, würde, in die Verwörterung bewußten Erlebens übersetzt, auch heißen: Ich will nichts mit *dir* zu tun haben. Mit anderen Worten: Ich kann dich als Partner nicht akzeptieren, ich kann dir nicht einräumen, daß du mich erfüllst und beglückst. Mich von einem unzulänglichen Menschen, wie du es bist, beglücken zu lassen, käme mir höchst verächtlich vor, wäre herabsetzend und kränkend für mich. Vielleicht müßte ich dich, um die Kränkung, die Beleidigung zu rächen, dann töten.

Der Partner wird zum quasi Allerheiligsten nicht zugelassen, weil er die Liebesbedingungen der betreffenden Frau nicht erfüllt, weil er ihr zum Beispiel nicht mit der Fülle von Omnipotenz entgegentritt, die ihr seinerzeit, aus der Sicht des kleinen Mädchens, bei ihrem Vater imponierte und weswegen sie nun im Partner diesen Vater sucht. Jeder Partner, der nicht dem Vater gleicht, ist unwürdig, sie zu beglücken; und härteste Strafe würde den Frevler treffen.

Oder es werden dem Partner jene irrationalen, unerfüllbaren Liebesbedingungen gestellt, die wir im Zusammenhang mit dem Penisneid skizziert haben: daß er der stärkste aller Männer gegenüber der Welt und andererseits der weichste aller Männer in den Händen seiner Frau sein müßte.

Um noch einmal zusammenzufassen: Der Kern der Frigidität ist die Abriegelung der Hingabegefühle. Diese Abriegelung ist eine Antwort auf die mit dem vollen Erleben des sexuellen Verkehrs drohende Gefahr. Diese Abriegelung bedeutet: Ich fühle nichts, ich will nichts damit zu tun haben, da ich sonst fürchten müßte, heftigen und nicht steuerbaren Impulsen ausgeliefert zu sein. Diese Abriegelung bedeutet auch: Ich fühle nichts, ich will nichts mit dir zu tun haben; denn du bist nicht der meiner würdige Partner; und ich müßte, ließe ich dich als Beglückenden zu, heftigste Feindseligkeit dir gegenüber fürchten.

Frigidität ist ein Symptom von Krankheitswert. Es bedarf, soll es zum Verschwinden gebracht werden, zumeist einer längeren psychotherapeutischen Behandlung. Durch eine solche Therapie werden die unbewußten Motive und psychodynamischen Zusammenhänge aufgedeckt, aus der die Hingabestörung und die Unfähigkeit zum Erleben des Orgasmus resultieren.

Die häufigste sexuelle Störung des Mannes ist die Impotenz. Nach Art der Potenzstörung läßt sich eine ejaculatorische Impotenz von einer erektiven unterscheiden. Bei der ejaculatorischen Impotenz kann es sich wiederum um eine Störung im Sinne eines vorzeitigen Samenergusses (Ejaculatio praecox) oder im Sinne eines verzögerten Samenergusses (Ejaculatio retardata) handeln.

Im Falle einer Ejaculatio praecox erfolgt der Samenerguß also zu früh, entweder noch vor Einführung des Gliedes in die Scheide oder gleich nach der Insertion. Lust und Freude beider Partner können dadurch erheblich gemindert werden.

Zum vorzeitigen Erguß kann es einmal dann kommen, wenn

der Betreffende aus äußeren Gründen zu langdauernder Abstinenz genötigt war. Sie kann jedoch auch Folge einer durch neurotische Ängste bedingten Abstinenz sein. Männer, die an diesem Symptom leiden, haben häufig auf der einen Seite eine zu große Ehrfurcht vor der Frau; sie erhöhen sie auf einen Sockel als eine Art Göttin, der es zu huldigen gilt und der man sich nur mit äußerster Ehrerbietung nähern darf. Aus diesem Grunde beginnen solche Männer mit ihrer Werbung um das sexuelle Beisammensein meist zu spät – dann, wenn es bereits zu einer starken Stauung ihrer sexuellen Impulse gekommen ist, derer sie dann schwer Herr werden.

So sieht das vordergründige Erleben aus. Wie ist dieses Verhalten determiniert? Abraham fand in typischen Fällen häufig die folgenden drei sich gegenseitig ergänzenden Determinanten (O. Fenichel[30]):

Es handelt sich einmal um eine feminine Orientierung, wie wir sie als Weiblichkeitskomplex zuvor beschrieben haben, um einen tief verborgenen Wunsch, selbst Frau zu sein anstatt sich als Mann einer Frau zu nähern. Es handelt sich ferner um latente sadistische Regungen, die bei solchen Männern durch eine weiche, passive Haltung abgeschirmt werden. So kann nach unserer Beobachtung der vordergründigen übermäßigen Ehrerbietung gegenüber der Frau, von der eben die Rede war, die unterdrückte Tendenz zugeordnet sein, mit der Frau völlig willkürlich zu verfahren, sich quasi einen Dreck um ihre Ansprüche und Wünsche zu kümmern, sie zu behandeln wie die letzte Dirne. Schließlich liegt der Störung ein unterdrückter Ehrgeiz zugrunde, ein »Losschießenwollen«, der Wunsch, allen anderen voran, von allen der erste zu sein; im manifesten Verhalten entwickeln die Betreffenden dagegen zu wenig aktiven Ehrgeiz, sind zu bescheiden und zurückhaltend.

Auch in der Psychodynamik dieser sexuellen Störung spielt so wie in der Psychodynamik der Frigidität die Gefahr eine Rolle, daß nichtsexuelle, verpönte, nicht integrierte, unsteuerbare Wünsche und Impulse beim sexuellen Verkehr ins Erleben durchbrechen und das Verhalten bestimmen.

Bei der Ejaculatio retardata, einer weniger häufig auftretenden Störung, findet der Samenerguß mit einer mehr oder minder

---

[30] Fenichel, O.: wie oben, S. 172.

großen Verzögerung statt. So erlebende Männer riegeln ihre Hingabegefühle meist aus folgendem Grunde ab: Sie schenken ungern, erleben Schenken und Hergeben als Zeichen der Schwäche. Sie mißgönnen der Partnerin das Geschenk des Samens, mißgönnen ihr den Genuß. Sie müßte sich eines solchen Geschenks durch eine liebevolle Totalzuwendung erst würdig erweisen, müßte Liebesbedingungen erfüllen, die irrational, das heißt, nicht erfüllbar sind. Solche Männer können sich in dem Maße stark fühlen und der Kontrolle ihres Erlebens und der Situation sicher sein, als sie hart und verweigernd sind, als sie festhalten. Sich-hingeben, Laufenlassen, Geschehenlassen bedeutet, in demütigender Weise die Kontrolle zu verlieren und schwach zu werden, bedeutet Auslieferung an ein letztlich unwürdiges Geschöpf.

Im Fall einer erektiven Impotenz, das heißt dem zeitweiligen oder totalen Ausbleiben der Gliedversteifung bei der sexuellen Annäherung an die Partnerin, sind die Hingabeängste so stark, daß eine Kohabitation gar nicht zustande kommt. Es handelt sich dabei um unbewußte Ängste, beim Verkehr kastriert, in der Vagina der Frau beschädigt, verletzt zu werden, das heißt in einem weiteren Sinne, bei der intimen Annäherung von der Frau abgewertet, verlacht, herabgesetzt zu werden, dem Vergleich mit anderen Männern nicht standzuhalten, vielmehr der Lächerlichkeit zu verfallen.

Solche Männer haben oft Ich-Ideale einer gottvaterähnlichen Überlegenheit oder einer Friedefürst-Souveränität, der alle Männer sich kampflos unterwerfen müßten. Denn sie sind weitgehend unfähig, sich aktiv mit anderen Männern zu messen, mit ihnen zu konkurrieren und zu rivalisieren. Sie sind nicht kampffreudig, scheuen sich zum Beispiel, in einer Diskussion einen anderen Mann auszustechen, fühlen sich von vornherein unterlegen und erschlaffen schon vor der Auseinandersetzung.

Schließlich ist noch eine fast ausschließlich bei Männern zu beobachtende sexuelle Störung zu erwähnen, die von P. Matussek[31] als Impotentia satisfactionis bezeichnet wurde. Es handelt sich dabei um das Symptom des »Geschlechtsverkehrs ohne besondere Befriedigung«, wie S. Freud es als erster beschrieben hat.

---

[31] Matussek, P.: Funktion und Erleben bei Potenzstörungen mit besonderer Berücksichtigung der impotentia satisfactionis. Z. psycho-somat. Med. 2: 12–19 (1955/56).

»Das Symptom besteht darin, daß die Fähigkeit zur eigenen Befriedigung trotz ungestörter Funktion fehlt, wobei man nur dann von einem Symptom im Sinne einer ›Unfähigkeit‹ sprechen kann, wenn die eigene Befriedigung nicht nur gelegentlich und meist aufgrund äußerer Umstände (Partner, Situation usw.) sondern trotz der Gunst der Situation und der Liebesbereitschaft der Partnerin konstant nicht erlebt werden kann« (P. Matussek).

Erektion und Ejaculation vollziehen sich funktionsgerecht, jedoch im Sinne einer quasi mechanischen Potenz, die nicht mit sinnlicher Befriedigung und mit dem Gefühl der Beglückung verbunden ist.

Die Störung kann durch eine vordergründige Hypersexualität verdeckt sein. »Weil diese Männer niemals eine echte Befriedigung beim Geschlechtsverkehr erleben, suchen sie ihn immer wieder, entweder bei demselben oder – was häufiger ist – bei verschiedenen Partnern« (P. Matussek).

Das gefühlshafte Erleben beim sexuellen Akt ist entweder durch eine gleich nach der Ejaculation einsetzende Verstimmung im Sinne von Gereizt-sein, Angeekelt-sein, »quälender Trostlosigkeit«, »unendlicher Leere« gekennzeichnet. Oder es ist »so, als wenn man eine langweilige Pflicht zu erfüllen hätte« oder »so, wie der Geschmack eines lauwarmen Malzkaffees«. Diese und ähnliche Äußerungen aus dem Munde so gestörter Menschen wurden von P. Matussek mitgeteilt.

Nach unserer Erfahrung ist das Erleben solcher Menschen nicht selten durch eine allgemeine Genußunfähigkeit charakterisiert. Diese Genußunfähigkeit wird in den meisten Lebensbereichen deswegen nicht registriert, weil der Maßstab des erlebbaren Genusses nicht zur Verfügung steht; der Blinde kennt die Farbe nicht. Beim Orgasmus tritt die Genußunfähigkeit deswegen deutlich in Erscheinung, weil hier die Diskrepanz zwischen der mit Erektion und Ejaculation verbundenen Lusterwartungsspannung und dem Ausfall des genußreichen Erlebens besonders auffällig ist, weil sich der Mangel hier nachdrücklich aufdrängt.

Die allgemeine und spezielle Genußunfähigkeit dieser Menschen scheint damit zusammenzuhängen, daß sie in der Fähigkeit zur aktiven Hingabe und zur gerichteten Rezeptivität stark eingeschränkt sind. Gleichzeitig sind sie von diffusen passiven Sehnsüchten beunruhigt, die sich darauf richten, vom anderen, vom Partner gefühlsmäßig total erfüllt zu werden.

4. Einiges zur Eigenart humaner Kohabitation

Wir haben bislang von den neurotischen, das heißt den subjektiven, in individueller Entwicklung erworbenen Faktoren gesprochen, die das sexuelle Erleben beeinflussen und zu verschiedenartigen Schwierigkeiten und Störungen führen können. Wir möchten am Schluß dieses Abschnitts noch einige Faktoren erörtern, die, wie uns scheint, der humanen sexuellen Beziehung unabhängig von neurotisierenden Determinanten innewohnen und ihre Eigenart bestimmen.

Im biologischen Bereich menschlichen Erlebens und zwischenmenschlicher Interaktionen gibt es zwei Vollzüge, die man als Akte der Gnade bezeichnen könnte. Unter Gnade möchten wir ein vorbehaltloses Sichzuneigen zum anderen, ein vorbehaltloses Sich-einander-zuneigen verstehen. Gnade heißt seiner ursprünglichen mittelhochdeutschen Bedeutung nach »Ruhe, Behagen, Freude, helfende Geneigtheit, Gunst«; die Grundbedeutung ist »sich neigen«. Im Akt der Gnade, im Akt vorbehaltloser Zuneigung zum anderen Menschen, ist die allgegenwärtige zwischenmenschliche Antinomie, wonach Ich und Du nach Fühlen, Denken und Wollen voneinander gesondert und in ihrem Erleben nicht vollkongruent sind, vorübergehend aufgehoben. Die Interessen und Belange der Beteiligten werden in *einem* Akt, in *einem* gemeinsamen Vollzug voll gewahrt; beide Beteiligten können sich einander ganz zuneigen, da keine Interessenkollision sie trennt.

Unter der Gnade steht einmal der Stillakt, ein Geschehen, das beiden einbezogenen Individuen, dem dürstenden Kind und der Mutter mit ihrer strotzend-gefüllten Brust, gleichzeitig zur Aufhebung von Bedürfnisspannungen, zur Befriedigung dient.

Das Prinzip der Gnade gilt aber auch für die Kohabitation: Die strotzende Fülle des männlichen Geschlechtsorgans drängt ebenso zur Entspannung wie das schwellende Geöffnetsein des weiblichen Organs. Beide Partner erleben synchron die lustvolle Spannung des Sich-ausdehnens und die lustvolle Entspannung der Rücknahme dieser Ausdehnung. Das Eindringen und Sich-ergießen-wollen des Mannes und das Sich-öffnen- und Aufnehmen-wollen der Frau kommen einander vorbehaltlos entgegen. Diese Gnade umfaßt auch das gleichzeitige psychische Geschehen; es ist bestimmt durch einen bei beiden Partnern bestehenden

Überschuß an strömendem Gefühl: ein Bedürfnis Gefallen zu finden und Gefallen auszudrücken, Zärtlichkeit zu geben und Zärtlichkeit zu empfangen, sich wechselseitig bis zur höchsten Lust zu erregen und sich miteinander zu entspannen. Dieses Erleben wird vielleicht am besten erfaßt durch die Formulierung des gegenseitigen Sich-erkennens der Ehepartner.

Was heißt: den Partner erkennen wollen? Es heißt, sich ihm mit hingebenden, zärtlichen, erotischen und sexuellen Gefühlen zuwenden, ihn berühren, ansprechen und zur Antwort bewegen wollen. Es heißt, den anderen innig zu fühlen. Es heißt auch, sich mit all diesen Gefühlen und Erregungen vom anderen erkannt, sich angenommen und bejaht zu wissen. Die Interaktionen gestalten sich so, daß der eigene verbale oder nichtverbale Gefühlsausdruck eine Antwort auslöst, die wiederum das eigene Gefühl verstärkt und steigert, bis im Orgasmus die Intensität der beiderseitigen Gefühle kulminiert.

Einem so erlebten Orgasmus folgt ein Gefühl der Dankbarkeit gegenüber dem Partner, wenn Dankbarkeit bedeutet: sich vom anderen, voller Freude, beschenkt fühlen. Das Gefühl größerer Verbundenheit schließt sich an. Manchmal kommt es auch zu einer Art Neugeburtserlebnis, das durch die Befreiung und Ausdehnung eigener strömender Gefühle, durch die Neuintegration von Hingabegefühlen hervorgerufen wird.

Wir haben eben versucht, das sexuelle Erleben in seiner ganzen emotionellen Ausweitung zu schildern. Der einzelne Mensch wird je nach Wesensart und vielleicht auch nach dem Maß seiner Sensibilität mehr oder weniger anstreben, die Möglichkeiten der sexuellen Kommunikation voll auszuschöpfen. Anders formuliert: Er wird an den sexuellen Vollzug mehr oder weniger Bedingungen knüpfen.

Ein hochsensibler Mann etwa wird in einem Bordell vielleicht »impotent« sein; er kann seine sexuelle Potenz nur entfalten, wenn er selbst lieben und wenn er strömende Gefühle auch von seiten der Frau erfahren kann. Ein Mann von robusterer Konstitution wird dagegen auch einen derben, mehr auf den physiologischen Ablauf begrenzten Sinnengenuß durchaus zu schätzen wissen und wird daher an einen sexuellen Vollzug weniger Bedingungen knüpfen. Es wird ihm deswegen ein breiteres Angebot an Erlebnismöglichkeiten zur Verfügung stehen; wegen seiner geringeren Empfindsamkeit wird er bestimmten Erfahrungen jedoch nicht zugänglich sein, denen der Sensiblere geöffnet ist.

Im bezug auf den sexuellen Ablauf im organisch-physiologischen Sinne ist der Mensch, wie in bezug auf sonstige Organfunktionen auch, mehr Gattungswesen als Individuum. Das persönlich Einmalige, Unverwechselbare und Unwiederholbare des Menschen bestimmt sich auch im Bereich sexuellen Erlebens nach der Vielfältigkeit, Differenzierung und nach der Intensität der Gefühle und insbesondere auch nach dem Stil des Gefühlsausdrucks.

Eine weitere Eigenart des humanen Sexuallebens betrifft den Orgasmus der Frau. Der weibliche Orgasmus ist für den Beobachter schwer festzustellen, doch auch für die Selbstbeobachtung ist er nicht so ohne weiteres faßbar. Manche Frauen sind unsicher, wenn sie sich fragen, ob sie nun einen vollen Orgasmus hatten oder nur stark sexuell erregt waren.

Die physiologischen Äußerungsformen des Orgasmus bestehen nach W. H. Masters und Virginia E. Johnson[32] in Kontraktionen des äußeren Drittels der Scheide. Die Frequenz und die Intensität der Scheidenkontraktionen sind nach diesen Autoren ein direktes Maß der subjektiven Intensität und der objektiven Dauer des betreffenden Orgasmus-Erlebens. Das, was als Vaginalspasmen oder als »Penisgreif-Reaktionen« (penile grasping reactions) in der fachlichen und in der nicht-fachlichen Literatur beschrieben wird, findet seine adäquate physiologische Erklärung in den Kontraktionen des äußeren Scheidendrittels.

W. H. Masters und Virginia E. Johnson unterscheiden im psycho-physiologischen Ablauf des weiblichen Orgasmus drei Phasen:

> Die erste Phase ist gekennzeichnet durch intensive sinnliche Reizung, die von der Clitoris ins Becken ausstrahlt.
> Die zweite Phase ist bestimmt durch das Ausbreiten von Wärmegefühlen im Becken und von da aus im ganzen Körper.
> Die dritte Phase ist charakterisiert durch unwillkürliche Kontraktionen in der Vagina und im unteren Becken, Empfindungen, die oft auch als »Becken-Pulsieren« (pelvic throbbing) beschrieben werden.

---

[32] Masters, W. H. and Johnson, Virginia E.: Human sexual response. Little, Brown and Company, Boston 1966, S. 128–134.

Zu den Kontraktionen des äußeren Scheidendrittels, die als sicherste Anzeichen eines Orgasmus gelten, kommen noch weitere Zeichen und Signale wie: Seufzen und Stöhnen, den Mann umarmen und ihn fest an sich pressen, eine vermehrte Absonderung von Scheidensekret und, unmittelbar nach dem Orgasmus, eine Runzelung des Warzenvorhofs der Brüste.

Diese Zeichen lassen jedoch keinen sicheren Schluß darauf zu, daß tatsächlich ein Orgasmus stattfindet oder stattgefunden hat. Seufzen, Stöhnen und feste Umarmung des Partners kann von Frauen »dem Partner zuliebe« vollzogen werden, ohne entsprechende Empfindungen und Gefühle. Es handelt sich dann um übermäßig anpassungsbereite Frauen, die genau spüren, was der Partner wünscht und erwartet, was »dazu gehört«. Eine Überproduktion von Scheidensekret kann auch aus anderen Gründen als denen des Orgasmus auftreten.

Weil der weibliche Orgasmus so schwer erkennbar ist, empfiehlt es sich vielleicht für den Mann, sich nach dem Beisammensein für das Erleben seiner Frau zu interessieren, sie etwa zu fragen, ob es schön für sie gewesen sei.

Wir möchten schließlich noch eine Besonderheit der menschlichen Sexualität erwähnen, die für die Erlebnisverarbeitung des Menschen von großer Bedeutung ist: Die Sexualität bietet sich in besonderem Maße zum Ausgleich für Mangelerlebnisse in anderen Antriebsbereichen, zur ersatzweisen Befriedigung von gehemmten und gestauten Impulsen aus anderen vitalen Quellen an. Vom vordergründigen Phänomen her stellt sich dann oft als sexuelles Bedürfnis, ja sogar als gesteigerte Sexualität, als Hypersexualität dar, was in Wirklichkeit ein Ausgleich für gestaute, unbefriedigte Impulse und Bedürfnisse ganz anderer Art im Flußbett der Sexualität ist. Es handelt sich vielleicht um etwas Ähnliches wie die Übersprungs- oder Alternativbewegung, von der die Tierverhaltensforscher berichten. Paul Leyhausen[33] sagt in bezug auf das Phänomen der Übersprungsbewegung folgendes: »›Aktivierte Dränge‹ können daher, wenn ihre Eigenmotorik nicht betätigt werden kann, andere so fördern oder ihre Auslöseschwelle soweit senken, daß diese jetzt motorisch aktiv werden.«

---

[33] Leyhausen, P.: Theoretische Überlegungen zur Kritik des Begriffes der »Übersprungsbewegung« (1952). In: K. Lorenz, P. Leyhausen: Antriebe tierischen und menschlichen Verhaltens. R. Piper u. Co. Verlag, München 1968, S. 87/88.

Wir möchten in diesem Zusammenhang nochmals an die männliche Platzhirsch-Thematik erinnern, die wir zuvor schon erörtert haben. Bei Männern mit konflikthaftem Erleben dieser Art kommt es häufig zu vermehrten und gelegentlich auch schmerzhaften Erektionen. Impulse im Sinne von Durchsetzen und Geltenwollen, die wegen irrationaler Ängste nicht zur Entfaltung kommen dürfen, und die dadurch bewirkte Minderung des Selbstwertgefühls lassen es den Betreffenden ungeheuer dringlich erscheinen, wenigstens im sexuellen Bereich der unbestrittene »Platzhirsch« zu sein.

Am häufigsten führt wohl die Stauung von Weichheitsgefühlen, Gefühlen fließender Hingabe und Gefühlen des Strebens nach Schönheit und Harmonie zu einer gesteigerten sexuellen Aktivität, besonders bei Männern. Auch darauf sind wir an anderer Stelle schon eingegangen. Eine vage gespürte, im Grunde sehr intensive Sehnsucht nach Hingabe, nach Schönheit und Harmonie darf nicht befriedigt werden, weil die Betreffenden dann fürchten müßten zu zerfließen, sich zu entgrenzen, das Steuer zu verlieren. Sexuelle Impulse können dagegen relativ angstfrei erlebt werden, weil sie mit Aktivität, mit Motorik verbunden sind und so strukturierten Männern das Bewußtsein von Stärke geben, das Gefühl, sich und die Situation zu beherrschen. Aus der undeutlich gespürten Erwartung heraus, mit dem sexuellen Verlangen auch das Verlangen nach weicher Hingabe, nach Schönheit und Harmonie befriedigen zu können, kommt es zu einer Steigerung der sexuellen Bedürftigkeit, zu einer Zunahme der sexuellen Impulse. Es versteht sich, daß ein unter solchen Voraussetzungen erfolgender sexueller Akt immer einen Rest von Unbefriedigtsein zurücklassen muß; denn das im Grunde zur Befriedigung drängende, dabei gleichzeitig gehemmte und gestaute Hingabe- und Erosstreben durfte in dem ihm eigentümlichen Quale nicht erlebt werden.

Auch eine Stauung von Impulsen, aktiv oral zu sein, zu nehmen und zuzugreifen, kann im Sinne bestimmter struktureller Verknüpfungen zu einer Erhöhung der Frequenz und der Intensität sexueller Impulse führen. Das intime Zusammensein wird dann in besonderer Weise getönt durch die Tendenz, den Partner quasi zu fressen, ihn sich einzuverleiben. Diese Tendenz findet dann oft im Liebesspiel in Form von Beißen, Kneifen und Kratzen ihren konkreten Ausdruck.

Woran könnte es liegen, daß die Sexualität sich in besonderem Maße als Ersatzbefriedigung für gestaute, unterdrückte Impulse anderer Kategorien anbietet?

Es mag einmal an der Intensität der sexuellen Impulse und an der eruptiven Bewegtheit des psycho-physiologischen Ablaufs liegen und daran, daß Befriedigungen relativ leicht und schnell hergestellt werden können; der sexuelle Akt bietet sich als Sofortbefriedigung geradezu an. Es mag auch daran liegen, daß das sexuelle Erleben vielfältige Nuancierungen zuläßt und das Liebesspiel entsprechend vielfältige Ausdrucksmöglichkeiten bietet, so daß auf diesem Gebiet sich eigentlich alles darstellen kann, was an Affekten und Impulsen den Menschen bewegt.

Die zeitgenössische Polemik gegen die Hypersexualisierung des modernen Lebens, gegen die Sexwellen in Film, Theater und Literatur, unterscheidet häufig nicht genügend zwischen der originären sexuellen Bedürftigkeit des Menschen, die von seinen Bedürfnissen nach gefühlshafter Nähe und Kommunikation nicht zu trennen ist, und jener abgeleiteten Hypersexualität, die anderen, nicht-sexuellen Bedürfnissen zu ersatzweiser Befriedigung dient.

E. Das Gemeinsame von Eheschwierigkeiten

Wir möchten nun versuchen zu zeigen, was den bislang erwähnten ehelichen Kontaktstörungen gemeinsam ist.

Welches ist der gemeinsame Nenner der subjektiven Faktoren, also der in individueller Entwicklung entstandenen Erlebens- und Verhaltensprägungen, die eine eheliche Partnerschaft beeinträchtigen?

Es handelt sich bei solchen (in der frühen Kindheit erworbenen) Fehleinstellungen und Fehlverhaltensweisen immer auch um einen Mangel an aktiver Gefühlszuwendung einerseits und um passive Erwartungen und Ansprüche auf Gefühlszuwendung von seiten des Partners auf der anderen Seite. Es wird vom anderen erwartet, was man selbst nicht zu vollziehen wagt oder was einem als eigener Impuls nicht zugänglich ist. Das originäre menschliche Bedürfnis, sich dem anderen mit Aufmerksamkeit, Interesse, Zuneigung und Anteilnahme zuzuwenden, kurz ihn zu lieben, verkehrt sich in die passive Erwartung, den sturen Anspruch oder die tyrannische Forderung, daß der andere sich einem in diesem Sinne zuwenden müßte.

Der andere wird sich dagegen sträuben, daß im Sinne einer Selbstverständlichkeit erwartet, daß quasi juristisch eingeklagt oder mit drohendem Befehl gefordert wird, was seiner Natur nach nur freiwilliges Geschenk sein kann: Sympathie, Zuneigung, Liebe. Der sogenannte Soldatenkönig soll seine Lieblingssoldaten, die Grenadiere der Garde, geprügelt und dabei gerufen haben: Ihr sollt mich lieben, Kerls!

Durch solche Erwartungen und Ansprüche werden also Interaktionen im Sinne liebevollen Austauschs blockiert; die mit solchen Erwartungen und Ansprüchen gesendeten Reize lösen keine Antwort im Sinne liebevoller Zuwendung aus.

Doch selbst dann, wenn der andere sich um freundliche Zuwendung bemüht, würden solche Erwartungen und Ansprüche nicht befriedigt werden. Bemühungen dieser Art glichen dem Versuch, ein Sieb mit Wasser zu füllen. Erfüllende Verbundenheit kann sich nur herstellen im Hin- und Herfließen, im Austausch der Gefühle. Sie kommt nicht dadurch zustande, daß man sich mit den Gefühlen des anderen quasi vollaufen läßt.

Dieser Erwartungs- und Anspruchssog wirkt auch deswegen so störend und behindernd, weil er seinem Träger im allgemeinen nicht bewußt ist. Er weiß nichts von seinen Einstellungen und ihrer zähen Wirksamkeit. Wird er darauf angesprochen oder hingewiesen, dann hält er sie für selbstverständlich und voll gerechtfertigt. Er rechtfertigt sie durch eigene Vorleistungen in allen möglichen Bereichen, nur eben nicht in dem der Gefühlszuwendung.

Eine Gehemmtheit der aktiven Gefühlszuwendung und passive Riesen- und Fehlerwartungen auf Gefühlszuwendung von seiten des anderen bilden, so scheint es uns, den Kern der Kontaktstörungen in der Ehe. Gleichzeitig ist immer auch die Selbstbehauptung in anderen Lebensbereichen, vor allem im Bereich des Besitz- und des Geltungsstrebens, beeinträchtigt.

Wodurch sind nun die objektiven Faktoren gekennzeichnet, die Eheschwierigkeiten verursachen oder mitverursachen können? Objektiv meint: es handelt sich nicht um Auswirkungen individueller Entwicklungen, subjektiven Erlebens, sondern um Faktoren, die der ehelichen Beziehung als solcher innewohnen.

Es handelt sich einmal darum, daß eine eheliche Beziehung beides nicht garantiert: Weder garantiert sie, daß der Partner einem immer gewogen sein wird, noch daß man selbst dem Partner immer liebevoll zugetan sein kann. Es gibt keine Sicherheiten für Konstanz und Dauer einer Gefühlszuwendung. Es ist eine der zwischenmenschlichen Grundantinomien, daß der einzelne in dieser Hinsicht Objekt ist, der Ungewißheit ausgesetzt. Er ist nicht Herr über die Gefühle des anderen; er kann nicht über sie verfügen. Freilich hat der einzelne die Möglichkeit, dieses Objekt-sein einzuschränken. So kann er versuchen, die Zuneigung des Partners wiederzugewinnen, wenn sie schwindet oder schon nicht mehr besteht. Doch können solche Versuche darin enden, daß er einsehen und hinnehmen muß: Der andere liebt mich nicht mehr. Freilich ist der Mensch Subjekt darin, wie er mit der Tatsache, daß der andere ihn nicht mehr liebt, umgeht. »Aber daß ich dich liebhabe, das ist meine Sache, hörst du? Und es geht dich nichts an«, ist, etwas überspitzt formuliert, eine

Äußerung solch stolzer Subjekthaftigkeit aus dem Munde einer Liebenden (E. Kästner[34]).

Es handelt sich bei den objektiven Faktoren ferner darum, daß der Mensch unabhängig von allen individuellen Besonderheiten ein Mängelwesen (A. Gehlen) und in all seinen Bemühungen notgedrungen unzulänglich ist, auch in der Kunst zu lieben. Kein Mensch ist voll liebesfähig. Anders ausgedrückt: Jeder Mensch ist in seiner Potenz zu aktiver Hingabe eingeschränkt, und jeder trägt Fehlerwartungen in bezug auf die Gefühlszuwendung der anderen in sich. Das Mehr oder Weniger, das Ausmaß dieser Einschränkung bestimmt weitgehend die Chance einer glücklichen Ehe.

---

[34] Kästner, E.: Fabian. Die Geschichte eines Moralisten. Ullstein Buch Nr. 102. Verlag Ullstein GmbH. Frankfurt/M. – Berlin.

F. Gefühlsabbrüche in der Ehe

Wenn die mitmenschliche Beziehung auch in der Ehe durch subjektive und objektive Gegebenheiten der Unsicherheit ausgesetzt ist, dann darf es nicht wundern, wenn eheliche Gefühlsbeziehungen scheitern. Das Scheitern kann so aussehen, daß einer der Partner oder daß beide nicht mehr gefühlszugewandt sind, die Ehe dabei jedoch formal weiterführen. Das Scheitern kann auch Trennung oder Scheidung bedeuten.

Es ist eine Tatsache, daß es in jeder Ehe immer wieder zu Abschwächungen oder auch zu Abbrüchen der Zuwendungsgefühle kommt. Welcher Mensch wäre so uneingeschränkt und so konstant liebesfähig, daß er den anderen immer voll bejahte und sich niemals eine Beziehung zu einem anderen Partner wünschte!

Und wie reagiert der vom Liebesverlust Betroffene, der nicht mehr Bejahte und Geliebte? Verfällt er in depressive Resignation? Tauchen mörderische Aggressionen gegen den verweigernden Partner in ihm auf? Oder antwortet er mit Gefühlen der Trauer auf diese Versagung? Es ist eine arge Versagung, wenn der Partner einem nicht mehr freundlich und warm zugewandt ist, wenn er an den Bewandtnissen des Alltags nicht mehr teilnimmt und nicht mehr teilnehmen läßt oder wenn er den sexuellen Verkehr verwehrt.

Solche Versagungen werden vornehmlich auf dreierlei Weise beantwortet.

Die eine Art zu antworten ist die depressive Reaktion; man resigniert. Der gefühlshaft Verlassene ist niedergeschlagen, er wird hoffnungslos; die eigene Gefühlszuwendung verläßt ihn in dem Augenblick, wo der Partner ihn gefühlshaft verläßt. Er kann nur reaktiv lieben; seine Liebe ist immer Antwort auf das Geliebtwerden durch den anderen. Die depressive Verstimmung ist um so stärker, je mehr der Partner Träger eigener Zukunftshoffnungen war, mit anderen Worten: Je mehr man die Erfüllung eigener, unterdrückter Wünsche und die Befriedigung eigener, unentwickelt gebliebener Bedürfnisse vom anderen erwartet. Geht der andere fort, so geht mit ihm die eigene Zukunft und gleichzeitig die Welt verloren.

Eine andere Art, auf Liebesversagung zu antworten, zu reagieren, ist die Verwahrlosung. Der von der Versagung Betroffene verwahrlost. Er wird aus der Verwahrung im Wir-Gefühl der Partnerschaft verstoßen und gerät, unverwahrt, außer Rand und Band. Wenn zum Beispiel ein Mensch schizoider Struktur durch einen Gefühlsabbruch von seiten des Partners betroffen ist, so werden in ihm unter Umständen Aggressionen von mörderischer Wucht mobilisiert.

Das Selbstwertgefühl, die Selbstliebe solcher Menschen bemißt sich nach der Zuwendung der anderen. Entzieht der andere seine Zuwendung, dann schwindet in dem Maße auch die liebevolle Zuwendung des Betreffenden zu sich selbst; die Selbstbejahung schrumpft zusammen; die Welt im Sinne von Bejaht-, Gewärmt-, Geborgen- und Zuhause-sein stürzt ein. Gegenüber dem Zerstörer des eigenen Selbstwertgefühls, gegen den Urheber einer Weltvernichtung bleibt nur ein durch äußerste Notwehr gebotenes tätliches Verhalten.

Eine dritte Art schließlich, auf eine emotionale Versagung, auf einen Liebesentzug zu antworten, ist die Trauer, die von der Depression wohl zu unterscheiden ist. In Abhebung von der Hoffnungslosigkeit und Verzweiflung, vom Leersein der Depressiven ist die Trauer ein strömendes und erfüllendes Gefühl. Der Trauernde erlebt, vielleicht mit großer Intensität, den Verlust einer Person, die ihm viel bedeutet. Doch mit dem Partner gehen ihm nicht auch Zukunft und Welt verloren. Er erlebt, daß ihm die Erwiderung seiner Liebesgefühle versagt wird; aber sein Selbstwertgefühl sinkt deswegen nicht zusammen; und die Welt hört nicht auf, ihm ein Zuhause zu sein.

Leid ist ein unabänderlicher Bestandteil menschlichen Erlebens, ganz besonders auch das Liebesleid. Trauer ist die Antwort auf das Gefühl eines Verlustes, insbesondere auch auf einen Liebesverlust. Trauer bedeutet keine Erstarrung in Enttäuschung, Gekränktheit und Ressentiment. Sie ist ein lebendiges, bewegendes und vielleicht erschütterndes Gefühl und vermag in dem Betreffenden neue Möglichkeiten des Lebendigseins zu wecken. Sie mündet nicht selten in Impulsen, auf neue Art um die verlorene Gunst des Partners zu werben oder aber sich einem anderen Menschen zuzuwenden und dessen Zuneigung zu gewinnen.

Und wenn es nun geschieht, daß man selbst den Partner nicht mehr bejahen und lieben kann, daß es zum Abbruch der eigenen Gefühle kommt? Es ist vielleicht beeinträchtigender als der Verlust der Zuneigung des anderen. An die Stelle einer belebenden und wärmenden Zuwendung zum anderen tritt kühle Gleichgültigkeit oder unfreundliche Ablehnung. Es ist schlechterdings unmöglich, dem anderen allezeit warm zugewandt zu sein. Doch wenn die Zuneigung laufend geringer wird und sich in anhaltende Abneigung verwandelt, was dann? Wie soll man mit einem Partner zusammenleben, den man schlechterdings nicht mehr ertragen kann? Die so entstehende Situation drängt vielleicht noch mehr zur Änderung als die Situation, die dadurch entsteht, daß man vom Partner nicht mehr geliebt wird. Denn solange man selbst liebt, wird man versuchen, diese Gefühle auszudrükken und wird den Partner vielleicht wieder erreichen und zurückgewinnen.

Doch ist es einem Menschen kaum zuträglich, bei einem Partner zu bleiben, den man nicht mehr lieben und herzlich bejahen kann. Manche Menschen haben die Tendenz, um der Erhaltung der Familie, das heißt um der Kinder willen, ein Gefühlsopfer zu bringen. Es scheint jedoch fraglich, ob den Beteiligten damit ein Dienst erwiesen wird. Die Partnerschaft kann unter diesen Bedingungen nicht ergiebig sein. Das Kind wird unweigerlich dafür zahlen müssen; es wird ihm zum Beispiel für das ihm gebrachte Opfer ein Maß an Dankbarkeit und Gegenleistung abverlangt, das seiner Entwicklung nicht zuträglich ist. Die wärmende freundliche Atmosphäre, die Kinder zu ihrer Entwicklung brauchen, ist ohnehin nicht vorhanden; denn sie kann nur durch die Interaktionen zwischen Menschen entstehen, die einander zugetan sind. Ebensowenig wird den Kindern unter solchen Bedingungen das Muster mitmenschlicher Bezogenheit angeboten, dessen sie zu ihrer Entwicklung bedürfen.

Damit ist die vielerörterte und je nach Gesichtswinkel unterschiedlich beantwortete Frage angeschnitten, wieweit Gefühlsabbrüche in einer Ehe zu Trennung und Scheidung führen müssen. Diese Frage sollte wohl immer am konkreten Fall mit seinen speziellen Gegebenheiten von den Beteiligten mit aller Sorgfalt geprüft werden. Doch darf in Fortführung der Überlegung: wie wirkt sich die Aufrechterhaltung einer lieblos gewordenen Beziehung auf die beteiligten Kinder aus, gesagt werden: Wer nach längerem ernsten Bemühen eine erkaltete Gefühlsbeziehung nicht wieder erwärmen, mit dem Partner kein liebevolles Wir mehr herstellen kann, sollte um seiner selbst, um des Partners und auch um der Kinder willen die Konsequenz der Trennung und Scheidung ziehen.

Wenn Irren menschlich ist und wenn man sich gegenseitig das Recht auf Irrtum zugesteht, dann wäre es inkonsequent, einen speziellen Lebensbereich dabei auszuklammern. Mit anderen Worten: Wenn der Mensch sich bei der Wahl eines Berufs, eines Arbeitsplatzes, eines Wohnortes, einer politischen Partei, einer sonstigen Gruppe irren und entsprechend Korrekturen vornehmen darf, dann wäre es inkonsequent und inhuman, ihm dieses Recht in bezug auf die Wahl eines Ehepartners zu bestreiten. Es heißt: Wer A sagt muß auch B sagen. Damit soll wohl gesagt werden, daß es gut ist, wenn ein Mensch sich den Folgen seiner Handlungen stellt, anstatt sich ihnen zu entziehen. Aber muß er auch XYZ sagen und eine lieblos gewordene Beziehung bis zum bitteren Ende weiterführen?

Erkaltet eine eheliche Beziehung, so darf als besonders alarmierend gelten, wenn auch die erotisch-sexuelle Kommunikation keine gemeinsame Befriedigung mehr bietet, wenn sich die Partner auch hier nicht mehr ertragen können. Ist die Möglichkeit einer einigermaßen beglückenden oder zumindest lustvollen sexuellen Beziehung offengeblieben, so bleibt mit dieser Brücke einer befriedigenden Gemeinsamkeit erfahrungsgemäß auch eine Chance, die anderweitig gestörte Partnerschaft noch zu retten.

Es bedarf jeweils einer sorgfältigen Prüfung, ob die Möglichkeiten, eine erloschene Gefühlsbeziehung wieder zu beleben, wirklich schon erschöpft sind. Nicht jeder Gefühlsabbruch in einer Partnerschaft begründet bereits eine Scheidung. Anders sieht es aus, wenn zwei Eheleute oder einer der beiden nach längerer Prüfung zu dem Ergebnis kommt: Die Ehe mit diesem Mann oder mit dieser Frau war ein Irrtum; wir passen nicht zusammen; ich kann ihn oder sie nicht lieben oder: Wir können einander nicht bejahen.

Jeder Verlust des Partners, sei es durch Trennung oder Scheidung oder durch den Tod, stellt einen unausweichlich vor die Frage: Habe ich ihn in der Zeit des Zusammenlebens genügend bejaht und geliebt? Er konfrontiert einen mit der Tatsache: Jetzt ist es zu spät; jetzt kann ich kein Wir mehr mit ihm bilden.

Was bleibt von einer Beziehung, die bis zu ihrem Ende oder die zumindest für eine Zeitspanne ihres Bestehens bewegend und erfüllend war?

Es bleibt Dankbarkeit, ein Gefühl, das sich ausdrücken könnte in Worten wie: Ich habe eine Beziehung erfahren, die mich bewegt und verändert hat und durch die ich wachsen konnte. Ich bin durch meinen Partner lebendiger geworden und habe auch ihm helfen dürfen, lebendiger zu werden.

Was bleibt, ist ein Gefühl der Verbundenheit; alles was von dieser Beziehung verinnerlicht wurde, ist der eigenen Person für alle Zeit verbunden. Es kann, solange man lebt, nicht verlorengehen.

II.

Das Liebesstreben des Menschen

A. Übersicht über das Liebeserleben

(Problem von Nähe und Distanz)

A. Das Bedürfnis nach Zärtlichkeit (Zärtlichkeit schenken und empfangen wollen):

nach Hautwärme streben, die körperliche Nähe des anderen wünschen und suchen, sich anschmiegen, Kontakt bilden, streicheln, liebkosen, einhüllen, hegen, pflegen.

Extremformen: Zärtlichkeitssucht – Herbheit, Trockenheit, Kälte
Positive Formen: Gemüthaftigkeit, Gefühlswärme, Kontaktfreude, Takt, Zartgefühl.

B. Das Bedürfnis nach Zuwendung und Hingabe:

sich hinwenden, sich zuneigen, gewogen sein, Sympathie empfinden, von fließenden, weichen Gefühlen bewegt sein, Vertrauen empfinden, sich anvertrauen, sich anlehnen, Geborgenheit schenken und empfangen wollen.

Extremformen: Geborgenheitssucht, Vertrauensseligkeit – Gefühlskälte, Mißtrauen.
Positive Formen: Loyalität, Konzilianz, Weltläufigkeit, Vertrauenswürdigkeit, Vertrauen, Frömmigkeit.

C. Das Erosstreben (das Bedürfnis zu gefallen und am anderen Gefallen zu finden):

anziehend sein, sich angenehm machen, sich schmücken, Bedürfnis nach Schönheit, Anmut, Proportion und Harmonie.

Extremformen: Ästhetizismus – Geschmacklosigkeit, Banausentum.
Positive Formen: Anmut, Schönheitssinn, Geschmack.

D. Das sexuelle Bedürfnis:

nach sexueller Erregung und Entspannung in körperlicher Vereinigung drängen, umarmen, reizen, verführerisch sein, erregen.

Extremformen: Ausschweifung – sexuelle Askese.
Positive Formen: Sinnenfreude, Wollust.

B. Die Gestörtheiten des Liebesstrebens und deren Genese

1. Individuation und Sozialisation

Der Entwicklungsprozeß des Menschen ist, unter dem Gesichtswinkel der Individuation, der Ich-Werdung betrachtet, eine Aufeinanderfolge von Trennungen. Unter dem Gesichtspunkt der Sozialisation, des Gesellungsvermögens, geht es dabei um die Objektfindung, um die schrittweise Entdeckung der Mutter oder der entsprechenden ersten Beziehungsperson und später anderer Personen als vom Ich getrennter Einheiten.

Das Nicht-Ich wird in kleinen Entwicklungsschritten entdeckt und erforscht. Der Prozeß führt von dem undifferenzierten Einssein mit der Mutter in der frühesten Lebensphase zu wachsender Vertrautheit mit ihr und mit anderen Menschen. Diese Entwicklung verläuft in altersspezifischen Phasen mit Krisen und Konflikten und ermöglicht es dem Kind, allmählich einen ihm eigentümlichen Kontaktstil zu entwickeln. Jede der im folgenden skizzierten Phasen: die Vorstufe der Objektbeziehung, die Acht-Monats-Angst, die Bock- und Trotzphase, das ödipale Stadium, stellt gleichzeitig eine Krise der Entwicklung dar, einen Konflikt zwischen den regressiven passiven Sehnsüchten des Kindes nach den nährenden Brüsten der Mutter oder sogar nach dem bergenden Mutterleib und seinen progressiven Tendenzen zu aktiverem Kontakt mit Eltern und Geschwistern, zu vielfältigeren Interaktionen, zur Gemeinschaft auch außerhalb des Clans, mit Spielkameraden und Freunden. In jeder dieser Phasen entscheidet sich, je nachdem ob die Eltern mehr die regressiven oder mehr die progressiven Kräfte unterstützen und fördern, ob das Kind die nächsthöhere Stufe der Sozialisation erreicht oder nicht. Unter Sozialisation ist demnach ein unter Krisen ablaufender Entwicklungsgang zu verstehen, in dem das Kind lernt, mit den Menschen seiner Primärgruppe umzugehen, und in dem es seine besondere Art der Kontaktgestaltung, seinen Kontaktstil ausbildet.

Nach der völligen Symbiose des Kindes mit der Mutter während der Schwangerschaft kommt es durch die Geburt zu einer einschneidenden Trennung. Biologisch ist das Kind nun von der Mutter geschieden; funktionell ist der Säugling jedoch noch längere Zeit mit der Mutter vereint. R. Spitz[35], der Säuglinge und Kleinstkinder sehr genau beobachtet hat, spricht von einem Zustand der Undifferenziertheit und von der objektlosen Stufe. Er sagt: »Das neugeborene Kind ist nicht nur unfähig, ein Ding vom anderen zu unterscheiden, es kann es nicht einmal vom eigenen Körper abgrenzen und empfindet zu diesem Zeitpunkt die Umgebung als noch nicht von sich getrennt. Die ernährende Brust wird daher von ihm als ein Teil seiner selbst wahrgenommen.« Portmann hat den Begriff der physiologischen Frühgeburt des Menschen geprägt, um dessen weitgehende Abhängigkeit von der Mutter besonders im ersten Lebensjahr zu kennzeichnen.

Erst allmählich lernt der Säugling zwischen Ich und Nicht-Ich zu unterscheiden und gelangt damit von der objektlosen Stufe seiner Entwicklung zur Objekt-Vorstufe, wie Spitz diese Phase genannt und beschrieben hat. Diese Vorstufe der Objektbeziehung bedeutet die Loslösung von dem undifferenzierten, objektlosen, praeindividuellen Zustand. Sie beginnt Ende des 3. Lebensmonats mit dem Lächeln des Säuglings.

R. Spitz sagt: »Dieses Lächeln ist sozusagen die erste aktive, gerichtete und intentionelle Kundgebung, das erste schwache Anzeichen für den Übergang des Säuglings aus der vollständigen Passivität zu einem aktiven Verhalten, das sich mehr und mehr durchsetzen wird.« In Abgrenzung von der Mutter entwickelt sich damit ein rudimentäres Ich. Jedoch ist dieses Lächeln, wie Spitz beobachten konnte, noch nicht personbezogen; es wird nicht nur auf die Mutter gerichtet. Jede beliebige Person löst das Lächeln aus, sofern sie die Bedingungen des Gestaltsignals erfüllt, das heißt ihrerseits den Säugling anlächelt und dabei nikkende Bewegungen mit dem Kopf macht. Mit anderen Worten: Die Beziehungspersonen sind in dieser Entwicklungsphase für das Erleben des Kindes austauschbar. Gleichwohl wird in dieser Phase in einem ersten Schritt das Du vom Ich abgegrenzt. Spitz

---

[35] Spitz, R.: Die Entstehung der ersten Objektbeziehungen. Ernst Klett Verlag, Stuttgart 1957, S. 17–30.

sagt von der sozialen Reaktion des Lächelns als dem Zeichen einer neuen Organisationsstufe des Kleinstkindes: »Das Kind wendet sich vom Empfang innerer Sensationen den äußeren Wahrnehmungen zu. Es beginnt, sich vom Realitätsprinzip leiten zu lassen. Das Vorbewußte und das Unbewußte bilden sich und differenzieren sich voneinander. Die ersten Spuren des Ich treten in Funktion. Eine Wendung von der Passivität zur Aktivität findet statt. Erfassen wir diese verschiedenen Aspekte als Faszetten eines einheitlichen Geschehens, so wird uns klar, daß damit eine neue Ära, eine neue Lebensweise für das Kind begonnen hat, die sich grundlegend von der vorhergehenden unterscheidet und sich auch in seinem Verhalten äußert.«

Eine weitere Phase der Loslösung des Kindes aus der undifferenzierten Objektlosigkeit und dem ununterschiedenen Einssein mit der Mutter und damit gleichzeitig der Hinwendung zum Du ist durch die ebenfalls von R. Spitz beschriebene Acht-Monats-Angst des Säuglings markiert. Nicht mehr mit Lächeln reagiert er auf das nickende Zulächeln irgendeiner Person; er zeigt vielmehr ein ganz anderes charakteristisches Verhalten. Spitz beschreibt es mit den folgenden Worten: »Das kann von einem einfachen, schüchternen Senken des Blickes bis zum Weinen und Schreien gehen, wobei eine von uns beobachtete Skala durchschritten wird, die der Art entspricht, in der das Kind seine Objektbeziehungen erworben hat. Es kann sich unter die Bettdecke verstecken, es kann sich im Bett auf den Bauch legen und den Kopf unter dem Bettlaken verbergen. Es kann sein Gesicht mit dem hochgehobenen Hemdchen zudecken oder sich mit den Händen die Augen zuhalten.«

Diese Äußerungsformen ängstlicher Abwehr zeigen, daß der Säugling nun zwischen Vertraut und Unvertraut unterscheidet. Er wendet sich dem vertrauten Gesicht der Mutter zu und lehnt alle anderen, unvertrauten Gesichter ab. Damit ist, wie Spitz sagt, ein Objekt konstituiert und erlebbar geworden. Anders ausgedrückt: Eine allererste zwischenmenschliche Beziehung bahnt sich an, eine keimhafte Partnerschaft zeichnet sich ab; die erste Beziehungsperson, die Mutter, ist erst jetzt unverwechselbar geworden, nachdem der Säugling gelernt hat, zwischen »Freund« und »Fremd« zu unterscheiden.

Und so geht es weiter: Die Individuation des Menschen, seine Ich-Werdung, bedeutet die Differenzierung des Kindes aus der ursprünglichen Einheit mit der Mutter und ist somit ein schrittweiser Trennungsvollzug. Mit jedem der Individuation dienenden Trennungsschritt wird aber auch ein der Sozialisation dienender Reifungsschritt in der Objektfindung, der Herstellung einer Beziehung zum Du ermöglicht. Ich-Werdung und Kontakt- sowie Gesellungsvermögen stehen in Interdependenz zueinander.

Wir wollen hier nur die markanteren Phasen der weiteren kindlichen Entwicklung skizzieren. Im 3. Lebensjahr entsteht in der sogenannten Bock- und Trotzphase (diese wertende Bezeichnung ist aus dem Blickwinkel der Eltern, der Erwachsenen entstanden) mit der Fähigkeit, Ich zu sagen, auch die Fähigkeit, Du zu sagen. Die Entwicklung des Ich-Bewußtseins ist mit einem verstärkten Bewußtsein des Du verbunden, das sich auch in der sprachlichen Verfügung über das Ich und das Du kundtut. Bis dahin sprach das Kind von sich und den anderen in der dritten Person.

Die sogenannte Bock- und Trotzphase ist, unter dem Gesichtspunkt der Entwicklung des Kindes betrachtet, eine Übungsphase des kindlichen Willens (W. Schwidder[36]), in der sich das Kind weiter aus der vorindividuellen Harmonie herauslöst und dabei gleichzeitig das Bedürfnis nach neuen Kontaktmöglichkeiten, den mit Spielgefährten und Kameraden, entwikkelt.

Etwa im 4. Lebensjahr wächst dieses Gemeinschaftsgefühl und wird der Wunsch, mit anderen Kindern zusammen zu sein und mit ihnen zu spielen, zunehmend intensiver. In der Zeit keimt auch das neugierige Interesse an den Geschlechtsorganen, den eigenen wie denen der anderen. Damit beginnt eine neue Sonderung, die sowohl das Ich betrifft wie das Du, die geschlechtliche Differenzierung. Die Menschen werden nun nach ihrem Geschlecht in männlich und weiblich getrennt. Die bis dahin vorwiegend wichtige Teilung in eine mütterliche und in eine väterliche Mitwelt wird dadurch relativiert.

In der folgenden Phase, etwa dem 5. Lebensjahr, wächst die Neugier dem anderen Geschlecht gegenüber; die neugierige Hinwendung zu den andersgeschlechtlichen Kindern nimmt zu;

---

[36] Schwidder, W. in: Alles über Dein Kind. Von Hofmeier, K. Schwidder, W. und Müller, F. Verlag Ernst und Werner Gieseking, Bielefeld, 1961, S. 165.

gleichzeitig kommt es zu einer probeweisen Äußerung von Liebesgefühlen gegenüber dem andersgeschlechtlichen Elternteil mit all den inneren und äußeren Konflikten, die im Oedipuskomplex ihren begrifflichen Ausdruck gefunden haben. W. Schwidder[37] schildert diese Phase wie folgt: »Kinder sehen, wie die Eltern miteinander zärtlich sind, daß sie zusammen in das Schlafzimmer gehen. So möchte der Junge auch die Mutter küssen und zu ihr zärtlich sein, mit ihr im Bett schlafen und gelangt dazu, den Vater als hindernd, als lästigen Rivalen zu betrachten. Tatsächlich sieht man, daß Jungen eine größere Feindseligkeit gegen den Vater, Töchter gegen die Mutter zeigen, während die bevorzugte Zuneigung dem anderen Elternteil gilt. Man kann viele Kinder beobachten, die eine regelrechte Verliebtheit zur Mutter oder zum Vater zeigen, die zum Ausdruck bringen, daß sie die geliebte Person ganz allein besitzen wollen und mit Eifersucht und mit Haß reagieren, ganz wie Erwachsene in ähnlichen Konflikten.«

In dieser Schilderung wurde die Betrachtung der Dreiecksbeziehung in der oedipalen Situation auf die Rolle des Kindes zentriert. Wir verzichten in diesem Zusammenhang darauf, auch die Rolle der Eltern in der oedipalen Konfliktsituation zu beleuchten. In unserem Kontext scheint uns folgendes wichtig: In der oedipalen Situation findet die Entwicklung der interpersonellen Beziehungen des Kindes im ersten Erproben der eigenen Geschlechtsrolle in der Zuordnung zu und in der Auseinandersetzung mit den Eltern ihren Höhepunkt und vorläufigen Abschluß. In den oedipalen Auseinandersetzungen verdichten sich die bis dahin im Kontakt mit den Mitmenschen erworbenen inneren und äußeren Konflikte des Kindes. Aufgrund der vorangegangenen positiven Erfahrungen ebenso wie der Konfliktniederschläge in der Beziehung zu Eltern, Geschwistern und Spielkameraden bildet das Kind in dieser Phase in erster Prägung seinen Kontakt- und Interaktionsstil aus. Dieser Stil wird bestimmt durch die Art und Weise, wie sich das Kind in der Beziehung zu Autoritäten und in der Beziehung zu Mann und Frau erlebt. Er wird bestimmt dadurch, ob das Kind mehr heteroerotische Gefühle entwickelt oder mehr homoerotische, ob die eine Gefühlsrichtung die andere mehr oder weniger ausschließt

[37] Schwidder, W.: wie oben, S. 176.

oder ob beide in einem angemessenen Verhältnis zueinander stehen.

In diesem Stadium der kindlichen Entwicklung treten auch mehr und mehr gerichtete und transitive Gefühlsregungen auf, wie sie von Lersch beschrieben wurden. Es handelt sich dabei nach Lersch[38] einmal um Gefühle, die speziell auf bestimmte Personen gerichtet sind, und um solche des Über-sich-Hinaus-seins. Es handelt sich um das Bedürfnis nach Teilhabe an der Welt, jedoch nicht im Sinne des Besitzens, des Für-sich-Haben-wollens, sondern im Sinne der Zugehörigkeit zu einer Gruppe. Lersch unterscheidet bei den transitiven Gefühlsregungen solche des Miteinanderseins, zum Beispiel Sympathie und Antipathie, und solche des Füreinanderseins, des Mitgefühls. Das fünfjährige Kind fängt an, sich mit Eltern, Geschwistern oder Kameraden zusammen zu freuen oder auch mit ihnen zusammen traurig zu sein.

Doch kann man auch bei dieser Art Gefühlszuwendung zum anderen noch nicht von Liebe sprechen. Das Kind ist damit noch nicht im eigentlichen Sinne des Wortes liebesfähig geworden. Es dauert länger, bis das narzißtische und egozentrische Stadium der Neugeborenenzeit (die ersten drei Lebenswochen), der Säuglingszeit (das 1. Lebensjahr) und der Kleinkinderzeit (das 2. bis 6. Lebensjahr) emotional überwunden sind. »Für das Kind bis zum Alter von 7 oder 8 Jahren existieren die anderen Menschen hauptsächlich als Mittel zur Befriedigung eigener Bedürfnisse«, sagt E. Fromm[39] (eigene Übersetzung). Frühestens im Alter von 8 bis 9 Jahren etwa keimt ein Gefühl dafür, ist das Kind reif genug zu erleben, was Sullivan Liebe genannt hat: die Bedürfnisse einer anderen Person genauso wichtig nehmen wie die eigenen.

Liebe in diesem Sinne wird zuerst und vorzugsweise gegenüber Gleichaltrigen erlebt und nicht primär gegenüber den Eltern. Denn Liebe setzt eine horizontale Beziehung zwischen gleichen voraus. Darauf haben Fromm und Sullivan hingewiesen. Dem entsprechen auch soziologische Beobachtungen,

---

[38] Lersch, Ph.: Aufbau der Person. Johann Ambrosius Barth, München 1964, S. 253–271.

[39] Fromm, E.: The sane society. Routledge and Kegan Paul, London 1956, S. 35.

wonach folgendes gilt: Je häufiger Personen als gleiche miteinander in Interaktion stehen, das heißt, je weniger Autorität sie übereinander haben, je weniger eine von ihnen mit viel größerer Häufigkeit Interaktion einleitet als die andere, um so größer ist ihre Zuneigung füreinander (Homans[40]). Die bewußte oder unbewußte Eifersucht der Eltern auf die Liebesgefühle, die ihr Kind Gleichaltrigen gegenüber entwickelt, ist nach Fromm eines der Haupthindernisse für die Entwicklung der kindlichen Liebesfähigkeit.

Eine weitere Verdichtungsphase der Sozialisation, der Entwicklung des Gesellungsvermögens, ist die Adoleszenz (etwa vom 15. bis 20. Lebensjahr). Es geht dabei um die besondere Entwicklung der Ich-Qualität »Treue«. Erikson[41] beschreibt Treue als »die Fähigkeit, freiwillig anderen gegenüber loyal zu sein trotz der unvermeidlichen Gegensätze von Wertsystemen« (eigene Übersetzung). Der Jugendliche sucht nach bindenden Freundschaften; er will Mitglied einer selbstgewählten Gruppe sein, in der es verbindliche Werte und gültige Spielregeln gibt. Damit findet der von uns skizzierte Entwicklungsgang seinen vorläufigen Abschluß.

Individuation und Sozialisation, in anderer Terminologie: Selbstbehauptung und Selbsthingabe, gehören in der Entwicklung des Menschenkindes unlöslich zusammen. Trennung von den primären, nicht frei-gewählten Bindungen an die Mutter oder sonstige Pflegepersonen, an Eltern und Familie, also zunehmende Selbstbehauptung auf der einen Seite, und Entfaltung des Kontaktstrebens, des Wir-Bedürfnisses, also wachsende Selbsthingabe auf der anderen Seite, korrespondieren miteinander. Am Anfang der menschlichen Entwicklung steht das ich-lose, total unselbständige Kind, dessen Kontaktform völlig egozentrisch ist, das nur die eigenen Belange und Bedürfnisse kennt. Die frühen Beziehungspersonen sind in diesem kindlichen Stadium bloße Mittel zur Bedürfnisbefriedigung. Am Ende einer gesunden Entwicklung steht in der Adoleszenz die Person, das funktionell gesonderte und auf sich selbst gestellte Individuum mit einer gereifteren Form des Kontaktstrebens und des Interak-

---

[40] Homans, C. G.: wie oben, S. 238.

[41] Erikson, E. H.: Insight and responsibility. Norton and Company, New York 1964, S. 125.

tionsstils: Die Belange und Bedürfnisse der anderen werden nun genauso ernst genommen wie die eigenen.

2. Grundstörungen der Sozialisation

Wird der Entwicklungsprozeß des Kindes durch die Einwirkung von bestimmten Umweltfaktoren gestört, dann sind Individuation und Sozialisation stets in gleicher Weise betroffen. Jede Behinderung der Ich-Werdung ist mit einer Störung der Du-Bezogenheit verbunden. Umgekehrt bedeutet jede Drosselung des Wir-Bedürfnisses in gleichem Maße eine Hemmung der Selbstbehauptungskräfte.

Die Vielzahl der Störungsmöglichkeiten läßt sich nach vier Grundstörungen ordnen, die sich in der Entwicklung spezieller neurotischer Strukturen darstellen. Eine psychologische Struktur ist dadurch gekennzeichnet, daß ihre Teile im Sinne einer relativ stabilen Organisation aufeinander und auf das Ganze bezogen sind. Bei den Teilen handelt es sich um Komponenten der Erlebnisverarbeitung und des Verhaltensstils.

Diese Strukturen sind das Ergebnis zahlloser Interaktionen zwischen dem Kind und seinen frühen Erziehungspersonen in den ersten 5 bis 6 Lebensjahren, einer Lebensphase, in der das Kind am prägbarsten und der Einfluß der Beziehungspersonen am größten ist. Sie können je nach dem Ausmaß der darin verarbeiteten irrationalen Ängste mehr oder weniger neurotisch sein. Im Zusammenhang unseres Themas wird uns an diesen vier neurotischen Grundstrukturen vor allem der Aspekt der Sozialisation interessieren. Wir werden typische habituelle Zerrformen des Kontakterlebens, quasi Verzerrungen gesunder Wir-Bedürfnisse, wie sie sich in der ehelichen Beziehung darstellen, zu betrachten haben.

Wir werden im folgenden die diesen Strukturen eigentümliche Kontaktform kurz skizzieren, wobei wir eine Schilderung ihrer Entstehungsbedingungen vorausschicken. Wir gehen sodann von der vordergründigen Erscheinungsform des Erlebens und Verhaltens so strukturierter Menschen aus, geben dann die Innenbefindlichkeit der Betreffenden sowie die latenten, an den Ehepartner gerichteten Forderungen wieder und versuchen schließlich, den charakteristischen Interaktionsstil solcher Menschen in der Ehe darzustellen. Vielleicht ist es unnötig darauf hinzuweisen, daß es so strukturierte Menschen in ihrer reinen, ungemischten Form konkret nicht gibt. Im konkreten Fall sind immer Überschneidungen, Mischungen mit anderen Strukturen zu beobachten.

Diese vier Strukturen werden unter Benutzung einer älteren psychiatrischen Nomenklatur nicht eben glücklich als schizoid, depressiv, zwangsneurotisch und hysterisch bezeichnet. Wir beginnen mit der schizoiden Struktur, dem schizoiden Charakter und schildern zunächst die Kindheitsentwicklung solcher Menschen:

a. *Die schizoide Struktur*

Der neugeborene Mensch braucht als »physiologische Frühgeburt« (A. Portmann[42]) in besonderem Maße Geborgenheit. F. Riemann[43] sagt dazu: »Damit sich das Kind vertrauend der Umwelt zuwenden kann, die erste Du-Findung, Objektfindung vollziehen kann, muß ihm diese Umwelt recht eigentlich annehmbar, vertrauenerweckend erscheinen – annehmbar im Sinne von angemessen, altersgemäß den Bedürfnissen des Kleinstkindes. Das Kleinstkind braucht eine Atmosphäre, die eine selbstverständliche Kommunikation mit der Umwelt ermöglicht, die man am ehesten als Geborgenheit, Sich-aufgehoben-Fühlen, Sich-Wohlfühlen beschreiben kann, als Eingebettet-Sein in ihm angemessene Lebensbedingungen.« Wenn diese Geborgenheit fehlt, wenn ein Kind körpernahe Zärtlichkeit, Wärme und kindgerechte Zuwendung entbehren muß, wie es in besonderem Maße bei Anstaltskindern der Fall sein kann, dann kommt es trotz vielleicht bester Ernährung, Hygiene und sonstiger materieller Pflege zu schweren bis irreparablen Schädigungen im körperlichen und seelischen Bereich, zum sogenannten Hospitalismus. Das hat R. Spitz anhand seiner Säuglings- und Kleinstkindbeobachtungen deutlich gezeigt.

In Kindheitssituationen, die die Entwicklung einer schizoiden

---

[42] Portmann, A.: Zoologie und das neue Bild des Menschen. Rowohlts deutsche Enzyklopädie, 1956, S. 49 ff.

[43] Riemann, F.: Grundformen der Angst. Ernst Reinhardt Verlag, München – Basel 1961, S. 23/24.

Struktur begünstigen, fehlt es immer an wärmender Geborgenheit, ist das Kind solchen Entbehrungen immer mehr oder weniger ausgesetzt. Konkret handelt es sich oft um unerwünschte Kinder oder um frühe Trennung von der Mutter oder den Eltern, um frühe Verluste von Beziehungspersonen oder deren häufigen Wechsel. Mehrmaliger Milieuwechsel vor allem in den ersten beiden Lebensjahren, sonstige Unruhe schaffende Umstände im frühkindlichen Milieu oder das schicksalhafte Faktum, daß ein Kind in einer Krisenphase der elterlichen Beziehung geboren wurde, sind ebenfalls Faktoren, die die Entwicklung einer schizoiden Struktur fördern.

Doch sind es nicht so sehr äußere Umstände, die eine schizoide Struktur entstehen lassen; entscheidend ist vielmehr die Art der Beziehung zwischen Eltern und Kind. Als Beispiel diene ein Elternpaar, das bereits dem Kleinstkind gelegentlich, ohne jeden Grund, eine Ohrfeige verabreichte, um es dadurch zum Weinen zu bringen; das weinende Kind wurde fotografiert, »weil es so nett und urkomisch dabei ausah«. Hinterher bekam es dann irgend etwas »zur Belohnung«, ein Geschenk oder eine Umarmung. Die Fotos wurden später bei Bekannten und Verwandten schmunzelnd herumgereicht. Dabei meinten es diese Eltern nicht böse, sie hielten sich vielmehr durchaus für liebevoll.

Vertrauensvolle Hingabe an die Mitmenschen kann sich also nicht entfalten. Statt dessen bildet sich Mißtrauen, das in schweren Fällen das Lebensgefühl und die Beziehung zu den anderen völlig durchtränken kann. Aus diesem Mißtrauen entwickelt sich oft folgender circulus vitiosus:

Ein solches Kind findet wegen seines Mißtrauens zu wenig Kontakt mit Gleichaltrigen. Es lernt daher andere Kinder in ihrem Anderssein nicht ausreichend kennen. Es kann sich mit ihnen nicht vertraut machen und, auf der Basis dieser Vertrautheit, Verbundenheitsgefühle entwickeln. Es erlebt keine Zugehörigkeit in kleinen Gruppen, die das Grundmuster sozialer Bezogenheit überhaupt darstellen. Daher bleiben auch die Gleichaltrigen ihm tief fremd, und das Gefühl, in einer unvertrauten, un-heimeligen Welt zu leben, das Gefühl elementaren Mißtrauens, verstärkt sich noch.

Der Kontaktstil der Persönlichkeit, die sich unter diesen Bedingungen entwickelt, ist durch Passivität in der Gefühlsäußerung und Gefühlszuwendung gekennzeichnet, durch Initiativelosigkeit und Inaktivität in bezug auf gefühlshaften Kontakt, die extreme Grade annehmen können. Zu den Kontaktangeboten anderer verhalten sich die Schizoiden zunächst meist ablehnend und abweisend; sie können kalt und schroff bis zur Feindseligkeit sein. Sie vermeiden den Blickkontakt mit den anderen und sind in der Gesprächsführung und im Sprechstil oft sprunghaft und unbezogen. Sie beziehen sich weder auf die momentane Gestimmtheit des anderen noch auf das von ihm ergriffene oder angestrebte Gesprächsthema. Da ihnen das Erleben des anderen und die Möglichkeit, darauf einzuwirken, wenig interessant sind, scheint es ihnen meist nicht der Mühe wert, sich verständlich auszudrücken.

Die Innenbefindlichkeit dieser Menschen ist getönt von der diffus gespürten Erwartung oder dem Anspruch auf die Zuwendung einer gleichsam totalen Liebe von seiten des anderen, auf eine vorbehaltlose gefühlshafte Bejahung durch den anderen. Die anderen werden insgeheim ständig Liebes- und Bewährungstests unterzogen; sie werden, ohne es zu wissen, daraufhin überprüft, ob sie die Erwartungen auf absolute Liebe erfüllen, ob sie zu bedingungsloser Bejahung fähig sind. Einer dieser Tests besteht darin, daß der Schizoide sich selbst so unliebenswürdig wie nur möglich verhält und gibt; denn einen liebenswürdigen Menschen zu lieben, ist keine Liebe im Sinne der Definition des Schizoiden; eine solche Zuneigung bereitet ja doch Vergnügen. So ergibt sich das Paradoxon, daß der Schizoide um so mehr Bejahung seiner Person fordert, je weniger liebenswert er ist, Bejahung gerade auch seiner wenig oder nicht liebenswerten Seiten.

Da kein Mensch, und hätte er auch den besten Willen dazu, diesen Gefühlserwartungen entsprechen kann, erlebt die schizoid strukturierte Persönlichkeit immer wieder schwere Enttäuschungen und Kränkungen; denn jedes Gefühlsangebot von seiten der anderen, das nicht der geforderten totalen Bejahung entspricht, ist für ihn gleichbedeutend mit einer kränkenden Ablehnung und Herabsetzung seiner Person. Auf diese Enttäuschungen und Kränkungen reagiert er mit Regungen destruktiver Feindseligkeit, die alle Intensitätsgrade annehmen kann, von eisiger Abwehr bis hin zu betätigter Rache.

Die innere Forderung solcher Menschen würde, bewußt verwörtert, etwa so lauten: Der andere soll, ja muß mich total lieben und bejahen, ohne daß ich mich ihm liebenswürdig erweise. Der andere muß mich total verstehen, auch ohne daß ich mich ihm verständlich mache. Ich habe ein unbestreitbares Recht auf die Erfüllung dieser Forderung, weil man mir in der Kindheit Liebe und Bejahung völlig vorenthalten hat.

Das Interaktionsmuster in einer ehelichen Partnerschaft ist durch den haltungsmäßig bekundeten Anspruch auf absolute Liebe einerseits und durch die faktische Gefühlspassivität und Distanziertheit des Schizoiden andererseits gekennzeichnet. Der jeweilige Partner enttäuscht diesen Anspruch unweigerlich und löst dadurch bei der schizoiden Persönlichkeit destruktive Enttäuschungs- und Gekränktheitsaggressionen aus, die sich in verschiedener Form darstellen können, von kühler Gleichgültigkeit über eisige Kälte und Zynismus bis hin zu wilden explosiven Ausbrüchen. Diese Reaktionen stoßen wiederum den Partner ab und vermindern dessen Gefühlsbereitschaft. Er distanziert sich seinerseits, und das Gefühlsklima in der Ehe wird zunehmend kühler. Solche Interaktionssequenzen führen schließlich zu einem bloßen Nebeneinanderherleben, bei dem jeder seine Befriedigungen außerhalb der Partnerschaft sucht, oder zu einem reinen Zweck- und Interessenverband, der durch die Übereinstimmung der (materiellen) Interessen der Partner gegenüber der Außenwelt notdürftig zusammengehalten wird.

b. Die depressive Struktur

Ein ganz anderes Bild bietet die depressive Persönlichkeit. Wir schildern zunächst die frühkindlichen Bedingungen ihrer Entstehung: Auch im Fall dieser Entwicklung liegen die ersten Ansätze im Kleinstkindalter, wenn auch im Vergleich mit der schizoiden Strukturentwicklung etwas später. Auch ihr liegt vornehmlich eine Störung der Mutter-Kind-Beziehung zugrunde.

F. Riemann[44] schildert zwei Muttertypen, die erfahrungsgemäß einer Entwicklung des Kindes zur depressiven Persönlichkeit Vorschub leisten. Es handelt sich einmal um die Baby- oder Gluckenmutter, deren Verhalten gegenüber dem Kind durch ein großes Verwöhnungsangebot gekennzeichnet ist. Klein und hilf-

---

[44] Riemann, F.: wie oben, S. 51–56.

los sollen die Kinder sein und auch bleiben. Diese Mütter wünschen zutiefst, daß das Kind sich nicht verselbständigt. Sie können das Kind nicht loslassen; sie verwöhnen es oft maßlos mit der latenten Tendenz, auf diese Weise vom Kind länger gebraucht zu werden und es in Abhängigkeit zu halten.

Verwöhnung bedeutet im Grunde immer Hemmung der Eigeninitiative des Kindes (M. Seiff, persönl. Mitt.). Das Kind wird nicht in seinen Initiativen gefördert; es darf nicht die Freude erleben, die mit dem Vollzug eines jeden Verselbständigungsschrittes verbunden ist. Dem Kind wird von solchen Müttern vielmehr möglichst jede Aktivität abgenommen und ihm damit das Gefühl eigener Ohnmacht und Hilflosigkeit eingeprägt. Eine so geartete Mutter berichtete uns, daß sie, wie sie sich genau erinnern konnte, auf die ersten Gehversuche ihres Sohnes mit dem Gefühl reagierte: »O Gott, jetzt geht er fort von mir!« Das war ihre unausgesprochene Reaktion auf die ersten Versuche ihres Kindes, sich aus ihren Armen zu lösen, selbst zu stehen und zu gehen.

Das Kind wird »weich vergewaltigt«, wie Riemann es ausdrückt. Insofern handelt es sich bei der sogenannten Verwöhnung im Grunde um eine Situation ausgesprochener Härte. In einer solchen Mutter-Kind-Beziehung ist für das Kind keine Ich-Werdung möglich. Es bleibt, wie Riemann sagt, reagierendes Echo der Mutter. Dazu kommt nach unserer Beobachtung noch der Anspruch auf Dankbarkeit, den solche Mütter, ausgesprochen oder unausgesprochen, permanent an ihre Kinder richten und der sich etwa durch Bemerkungen wie: Mutti meint es doch so gut mit dir, kundtut. Dieser Anspruch will erfüllt sein, wenn die Mutter nicht empfindlich-gekränkt reagieren soll.

Der zweite Muttertyp, der nach Riemann eine depressive Orientierung des Kindes begünstigt, ist die karge Mutter, die eine Atmosphäre der Versagung um sich verbreitet. Selbst von depressiver Struktur, geben diese Mütter dem Kinde zu wenig, sowohl materiell wie vor allem auch gefühlsmäßig. Sie sind selbst im Leben zu kurz gekommen und können deshalb nach unserer Erfahrung ihrem Kind materielle und gefühlshafte Fülle weder anbieten noch gönnen; sie können lediglich ihre Pflicht als Mutter erfüllen. Nach Riemann wirkt sich vor allem die emotionelle Versagung, das Nicht-geliebt-Werden von seiten der Mutter verheerend auf das Kleinst- und Kleinkind aus. Das Kind zieht aus der mangelnden Zuwendung der Mutter quasi den Schluß, daß es demnach wohl nicht liebenswert sei; denn es ist ja noch nicht in der Lage, die mangelnde Liebesfähigkeit der Mutter als Ausdruck einer Gestörtheit zu erkennen. So bildet sich in einem solchen Kind die mit Minderwertigkeitsgefühlen getränkte Vorstellung: Mich kann man eben nicht lieben.

Letztlich ist die Auswirkung der verwöhnenden wie der versagenden Mutter auf das Kind und seine Entwicklung die gleiche. Riemann sagt: »Beides führt zur Entwicklung einer depressiven Persönlichkeitsstruktur; nur ist die Schwere im allgemeinen verschieden, und es tritt eine zeitliche Verschiebung insofern ein, als das verwöhnte Kind meist später in die schweren Ängste und Krisen kommt, wenn nämlich das Leben nicht mehr so verwöhnend ist wie einst die Mutter und wenn keine ›Ersatzmütter‹ irgendwelcher Art – auch staatliche Institutionen, Versicherungen usf. können als solche benutzt werden – gefunden werden.«

Erschwerend kommt nach unserer Erfahrung noch hinzu, daß der kleine Junge, das kleine Mädchen von den verwöhnenden Müttern »zärtlich« gehindert werden, außerhalb des häuslichen Milieus andere Erfahrungen zu machen, die ihrer Entwicklung förderlich sein könnten. Diese Mütter geben dem Kind auf vielfältige Weise, direkt oder indirekt, zu verstehen, daß »die Welt draußen« böse und gefährlich ist; denn so erleben sie es selbst. Sie prägen dem Kind das Gefühl ein, daß es nur zu Hause bei der Mutter Wärme und Verständnis, Liebe und Geborgenheit gebe. Auch hüten depressive Mütter ihr Kind meist eifersüchtig. Jedes Liebesobjekt außerhalb der Familie, außerhalb des mütterlichen Bereichs, ein Spielkamerad etwa, wird als Rivale erlebt. Die Hinwendung des Kindes zu einem solchen Rivalen wird von der Mutter als Verrat empfunden. Und der »Verrat« wird dem Kind auf verschiedene Weise, vom Verbot des Umgangs mit dem Freund bis zum Versuch, diesen lächerlich zu machen oder auf andere Weise zu diffamieren, mehr oder weniger nachdrücklich nahegebracht.

Der Kontaktstil der depressiven Persönlichkeit ist folgendermaßen gekennzeichnet: Solche Menschen verhalten sich passivobjekthaft, warten auf die Kontaktinitiative des anderen und geben sehr schnell auf, wenn die erste Begegnung nicht gleich zum ersehnten Ziel der Nähe und Verbundenheit führt. Depressive leben gleichsam pflanzenhaft, was ihnen vielerorts Sympathien einbringt. Ein gezieltes ad-gredi an andere Menschen fehlt ihnen mehr oder minder.

In einer Partnerschaft haben sie die Neigung, sich bis zur völligen Identifikation in den anderen zu versetzen. Ihr Verhalten wird vordergründig durch eine Bereitschaft zu völliger Selbstauslieferung bestimmt, die sie auf eigene manifeste Wünsche weitgehend verzichten läßt. Im Gespräch kleben sie meist saugend am Gesicht und vor allem an den Augen des Partners; sie verhalten sich in der Unterhaltung weitgehend passiv-rezeptiv und sind in Reaktion und Resonanz langsam und schwerfällig; das tut sich im Sprechstil ebenso wie in Mimik und Gestik kund. Sie sagen ungern »Ich«, verwenden statt dessen gern das indefinite Pronomen »man«. Auch das ist ein Zeichen ihrer Ichschwäche und ihrer Tendenz, in einem größeren Ganzen aufzugehen und sich darin zu verbergen.

Die Innenbefindlichkeit dieser vordergründig so bedürfnislos wirkenden Persönlichkeiten ist durch eine Fülle von (illusionären) Erwartungen gekennzeichnet. So erwarten sie vom Partner, daß er sie mehr liebt als sich selbst, genauso wie sie ihrerseits das zu tun meinen. Ihre Grundsehnsucht geht dahin, symbiotisch mit dem anderen zu verschmelzen; ihre an den anderen gerichteten Erwartungen haben daher einen saugenden, vereinnahmenden, besitzergreifenden Charakter. Die innere, unausgesprochene Forderung des Depressiven könnte, bewußt verwörtert, etwa lauten: Der Partner soll es mir ermöglichen, ganz und gar in ihm aufzugehen, mit ihm zu verschmelzen, und das heißt unter anderem, daß er immer für mich da sein, mir ganz und gar zugehörig sein, mir gehören muß.

In den Interaktionen der ehelichen Partnerschaft bewirkt der Depressive durch seinen habituellen Umgangsstil freilich meist das genaue Gegenteil dessen, was er ersehnt: Seine saugende, vereinnahmende Erwartungshaltung, seine Tendenz zu weicher Vergewaltigung beunruhigt den Partner und treibt ihn in die Distanz, manchmal auch zur Flucht. Der Partner versucht, sich einer solchen Fesselung zu entziehen; er wehrt sich dagegen, symbiotisch zu verschmelzen, gefressen zu werden, wie er es zumeist erlebt. Er läßt den depressiven Partner allein, entweder dadurch, daß er sich dem häuslichen Leben häufig fernhält, oder dadurch, daß er sich emotionell zurückzieht.

Auf jeden Fall haben die Partner depressiv strukturierter Personen je nach eigener Struktur häufig die Neigung, sich gegen das depressive Liebesideal zu verteidigen, das nach dem Muster der Siamesischen Zwillinge zum Inhalt hat: Ich mag allein nicht gehen, nicht einen Schritt; wo du wirst gehn und stehen, da nimm mich mit! – Das ist die Tragik des Depressiven: Er sucht Ichauflösung und Verschmelzung und stößt den Partner gerade dadurch ab.

Hinzu kommt noch eine immer in ihm schwelende Bitterkeit, ein verborgener Haß auf den, der sich seinen Verschmelzungswünschen entzieht. Der Haß nährt sich daraus, daß sich der Partner, gemessen an den auf ihn gerichteten Erwartungen, egoistisch und rücksichtslos verhält, da er nicht in jedem Fall seine eigenen Wünsche zurückstellt oder auf sie verzichtet. Diese latente Bitterkeit, diese unterdrückten Vorwürfe, dieser versteckte Haß treiben den Partner ebenfalls in eine verstärkte Distanzierung.

c. *Die zwangsneurotische Struktur*

Ein wieder anderes Bild bietet die zwanghafte Persönlichkeit. Wir beginnen mit den Bedingungen ihrer Entstehung: Die prägenden Situationen liegen zeitlich später als die für die Entwicklung zu schizoider oder depressiver Struktur. Sie fallen etwa in das zweite bis vierte Lebensjahr, in die Phase der Willensbildung des Kindes. F. Riemann[45] sagt hierüber: »Durch diese frühen Zusammenstöße des Wollens mit dem Sollen, Dürfen und Müssen wird in dem Kind die Grundlage gelegt für die weitere Entwicklung der Willensimpulse und für seine Erfahrungen damit an den Reaktionen der Umwelt. Bei den später zwanghaften Persönlichkeiten werden schon in diesem Alter die lebendig-expansiven, gestalten- und verändern-wollenden Impulse, ja unter Umständen jegliche Spontaneität, jeder gesunde Eigenwille unterdrückt oder gehemmt. Und das in einer Entwicklungsphase, in der die Entfaltung gerade dieser Wesenskräfte entscheidend wichtig und altersmäßig fällig ist. Es beginnt etwa damit, daß ein solches Kind zu früh und zu ausschließlich erlebt, daß alles in seiner Umwelt nur in einer ganz bestimmten Art sein und

[45] Riemann, F.: wie oben, S. 82/83.

in einer ganz bestimmten Form geschehen, getan werden darf und daß jedes Abweichen von dieser Norm als gefährlich erlebt wird durch die Reaktionen der Umwelt. So macht es etwa die Erfahrung, daß die Mutter es tadelnd ansieht, wenn es einen lebhaften Impuls äußert, laut ist oder etwas umwirft, wofür es direkt bestraft wird oder wodurch es Angst vor Liebesverlust erlebt. So muß es von früh an ein Übermaß an Selbstkontrolle und Auf-sich-Aufpassen entwickeln, was ihm in verschiedenem Ausmaß seine natürliche Unbefangenheit, Impulsivität einschränkt oder nimmt.«

Dafür folgendes von Riemann berichtete Beispiel: »Das einzige Kind einer sehr empfindlichen und störbaren Mutter mußte stets, wenn es vom Spielen von der Straße in die Wohnung kam, die Schuhe vor der Wohnungstür ausziehen; wenn es in der Wohnung spielte, einen plötzlichen Impuls hatte und zur Mutter in das andere Zimmer lief, dabei die Fransen des Teppichs in Unordnung brachte, gab es schweren Tadel, die Mutter holte einen Kamm und kämmte die Teppichfransen wieder peinlich gerade, war verstimmt, und das eigentliche Anliegen des Kindes fiel völlig unter den Tisch.«

Nach unserer Beobachtung wird in einem solchen Milieu alles zwischenmenschliche Geschehen übermäßig durch die Kategorie der Macht, Macht zum Beispiel auch im Sinne von Macht der Gewohnheit, der Tradition, der Ordnung usw., durch das Prinzip: oben oder unten sein, bestimmt. Schon früh bildet sich in einem unter solchen Bedingungen aufwachsenden Kind die Glaubensgewißheit, daß es im Zusammenleben vornehmlich darauf hinausläuft, oben oder unten, Hammer oder Amboß zu sein.

Kinder dieser Art fallen auch im Umgang mit Freunden und Spielkameraden dadurch auf, daß sie in übertriebener Weise auf Überlegenheit und Unterlegenheit achten. Sie bevorzugen zum Beispiel solche Spiele, in denen sie sich überlegen fühlen können oder wenigstens Aussicht haben, überlegen zu werden. Damit wird sehr früh ein Kontaktmuster festgelegt, das eine erhebliche Einschränkung bedeutet: Man sucht sich, auch später als Erwachsener, seine Beziehungspersonen vor allem auch im privaten Bereich nicht unter dem Gesichtswinkel von Neugier, Sympathie und gegenseitigem Verständnis aus, sondern vorwiegend unter dem Aspekt: Wer ist der Überlegene?

Der Kontaktstil der zwanghaften Persönlichkeit zeichnet sich dadurch aus, daß gefühlshafte Regungen vor allem im Sinne von Spontaneität weitgehend fehlen, daß dem jeweiligen Gegenüber eine gefühlshafte Resonanz verweigert wird. Der zwanghaft strukturierte Mensch bleibt im Gespräch äußerlich unbewegt und erscheint unbeweglich. Er drückt sich relativ unplastisch und unanschaulich aus; er bevorzugt abstrakte Begriffe, auch in der Alltagssprache. Kaum je nimmt er Blickkontakt auf. Geschieht es doch, dann meist, um dem anderen mit zwingendem Blick den eigenen Willen einzupressen. Charakteristisch für diese Menschen ist ihre absolute Skepsis gegenüber allen neuen Ideen; auch hinter verbindlichen Umgangsformen sind sie im Grunde ein Block sturer Beharrung.

Von der inneren Tendenz her streben sie immer danach, den Partner zu unterjochen, ihn zumindest dienstwillig zu machen. So äußerte ein Mann, der mit seiner Frau in einer Art Dauerstreit lebte, im Gespräch mit einem Dritten mit einer gewissen Empörung: »Ich versteh' gar nicht, warum es so schwer sein soll, mit mir zu leben; meine Frau braucht doch nur zu tun, was ich will; und alles ist in bester Ordnung.« – Diese Äußerung war nicht etwa ein Scherz oder durch Selbstironie getönt. Vordergründig scherzhaft und ironisch klingt es, wenn G. B. Shaw[46] an seine Freundin Stella Patrick Campbell schreibt: »Ich will ja nichts weiter, als in allem meinen eigenen Willen haben.« Oder: »Ich liebe es nicht, zu kämpfen: ich liebe es, zu siegen.« Doch mag sich hinter dieser sympathischen Selbstverspottung auch bei G. B. Shaw verbergen, daß er es mit seinen Forderungen durchaus ernst meinte.

Fromm[47] bezeichnet die Partnerbeziehung des Zwanghaften als »liebenden Sadismus«, da er nur den lieben könne, der sich ihm unterwirft, der seinen Eigenwillen ihm gegenüber weitgehend aufgibt. Die innere Forderung, die so Strukturierte an ihren Nächsten richten, könnte in bewußter Verwörterung etwa lauten: Der andere soll sich total nach mir richten, sich von mir ganz und gar bestimmen und formen lassen; er soll mir ergeben und mir gegenüber allezeit dienstwillig sein. Sie halten diese an

46 Shaw, G. B.: Briefwechsel mit seiner Freundin Stella Patrick Campbell. Hrsg. v. Alan Dent. Rowohlt, Hamburg 1960, S. 24 u. 165.

47 Fromm, E.: The fear of freedom. Routledge and Kegan Paul, London 1942, S. 125/126.

den anderen gerichtete Forderung für ganz legitim, weil sie sich selbst ihren inneren Forderungen in entsprechender Weise unterwerfen: Sie sind von der Bemühung her übergenau, überordentlich, überpünktlich, überzuverlässig. Ihrem Erleben nach verlangen sie vom anderen nur das Selbstverständliche, eben das, was sich auch für ihr eigenes Verhalten von selbst versteht.

Das Interaktionsmuster der zwanghaften Persönlichkeit ist hauptsächlich in zwei Prägungen zu beobachten:

Überwiegt die sogenannte Vermeiderhaltung, also die Tendenz, unbewegt, gefühlsarm, ein Block sturer Beharrung zu sein, dann ist damit der Gefühlsaustausch mit dem Partner weitgehend eingeschränkt bis aufgehoben. Nirgendwo lebt eine zwischenmenschliche Beziehung so sehr vom Hin- und Herfließen der Gefühle wie im Bereich intimer Nähe. Die Re-sonanz des anderen wirkt verstärkend auf die eigenen Gefühle und vice versa. An der Seite eines emotionalen Vermeiders steht der Partner in Gefahr, gefühlshaft zu verdursten, ausgetrocknet zu werden. Oft findet er sich resigniert mit einem bloßen Nebeneinanderherleben ab, ohne Intimität, Wärme und Zärtlichkeit. Als einzige Intimität bleibt dann häufig nur das sexuelle Beisammensein. Oft wehrt sich der Partner auch gegen die emotionale Öde einer solchen Ehe und versucht, den Block der Beharrung in Bewegung zu setzen. Doch pflegt der Zwanghafte darauf entweder mit Unbewegtheit zu reagieren, oder er läßt den anderen sich nach Art des Sisyphos vergeblich abmühen.

Überwiegt im Interaktionsmuster des Zwanghaften die Machttendenz, die Neigung, in einer vertikalen Zuordnung zum Partner der Hammer zu sein, so kann sich der Ehepartner, wie es auch heute noch an vielen Frauen zu beobachten ist, überfügsam und unter Aufgabe des eigenen Willens anpassen. Oder aber er wird bei entsprechender Struktur gegen den Bemächtigungsdrang des zwanghaften Partners aufbegehren, rebellieren, protestieren. Die ehelichen Interaktionen werden dann im Sinne eines permanenten, offenen oder latenten, Machtkampfes verlaufen.

d. Die hysterische Struktur

Zum Schluß möchten wir noch auf die hysterische Persönlichkeit eingehen. Ihre Entstehungsbedingungen sind folgendermaßen gekennzeichnet: Die Ansätze zu dieser Struktur liegen im 4. bis

6. Lebensjahr, in einer Phase des Übergangs von der magischen Weltauffassung des Kindes zur Orientierung an der Realität, zur Realitätsprüfung, wie S. Freud sagte. Annemarie Dührssen[48] äußert dazu: »Ein langes Nebeneinander beider Erlebnisweisen können wir freilich beim kleinen Kind noch beobachten. Etwa vom 4. bis 6. Lebensjahr durchmischen sich die Züge des einen oder des anderen Erlebens. Unverkennbar tritt allerdings das magische Welturteil immer weiter zurück, um schließlich nur noch in den Resten abergläubischer Besorgnisse ein letztes Dasein zu fristen. Mit dem Eintritt in das schulfähige Alter hat das Kind in hohem Maße die Fähigkeit zu sachlich richtigem Urteil erworben. Es hat ein gesichertes Bewußtsein vom eigenen Ich, trennt Innen und Außen ...«

Diese Fähigkeit zu sachlich richtigem Urteil, dieser gleichsam wissenschaftliche Kenntniserwerb bezieht sich nach Dührssen nicht nur auf die Umwelt der Dinge; das kritische und zweifelnde Urteil richtet sich im gesunden Fall auch auf die Art und das Verhalten der umgebenden Menschen samt ihrer Beziehungen untereinander.

Um die Entwicklung der Realitätsorientierung vollziehen zu können, braucht das Kind, worauf unter anderen auch Riemann hingewiesen hat, Vorbilder, die ihm das Erwachsenwerden reizvoll machen. Vorbilder, die ihm die Ordnungen, Gesetze und Spielregeln des menschlichen Zusammenlebens und deren Sinn näherbringen. Die Eltern müssen nach unserer Ansicht das Kind darüber aufklären und ihm vorleben, daß Ordnungen, Gesetze und Spielregeln, daß alle Gruppennormen letztlich Konventionen sind, das heißt Mittel und Wege, die die Menschen untereinander absprechen, um zu konvenieren, um besser »zusammenzukommen« und besser miteinander auszukommen. Dem Kind muß deutlich werden, daß es sich dabei weder um unabänderliche ewige Gesetze noch um Unverbindlichkeiten handelt, sondern um Vereinbarungen, die von Menschen zum Zweck der Kontakterleichterung getroffen wurden.

Wenn solche Vorbilder fehlen oder gar ein labil-chaotisches Milieu auf das kindliche Erleben einwirkt, wo »heute bestraft wird, was morgen gar nicht bemerkt wird« (F. Riemann[49]), wenn

---

[48] Dührssen, A.: Psychogene Erkrankungen bei Kindern und Jugendlichen. Verlag für medizinische Psychologie, Göttingen 1955, S. 28.

[49] Riemann, F.: wie oben, S. 104.

es in der Familie keine echten Verbindlichkeiten gibt, dann gelangt das Kind notgedrungen zu ungenügenden oder falschen Orientierungen; die Realitätsprüfung mißlingt. Sie mißlingt oft auch hinsichtlich der eigenen Geschlechtsrolle, besonders dann, wenn, wie Riemann es ausdrückt, die Geschlechtsrollen der Eltern gleichsam vertauscht sind: die Mutter, die Frau »hat die Hosen an«, der Vater, der Mann ist ein »Pantoffelheld«. Damit soll nicht der Unterwürfigkeit der Frau das Wort geredet, sondern nur darauf hingewiesen werden, daß ein Junge Schwierigkeiten haben wird, die Rolle des Mannes als verlockend zu erleben, wenn der Vater zu Hause ständig kuscht. In ähnlicher Weise wird ein Kind in bezug auf die eigene Geschlechtsrolle irritiert, wenn der kleine Junge von den Eltern als Mädchen gewünscht, das kleine Mädchen von den Eltern als Junge ersehnt und entsprechend erzogen wird.

Konkret sieht die Erschwerung der Realitätsorientierung für das Kind nach unserer Erfahrung zum Beispiel so aus:

Der Vierjährige darf niemals fragen: Warum? Er darf zum Beispiel nicht nach Gründen dafür fragen, warum sich der und der in dieser Situation so und so verhält. Fragt das Kind trotz des ausgesprochenen oder unausgesprochenen Wißbegierde-Tabus der Eltern oder eines Elternteils, so bekommt es entweder gar keine Antwort oder aber eine gereizt-ärgerliche oder, am häufigsten, eine Antwort, die nicht ernsthaft, nicht realitätsgerecht ist (A. Heigl-Evers[50]).

Der gesunde Wissensdrang des Kindes, der sich natürlich auch auf die zwischenmenschlichen und mitmenschlichen Gefühlsbeziehungen richtet, wird von den Eltern nicht befriedigt, schlimmer noch, nicht ernst genommen. Häufig heucheln die Eltern sogar oder sagen bewußt etwas Falsches. Dazu kommt nach unserer Beobachtung oft, daß das Kind geradezu dazu verführt wird, bestimmte Rollen zu spielen, Rollen, mit denen es den Erwartungen der Eltern entspricht, vor allem auch deren latenten Ehrgeiz- und Geltungserwartungen. Soweit es diese Rollen übernimmt, steht es im Mittelpunkt der elterlichen »Liebe«. Tatsächlich wird es dafür belohnt, daß es eine Idealvorstellung der Eltern verkörpert und damit deren Selbstliebe schmeichelt.

---

[50] Heigl-Evers, A.: Zur Frage der hysterischen Abwehrmechanismen, dargestellt an kasuistischem Material. Z. psycho-somat. Med. 13: 116–130 (1967).

Für dieses aktive Rollenspiel, diese Konstruktion einer Fassade, gibt Annemarie Dührssen[51] das folgende Beispiel: »Ein kleines Mädchen von vier Jahren wurde wegen einer Reihe von neurotischen Auffälligkeiten zur Behandlung geschickt. Bereits in der ersten Stunde der Konsultation passierte folgendes: Das kleine Kind frappierte durch einen außerordentlich drolligen und lustigen Ausspruch die Behandlerin und verursachte damit ein lebhaftes und vergnügtes Gelächter. Etwa eine Viertelstunde später bittet die Kleine: »Nun lach' doch noch mal so nett wie vorhin!« Als ihr bedeutet wurde, daß das nicht so auf Kommando ginge, überschattet sich das Gesichtchen, das Kind wird ernsthaft und fast bedrückt und meint nach einem Augenblick des Überlegens: »Nein, nun muß ich wohl erst wieder etwas Drolliges sagen.«

Solche Kinder pflegen schon früh, worauf unter anderen A. Dührssen hingewiesen hat, nett, niedlich, drollig zu sein und sympathisch zu wirken. Auch ihren Spielkameraden gegenüber spielen sie die Rollen, die diese von ihnen erwarten, und sichern sich so deren »Liebe«. So wird auch in den außerfamiliären Beziehungen das Rollenspiel geradezu geübt. Der Verhaltensstil des hysterisch Strukturierten bekommt auf diese Weise die Note des Unechten.

Der Kontaktstil des Menschen hysterischer Struktur ist durch Initiative und Aktivität in der Kontaktgestaltung charakterisiert. Ein solcher Mensch geht impulsiv auf andere zu, versprüht gleichsam Charme und Bezauberung. Er verfügt über ein bezwingendes Lächeln und weiß eine animierende Atmosphäre zu verbreiten. Er reagiert auf die von den anderen gesendeten Reize heftig, manchmal übertrieben stark und häufig mit der Tönung des Unechten, die vom früh geübten Rollenspiel herrührt. Wenn er Erlebnisse und Begebnisse schildert, so tut er es farbig und bewegt; jedoch färbt er um des Effektes willen die Tatsachen gern oder verdreht sie sogar.

Die Innenbefindlichkeit solcher Menschen ist durch die an den Partner gerichtete Forderung bestimmt, daß dieser immer und in erster Linie an sie denkt. Sie sind von dem egozentrischen Verlangen besessen, dauernd beachtet, anerkannt, bestätigt zu werden. Sie wollen in jedem Augenblick Mittelpunkt der Auf-

---

[51] Dührssen, A.: wie oben, S. 95.

merksamkeit des anderen und seiner Bewunderung sein. Riemann erwähnt in diesem Zusammenhang die Fabel vom Pfau, der eine einfache Henne heiraten will. Auf dem Standesamt wundert sich die als Standesbeamte fungierende Krähe darüber, daß der prächtige Pfau eine unscheinbare Henne zur Frau nehmen will. Worauf der Pfau meint: Ich und meine Frau lieben mich bis zum Wahnsinn.

Die innere, von der hysterischen Persönlichkeit an den Partner gerichtete Forderung, könnte, bewußt verwörtert, lauten: Der andere soll, ja muß mich unwiderstehlich finden und froh und dankbar sein, daß er mich lieben und bewundern darf. Diese Forderung wird darauf gegründet, daß man doch all sein Bemühen darauf richte, dem Partner die Welt farbiger, heiterer, kurz bezaubernd zu machen.

Die Tragik der zwischenmenschlichen Beziehung solcher Menschen beginnt oft gerade in einer auf Dauer angelegten Partnerschaft wie der Ehe. Solange eine Beziehung locker und unverbindlich, solange sie nicht all-täglich ist, kann der jeweilige Partner des hysterisch Strukturierten oft längere Zeit für liebevolle, person-bezogene Zuneigung halten, was in Wirklichkeit Darstellung sieghaften Charmes, das heißt der Tendenz ist, den Partner zur Bewunderung hinzureißen. Der hysterische Mensch kann zudem meist nur so lange bezaubernd sein, als die Beziehung unverbindlich ist. In der Ehe geht dieser Zauber oft bald verloren, weil die Unverbindlichkeit eine Voraussetzung seiner Wirkung ist.

So verändern sich oft beide Partner in einer Ehe in einer für beide enttäuschenden Weise. Der Partner wendet sich ernüchtert ab, wenn er das liebevoll-entzückende Wesen des Hysterischen als Forderung, angestrahlter und bewunderter Mittelpunkt zu sein, allmählich durchschaut. Der Hysterische ist enttäuscht, weil die »hohe Zeit« der Erregung von Entzücken und des Umworbenseins, der Bezauberung und des Bewundertwerdens im Alltag der Ehe nicht anhält.

Ein weiterer Konfliktstoff in der ehelichen Partnerbeziehung liegt darin, daß der hysterisch strukturierte Mensch den Partner als Aushängeschild für eigene, nicht realisierte Ehrgeiz- und Geltungstendenzen benutzen möchte. Der andere wird sich dadurch auf die Dauer oft mißbraucht fühlen und, offen oder versteckt, dagegen protestieren.

III.

Eheleute unter sich: Szenen mit Kommentar

Wir haben die nachfolgenden Eheszenen nach der jeweils vorherrschenden Interaktionssequenz gruppiert, und zwar nach Kränkung, negativer Eskalation, d. h. zu Interaktionen, bei denen sich beide Partner befriedigen. Es handelt sich bei dieser Einteilung nur um Akzentsetzungen, denn tatsächlich ist in allen Szenen jede der genannten Sequenzen enthalten: Kränkung und illusionäre Erwartung geben Anlaß zu negativer Eskalation, d. h. zu Interaktionen, bei denen sich beide Partner wechselseitig in Affekte hineinsteigern, die die Partnerschaft stören oder gefährden. Auch das Prinzip der Bindung durch latente Befriedigung ist, mehr oder weniger ausgeprägt, in allen Ehebeispielen wirksam.

A. Kränkungen

1. Die Zärtliche und der Zuverlässige

Bei einem jüngeren, noch kinderlosen Ehepaar hat sich das Klima in der Ehe seit einiger Zeit erheblich verschlechtert. Streitigkeiten häufen sich; es ist eine zunehmende Entfremdung eingetreten. Sie ist weniger und weniger interessiert an erotisch-sexuellem Kontakt, der von ihm in einer vorwurfsvoll-mißmutigen Weise gefordert und moralisch »eingeklagt« wird.

Nachmittags. Sie kommt von einem Einkaufsgang in die Stadt vollbepackt nach Hause.

Er: (mit drohend-forderndem Unterton) Hast du mir das Briefpapier mitgebracht?

Sie: (leicht erschrocken) Meine Zeit, das hab' ich vergessen. Das tut mir aber leid! Entschuldige bitte.

Er: (gekränkt und empört) Natürlich, ich hätt' es mir denken können! Du vergißt immer etwas – besonders wenn es sich um mich handelt.

Sie: (halb entschuldigend-bedauernd, halb ärgerlich-abwehrend) Du lieber Gott, ist das denn wirklich so schlimm? Ich muß morgen sowieso wieder in die Stadt. Dann bringe ich das Papier mit. Und im übrigen: Es stimmt einfach nicht, daß ich deine Sachen immer vergesse. Das ist so eine typische Übertreibung von dir.

Er: (in voller Empörung) Morgen, morgen, was heißt morgen? Heute brauche ich das Briefpapier, und zwar dringend. Ich hatte es dir doch extra noch mal gesagt.

Sie: Also bitte. Wenn es weiter nichts ist. Du kannst gern von meinem Briefpapier nehmen. Ich habe noch genug.

Er: (erregt-aggressiv) Wenn es weiter nichts ist! Du machst es dir leicht. Als wenn es nur darum ginge. Aber deine Einstellung zu mir . . . daß auf dich kein Verlaß ist . . . das kümmert dich überhaupt nicht. Du versprichst alles und hältst nichts. Ich kann Unzuverlässigkeit auf den Tod nicht ausstehen. Und für dich ist das . . . weiter nichts. Es ist unglaublich!

Er schließt mit Nachdruck die Tür und verschwindet.

Einige Wochen später:

Es ist Sonntag. Die beiden verbringen den Tag zu Hause, jeder mit allen möglichen Dingen beschäftigt, die sich zum Teil aus dem Beruf ergeben. Sie ist übrigens Lehrerin, noch vor dem 2. Examen, er ist Gerichtsassessor. Ab und zu werden diese Tätigkeiten durch kleine Liebkosungen unterbrochen, durch Umarmungen, Küsse, Streicheln – Zärtlichkeiten, die fast immer auf die Initiative der Frau zurückgehen.

Gegen Abend wird der Mann zunehmend mißmutig und abweisend. Er sucht geradezu nach Kleinigkeiten, die nicht stimmen – in seinen Akten, in seiner Korrespondenz, in seiner Bibliothek. Er bekommt den »Ordnungsfimmel«, wird dabei immer schlechter gelaunt und schließlich so unleidlich, daß die Frau die Lust verliert, mit ihm ins Bett zu gehen. Als er – höchst verdrossen – fragt, ob sie nicht noch ein Glas Wein trinken und dann schlafen gehen wollten, sagt

Sie: Bei deiner Laune?! Nein! . . . Ich leg mich jetzt ins Bett und lese noch ein bißchen. Ansonsten – keine Lust!

Er: Mir ist sie sowieso vergangen. Ich hab' mal wieder alles gründlich satt. Mir steht es bis hier.

Er fängt an, am Fernsehgerät herumzudrehen, wirft sich in einen Sessel und starrt tiefgekränkt auf den Bildschirm.

Kommentar

Was hat sich hier abgespielt? Es handelt sich um die Enttäuschung einer Zuverlässigkeitserwartung, eines Anspruchs auf absolute Zuverlässigkeit. Diese Forderung ist Ausdruck der für Menschen solcher (schizoid-zwangsneurotischen) Persönlichkeitsstruktur charakteristischen, irrealen emotionalen Anspruchshaltung. Sie beinhaltet: Der andere Mensch, in diesem Fall die Ehepartnerin, muß ständig auf mich bezogen, innerlich und äußerlich mit mir befaßt sein, muß mit ihrem Denken und mehr noch mit ihrem Fühlen immer auf mich ausgerichtet sein. Das konkrete Interesse, die Sache, um die es jeweils geht, ist dabei weniger wichtig.

Auf die enttäuschende Nichterfüllung dieses Anspruchs hin

kommt es zu reaktiven Aggressionen, werden Vorwürfe geäußert. Wegen des Immer-wieder solcher Enttäuschungen gerinnen diese Aggressionen zu einer Dauereinstellung, einer Vorwurfshaltung. Im geschilderten Fall manifestieren sich die reaktiven Aggressionen als eine aktive Rache-Einstellung, Rache für die ungeheure Kränkung, die in der Nichtbeachtung des emotionalen Anspruchs liegt. Die Gekränktheit ist umgekehrt ein Hinweis auf die illusionäre Natur des Anspruchs; denn im gesunden Fall wird durch die Nichterfüllung einer Liebeserwartung das Selbstwertgefühl des Betroffenen *nicht* in Frage gestellt. Die Signale der Rache-Einstellung: drohender Tonfall, Empörung, erregt-aggressives Gehabe u. ä. ... Die Rache selbst könnte inhaltlich etwa folgendermaßen aussehen: Weil du mir dies angetan hast, füge ich dir bei nächstbester Gelegenheit das gleiche zu, d. h. werde ich eine Bitte, die du an mich richtest, auch nicht erfüllen – damit du dann siehst, wie das ist.

Die Sache mit dem Briefpapier ist nur ein (unbewußter) Vorwand, an dem sich die dauernd in der Asche schlummernde Aggressivität des Mannes entzündet, Aggressivität deswegen, weil die Frau nicht öfter und intensiver, weil sie nicht dauernd an ihn denkt.

Für diesen Mann ist Zuverlässigkeit der Ersatz für liebevolles Bezogensein. Zuverlässigkeit des anderen bedeutet für ihn, daß er geliebt und daß er durch das Geliebtwerden liebens-wert wird. Er erlebt umgekehrt seine eigene Zuverlässigkeit auch als den entscheidenden Liebesbeweis und ist wiederum gekränkt, wenn sie nicht entsprechend gewertet und geschätzt wird. Unzuverlässigkeit des anderen ihm gegenüber ist ein schlagender Beweis dafür, daß man ihn ablehnt, daß man ihn nicht liebt – mag sie sich sachlich auch an Bagatellen abspielen. Unzuverlässigkeit bedeutet für ihn: Abwendung von ihm, das Zeigen der kalten Schulter, Ablehnung seiner Totalperson, Liebesverlust. Sie zeigt ihm, daß er *nicht* der absolut geliebte und somit liebens-werte Mensch ist, der er von seinem (narzißtischen) Ichideal her sein müßte. Sie enthält eine zentrale Kränkung, die ihn in starke aggressive Erregung versetzt.

Und was hat sich später, an jenem Sonntag, getan? Warum verlor er die Lust am Kontakt und wurde immer mißmutiger? Warum suchte er geradezu nach Beweisen für die Unvollkommenheit und Unzulänglichkeit dieser Welt?

Nach tiefenpsychologischen Erfahrungen stehen dahinter oft riesige erotisch-sexuelle Erwartungen, die sich bei einem psychoanalytisch behandelten Patienten ähnlicher Struktur u. a. in folgendem Traum ausformten (solche Phantasien können übrigens sowohl in Form von Schlaf- oder Wachträumen als auch von Masturbations-Phantasien auftreten).

Dieser Mann träumte: Frauen stehen Schlange, um mein Glied in den Mund zu nehmen und daran zu saugen und zu lecken. Ich stöhne dabei: Gott, wie die Weiber sich danach drängen.

Der Wunschansatz dieses Traumes: Die Weiber sollen Schlange stehen nach mir, sollen sich nach mir drängen und drängeln, weil ich so überaus begehrenswert, so unendlich schmackhaft bin. Man sieht es ja, sie lecken sich die Lippen ab nach mir.

Es handelt sich dabei um eine bestimmte emotionale Erwartungshaltung, um einen narzißtischen Liebesanspruch folgenden Inhalts: Ich habe es nicht nötig, um die Frau zu werben, mich in sie einzufühlen, sie für mich zu erwärmen und zu gewinnen. Ich brauche ihr nur mein Glied anzubieten, und schon ist sie ungeheuer angezogen – wie ein Insekt von einer honiggefüllten Blüte. Sie drängt heran und leckt sich die Lippen ab nach mir.

Die Schwierigkeiten der Ehefrau in diesem Fall? Sie ist im Kontakterleben relativ locker und unbekümmert, hat Freude daran, um den anderen zu werben, reizend, aktiv-zärtlich und liebevoll zu sein. Sie erwartet dafür jedoch ein Übermaß an Resonanz und Bestätigung. Sie macht ihr weibliches Selbstwertgefühl weitgehend von der Bestätigung durch den anderen abhängig und ist ihrerseits gekränkt, wenn diese Bestätigung ausbleibt. Sie kann z. B. nicht bzw. nicht ausreichend erleben: So ein Dussel, so ein Dummkopf, daß er mein Liebesangebot nicht zu schätzen weiß. – Sie kann auch nicht sehen, daß ihr Kontaktangebot für ihn vielleicht zu einem inadäquaten Zeitpunkt erfolgt – z. B. wenn er gerade in eine Arbeit vertieft ist –; denn von ihrer Erwartung her *muß* er jederzeit für solche Angebote offen sein. Wenn seine Resonanz ausbleibt, so erlebt sie: Er nimmt meine Kontaktangebote nicht an; also sind sie auch nichts wert. Ich muß sie daher noch steigern, noch eindrucksvoller gestalten. Wenn die Ablehnung bzw. nicht ausreichende Anerkennung von seiten des anderen andauert, wird die Kränkung noch intensiver: Mein Geschenk wird nicht angenommen; also taugt es nichts.

Da sie sich selbst mit ihrem Geschenk weitgehend identifiziert – ich existiere in dem Maße, in dem ich schenke und liebe –, folgt weiter: Also tauge auch *ich* nichts, bin *ich* kümmerlich und minderwertig. Wie niederdrückend das ist, wie kränkend!

Es entsteht Haß auf den Kränkenden, auf den Provokateur und Zeugen ihres Versagens. Daneben wird von Vorwürfen gefolgte Enttäuschung erlebt, Enttäuschung, weil die an das Liebesangebot geknüpfte Erwartung nicht erfüllt wurde, die Erwartung: Weil ich so liebevoll bin, machst du mich zu einer wundervollen Frau, zur Königin aller Frauen, der Bewunderung und Huldigungsgaben dargebracht werden. So müßte es sich im Sinne ihres Ich-Ideals eigentlich abspielen.

Es ist leicht vorstellbar, daß sich wegen der geschilderten Schwierigkeiten eine zunehmende Entfremdung in der Ehe einstellen muß: Der Mann gerät infolge ihrer Unzuverlässigkeit immer mehr in Gekränktheit hinein und ist aus der Gekränktheit und den daraus resultierenden Aggressionen heraus noch abweisender, noch zurückhaltender in der Äußerung von freundlichen Gefühlen als ohnehin schon. Die Frau fühlt sich unverstanden, abgestoßen, in ihren Bemühungen um Kontakt nicht gewürdigt und bestätigt, und wird auch ihrerseits immer tiefer gekränkt.

Dabei darf vermutet werden, daß die zur Ehe führende Anziehung zwischen diesem Mann und dieser Frau u. a. gerade auf ihren gewissermaßen konträren Wertsetzungen und Erlebnisverarbeitungen beruhte: Die Frau bewunderte insgeheim die Zuverlässigkeit des Mannes, seine Fähigkeit, feste Standpunkte zu beziehen und zu behaupten und eine eingeschlagene Richtung konsequent zu verfolgen. Der Mann seinerseits fühlte sich im Grunde angezogen und fasziniert durch das zärtliche Wesen dieser Frau, durch ihre gefühlshafte Beweglichkeit und ihre Fähigkeit, sich geschmeidig anzupassen und zu improvisieren.

Wie sieht nun zunächst im Falle des Ehemannes der weitere Hintergrund des Kränkungserlebens aus?

Für ihn ist Zuverlässigkeit die entscheidende Form der mitmenschlichen Zuwendung. Mitmenschliche Zuwendung in all ihren Variationen und Spielarten ist in seinem Erleben zur Zuverlässigkeit gleichsam erstarrt. Zuverlässigkeit in einem absoluten Sinne ist für ihn der überkompensatorisch aufgeblähte Ersatz für die ihm nicht realisierbare spontane Gefühlsbeziehung zum anderen Menschen – insbesondere zur Partnerin. Es ist ihm nicht möglich, Initiative und Aktivität im Sinne von Freundlichkeit, Herzlichkeit, Zärtlichkeit zu entwickeln. Er ist in bezug auf diese Fähigkeiten gehemmt.

Die genetischen Ansätze dieser Erlebnisverarbeitung sehen folgendermaßen aus:

Wegen anhaltender Erschöpfungszustände der Mutter, die sich im Anschluß an seine Geburt einstellten, wurde dieser Mann als Säugling und Kleinstkind weitgehend von seinem Vater gepflegt und versorgt. Die Kontaktform des Vaters – eines wenig einfühlsamen, eher hypermotorischen Mannes – hatte etwas Bedrängendes, Festlegendes, Verpflichtendes; sie enthielt die Tendenz, den anderen mit Beschlag zu belegen.

Für ihn war der höchste Wert Leistung und darauf basierende Geltung. Durch regelmäßige Leistungen von bester Form und Qualität konnte der Sohn dem Herzen des Vaters naherücken und nahebleiben. Der Vater war dann bester Stimmung, geneigt, das Lob des tüchtigen Sohnes allenthalben zu verbreiten, und erfüllt von dem Drang, alles nur mögliche für diesen zu tun. Andererseits wurde die Atmosphäre sofort erheblich getrübt, wenn der Sohn z. B. einmal nicht die beste Klassenarbeit geschrieben hatte.

Der Junge wurde von früh an auf Regelmäßigkeit dressiert. In diesem Zusammenhang ist auch zu erwähnen, daß die sogenannte Sauberkeitserziehung sehr zeitig abgeschlossen war. Etwa ab 9. Lebensmonat machte das Kind zuverlässig sein Geschäft, wenn es abgehalten oder aufs Töpfchen gesetzt wurde.

Für die Entfaltung von weichen Gefühlen blieb in dem durch den Vater geprägten Milieu wenig Raum. Außerdem beanspruchte der Vater alle Zuneigung des Sohnes für sich. Er war selbst sehr intensiv auf die Familie ausgerichtet, war immer bereit, sich für Frau und Sohn einzusetzen und sich ihnen mittels Aktivität und Leistung zuzuwenden. Dafür erwartete, ja beanspruchte er dann freilich eine totale Anhänglichkeit von seiten der Angehörigen. Für den Vater waren Zuneigungsgefühle etwas gleichsam Substanzhaftes, waren meßbare Werte, die der Familie nicht entzogen werden durften, die dem Vater verbleiben sollten. Der außerfamiliäre Kontakt sollte unverbindlich sein. Der Vater reagierte mit heftigster Eifersucht, wenn der Sohn sich z. B. einen Freund gesucht hatte. Jedwede Liebesäußerung des Vaters hatte bedrückenden Anspruchscharakter. Wenn der Sohn sich einmal gegen das Bedrängtwerden von seiten des Vaters wehrte, dann hieß es empört: »Ich meine es doch nur gut; alles tue ich dir zuliebe; immer bin ich für dich da.«

Unter dem Einfluß dieses Vaters wurde für den Sohn Zuverlässigkeit allmählich auch der entscheidende Wert. Die wesentlichen Determinanten dieser Entwicklung waren nach dem zuvor Geschilderten folgende:

a) Dressur zur Regelmäßigkeit und Pünktlichkeit,
b) hohe Prämiierung vortrefflicher Leistungen,
c) Sachleistung und Aktivität als Ausdrucksformen für Zuwendung und Zuneigung,
d) Abriegelung von weichen Gefühlen,
e) Ausklammerung der außerfamiliären Welt in bezug auf Sympathie und Verbundenheit.

Natürlich ist Zuverlässigkeit ein integrierender Bestandteil jeder gelungenen mitmenschlichen Beziehung. Für diesen Mann ist sie jedoch etwas Prinzipielles, Starres, ein Absolutum gleichsam, unbezogen auf das, was sich im zwischenmenschlichen Bereich jeweils spontan ereignet und abspielt.

Er ist prinzipiell zuverlässig, allen Menschen gegenüber, auch im Beruf. Er ist wegen dieser Einstellung ein geschätzter Mitarbeiter; denn gerade im beruflichen Bereich ist sachliche Zuverlässigkeit zweifellos eine besonders schätzenswerte Eigenschaft. Schwierig wird es auch in diesem Bereich dadurch, daß die Zuverlässigkeit für ihn ein Bewertungstest ist, daß er andere Menschen, Kollegen, Vorgesetzte tief verachtet und ablehnt, sobald sie sich einmal als nicht ganz zuverlässig erweisen oder laufend in dieser Hinsicht ein bißchen verschlampt sind. Wenn jemand nicht zuverlässig ist, ist er für ihn abgetan. Er achtet ihn überhaupt nicht mehr. Auch in der Ehe ist die Zuverlässigkeit der entscheidende Liebestest, wie wir zuvor schon skizziert haben.

Er kann selbst nicht gefühlshaft »strömen«, ist allenfalls bereit und fähig, re-aktiv freundliche Gefühle zu äußern. Er erwartet statt dessen, erwartet es vage, daß ihm gefühlshafte Fülle von außen, vom anderen her zuströme. Da ihm im materiellen Sinne nährende Substanz als Ausdruck der Zuwendung näherliegt, greifbarer, handgreiflicher ist als Gefühl, ist für ihn ein üppiger weiblicher Busen der Inbegriff der Fülle überhaupt. In der Faszination durch den weiblichen Busen steckt bei diesem Mann der

Anspruch: Liebe muß – als nährende Substanz – von außen auf mich zukommen, muß mir von der Frau entgegengebracht werden.

Vielleicht sollte er sich einmal überlegen, daß es noch andere Formen der Zuverlässigkeit als die sachliche gibt, daß z. B. seine Frau zuverlässig ist im folgenden Sinne: Er kann sich darauf verlassen, daß sie sich ihm immer wieder freundlich-zärtlich zuwenden wird.

Nun zu den Hintergründen des Kränkungserlebens der Ehefrau: Diese Frau fühlt sich nur in dem Maße wertvoll, als sie mit ihren Hingabeangeboten und ihren Gefühlszuwendungen angenommen und akzeptiert wird. Ihr Selbstwertgefühl hängt davon ab, daß ihre Zuwendung Resonanz auslöst und findet.

Ihre Erlebnisverarbeitung hat folgenden genetischen Ansatz: Diese Frau erlebte als Kleinkind und Kind Zuwendung von seiten der Mutter vorwiegend im Sinne von materieller Fürsorge und Pflege und weniger im Sinne von gefühlshafter Zuneigung und herzlicher Anteilnahme. Die Mutter hatte der kleinen Tochter gegenüber eher ablehnende Gefühle deswegen, weil diese von Anbeginn der erkorene Liebling des Vaters war.

Alle Glückserlebnisse des kleinen Mädchens waren an die Zuwendung des Vaters gekoppelt. Sie war diejenige, die eigentlich immer im Brennpunkt des väterlichen Interesses stand. Dem Vater lag es ungemein am Herzen, seine Tochter zu beglücken, und er stellte aus diesem Grunde seine eigenen Interessen und Wünsche häufig, wenn nicht regelmäßig zurück. Der Vater war weniger darauf bedacht, dem Kinde bei der Entfaltung seiner Anlagen und Fähigkeiten zu helfen, als vielmehr für das Kind der Beglückende zu sein.

Der bei ihrem Anblick aufleuchtende Blick des Vaters wurde für die Tochter die entscheidende Bestätigung ihrer von der Mutter mit Tönungen von feindlicher Mißgunst bedachten weiblichen Existenz. Es kam für sie daher entscheidend darauf an, das Auge des Vaters zum Aufleuchten zu bringen.

Auf diese Weise bildete sich bei ihr langsam eine Gesamtorientierung aus, die bestimmt war durch das fundamentale Erleben: Es kommt nicht darauf an, *mich* zu verwirklichen, sondern es kommt darauf an, dem Vater (und später allen entsprechenden Männern) zu gefallen und sein Auge aufstrahlen zu lassen. Das Berechtigungsgefühl für alle Wünsche und Strebungen und jede

Form der Selbstbejahung hängt davon ab, ob es gelingt, den anderen zum Strahlen und zu warmtönender Resonanz zu bringen. Originäre Bedürfnisse und spontane Gefühle werden diesem Streben untergeordnet und notfalls geopfert.

Wenn z. B. ein von ihr gesuchter Augenkontakt, das Angebot eines Blickaustausches nicht angenommen und erwidert wird, dann fühlt sie sich bereits mißachtet, z. B. auch bei Neubegegnungen. Sie läßt dem anderen gar keine Zeit, sich auf ihr Angebot einzustellen; es muß sofort akzeptiert werden; anderenfalls bricht ihr Selbstwertgefühl zusammen. Sie kann sich nicht vorstellen, daß – wenn ihr nach Herzlichkeit und Zärtlichkeit zumute ist – dem anderen in eben dem Augenblick nicht auch danach zumute ist. Es ist ihre Form der Egozentrizität, ihre Paradiesesvorstellung (Paradies im Vulgärsinne gemeint), daß solche gefühlsmäßigen Harmonien sich mit Selbstverständlichkeit einzustellen haben, ungeachtet dessen, was den Partner gerade beschäftigt und bewegt.

Es ist für diese Frau wichtig, daß sie sieht und erkennt: Wenn die Gefühle nicht übereinstimmen, d. h. wenn der andere die von ihr angestimmte Melodie nicht sofort mitsingt, dann fühlt sie sich als Frau mißachtet und abgewertet.

Es ist für sie entscheidend zu sehen, daß Gefühlsangebote in mancherlei Hinsicht inadäquat sein können, daß es z. B. einen inadäquaten Zeitpunkt dafür gibt, d. h. sie kann von ihrem Mann nicht ein freudiges Eingehen auf ihr Zärtlichkeitsgebot erwarten, wenn er gerade einen wichtigen Brief formuliert. Das wäre inadäquat gerade bei diesem Mann, für den der Leistungs- und Arbeitsbereich von so besonders großer Bedeutung ist. Sie müßte einsehen, daß sie dem anderen Zeit lassen muß, sich auf ihre Kontaktangebote einzustellen oder sich darauf vorzubereiten.

Für beide Ehepartner kommt es darauf an zu erkennen, wodurch ihr Konflikt entstanden ist: dadurch, daß es zu Zusammenstößen gekommen ist zwischen dem, was jedem der beiden der höchste Wert ist, zwischen Zuverlässigkeit auf der einen und Zärtlichkeit auf der anderen Seite. Ein Aufeinanderprallen, ein gegenseitiges Lädieren, Verletzen der höchsten Werte, das sich im subjektiven Erleben als Kränkung niederschlägt.

2. Das Geschenk

Ein Ehepaar mittleren Alters – etwa zehn Jahre verheiratet. Zwei Kinder. Er ist von einer längeren Dienstreise nach Hause gekommen. Gleich nach seiner Ankunft hat er ihr und den Kindern Geschenkpäckchen ausgehändigt – ihr einen Gedichtband von Verlaine im französischen Urtext – einer Sprache, die er liebt, die ihr jedoch nur wenig zugänglich ist. Ihr Dank fiel deswegen ziemlich matt aus. Er hinwiederum war enttäuscht und gekränkt wegen der dünnen Resonanz von ihrer Seite, ohne es sich zunächst anmerken zu lassen.

Nach dem Mittagessen trinkt das Ehepaar noch eine Tasse Kaffee. Die Kinder sind zum Spielen nach draußen gegangen. Er nimmt sich selbst Zucker, drei Löffel voll, und löffelt anschließend die gleiche Menge in ihre Tasse, obwohl sie von jeher den Kaffee ungesüßt trinkt.

Sie: (ärgerlich) Du solltest doch allmählich wissen, daß ich keinen Zucker nehme.
Er: (mit einem bösen Blick) Ich hab's doch nur gut gemeint. Aber so reagierst du immer.

Etwas später steckt er sich eine Zigarre an, lehnt sich in den Sessel zurück und

Er: Du bist in letzter Zeit ganz schön fett geworden.

Noch etwas später – beiläufig

Er: Als ich den Brief las, den du mir nach Karlsruhe geschrieben hast, da hab' ich mich wieder mal gefragt, was ihr nur für einen Deutschunterricht in der Schule gehabt habt. Diese Interpunktion ... und die Syntax ...
Sie: schweigt indigniert.

Kommentar

Was hat sich hier abgespielt? Der Ehemann ist tief empört darüber, daß sie sich nicht mehr über sein Geschenk gefreut hat. ›Ich habe doch extra an sie gedacht. Ich wollte ihr eine Freude machen. Und die erkennt das nicht an; die hat überhaupt kein Gefühl.‹ Aus dieser Kränkung entwickelt sich bei ihm quasi reflexhaft die Tendenz, sich zu rächen, d. h. seinerseits ihre empfindlichen Stellen zu treffen. In diesem Sinne bekrittelt er ihre mollige Figur und ihren saloppen Briefstil.

Dieser Mann fühlt sich voll guten Willens, seine Frau zu erfreuen, und ist konsterniert und gekränkt, wenn diese ihm nicht bestätigt, wie erfreulich er durch sein Geschenk, als Schenkender ist. Die Frau dagegen hat den Eindruck, daß er sich beim Auswählen des Geschenks nicht mit der Spur eines Gedankens überlegt hat, was sie interessieren und erfreuen könnte. Sie empfindet etwa: Es geht ihm gar nicht darum, daß ich mich freue; es geht ihm vielmehr darum, daß ich ihm bestätige: Was bist du doch für ein überaus herrlicher Mann.

Der gute Wille zum Schenken ist bei diesem Mann egozentrischer oder narzißtischer Art. Der schöne Jüngling Narkissos, Sohn eines Flußgottes und einer Najade, verschmähte bekanntlich die Liebe der Nymphe Echo und wurde von Aphrodite (oder Nemesis) mit unstillbarer Selbstliebe bestraft.

Durch die kühle Reaktion der Partnerin auf sein Geschenk erfährt dieser Mann eine Kränkung seiner Selbstliebe. Durch ihre geringe Resonanz wird sein Ich-Ideal in Frage gestellt, nach dessen Forderung er ein spendender und beglückender Liebhaber von höchsten Gnaden zu sein hat, ein Liebhaber, der fähig ist, ohne sich aktiv in den anderen einzufühlen, ohne über den anderen nachzudenken, ohne sich zu ihm fühlend und denkend in Beziehung zu setzen, durch sein bloßes In-Erscheinung-treten zu beglücken, und der aufs höchste erfreut, wann immer er seine Hand öffnet, ganz einerlei, was er dem anderen anbietet.

Durch das Verhalten der Partnerin wird die Diskrepanz zwischen diesem Ich-Ideal und seinem Real-Ich aufgedeckt. Sein Real-Ich ist gekennzeichnet durch einen Mangel an Fähigkeit, sich auf den anderen Menschen zu beziehen, sich in den anderen einzufühlen, sich ihm liebevoll hinzugeben und ihn so zu erfreuen und zu beglücken.

Diese Schwierigkeiten äußern sich beim Ehemann auch in anderen zwischenmenschlichen Beziehungen – z. B. im beruflichen Bereich.

Dafür folgendes Beispiel:

Sein Vorgesetzter hielt auf einer Arbeitsbesprechung im Betrieb ein kleines Referat über ein bestimmtes Sachproblem und machte darin eine unzutreffende Angabe. Der Ehemann unseres

Beispiels als sein Mitarbeiter stellt in der nachfolgenden Diskussion diese falsche Angabe des längeren und breiteren richtig. Der Chef, solcherart vor seiner Mitarbeiterschaft angegriffen und kritisiert, reagiert mit einem auf die Person gerichteten Gegenangriff von verletzender Schärfe. Der Angegriffene ist deswegen zutiefst empört und gekränkt und äußert einem befreundeten Kollegen gegenüber, daß er es doch nur gut gemeint habe mit dem Chef, als er diesen Beitrag lieferte, daß er dem Chef doch nur habe helfen wollen.

Auch hier handelt es sich wieder um ein egozentrisches, ein narzißtisches Gutmeinen. Er hat sich auch diesmal nicht in den anderen eingefühlt, hat dessen Lage in dieser Situation nicht bedacht und nicht berücksichtigt. Er hat sich z. B. nicht klargemacht, daß die Kompetenz, das Prestige eines Vorgesetzten in einem größeren Kreis verletzbarer ist und deswegen größerer Rücksicht bedarf als etwa in einem Gespräch unter vier Augen. Er nimmt vielmehr fest an, daß sein kritischer Beitrag unter allen Umständen als pures Gold erlebt und mit entsprechender Dankbarkeit bestätigt wird, und er ist empört und gekränkt, wenn das nicht geschieht und das Verhältnis zu seinem Chef nicht immer das beste ist.

»Gleichgültigkeit gegen das Innenleben der Menschen und Unwissenheit darüber zeitigen ein völlig schiefes Verhältnis zur Wirklichkeit, sie erzeugen Verblendung«, sagt Thomas Mann in der Roman-Tetralogie »Joseph und seine Brüder«. Und er fährt fort: »Seit Adams und Hevas Tagen, seit aus Einem Zweie wurden, hat niemand leben können, der sich nicht in seinen Nächsten versetzen wollte und seine wahre Lage erkunden, indem er sie auch mit fremden Augen zu sehen versuchte. Einbildungskraft und Kunst des Erratens in bezug auf das Gefühlsleben der anderen, Mitgefühl also, ist nicht nur löblich, sofern es die Schranken des Ich durchbricht, es ist auch ein unentbehrliches Mittel der Selbsterhaltung.«

Dieser Mann müßte erkennen können: Einfühlung in den anderen und Mitgefühl mit ihm müssen nicht unbedingt Niederschläge einer altruistischen Selbstentäußerung sein, sondern sind unentbehrliche Elemente der Selbsterhaltung und der Selbstbewahrung.[52]

---

[52] Szenen A 1 u. 2 sind entnommen aus: Heigl-Evers, A.: Die Rolle der Kränkung

3. *Wer ist hier rücksichtslos*

Er und sie sind seit 10 Jahren verheiratet und haben eine kleine Tochter von nunmehr 8 Jahren. Sie sind an einem Samstagabend bei einem befreundeten Ehepaar zu einer Geburtstagsfeier eingeladen. Es wird ein recht vergnügtes Zusammensein, besonders sie wird zunehmend munterer und heiterer, wohl auch deswegen, weil sie für den Gastgeber, um dessen Geburtstag es sich handelt, eine Schwäche hat, wenn sie nicht überhaupt ein bißchen in ihn verliebt ist. Es ist inzwischen fast 1.00 Uhr geworden.

Er hat schon mehrfach ihren Blick gesucht, um ihr durch leichte Kopfbewegungen zur Tür hin zu verstehen zu geben, daß es Zeit zum Aufbrechen sei. Sie hat zunächst so getan, als ob sie seine dezente Mimik und Gestik nicht verstünde, hat dann schließlich zustimmend genickt, ihre geistreichen Plänkeleien – er nennt sie bei sich Blödeleien – mit dem Gastgeber jedoch fortgesetzt.

Schließlich steht er auf, beugt sich von hinten über ihren Stuhl und sagt leise

Er: Wollen wir nicht langsam aufbrechen. Ich bin furchtbar müde.

Sie: (etwas zögernd) Na gut, wenn du müde bist . . .

Die Gastgeberin: (die eine gewisse Schwäche für ihn hat) Sie werden doch nicht schon gehen wollen, es ist doch noch gar nicht spät. Und außerdem ist morgen Sonntag.

Er: Es war ein ganz reizender Abend. Die Kräuterbutter zu den Schnecken war ganz ausgezeichnet. Wie heißt doch gleich das indische Gewürz, das Sie dazu genommen haben? Sereh? Ja? Sie müssen mich aber jetzt gehen lassen. Ich bin todmüde. Die Sitzung gestern abend hat bis 2.00 Uhr gedauert.

Sie hat sich inzwischen, erleichtert dadurch, daß die Gastgeberin sich um ihn bemüht, dem Hausherrn zugewandt und plaudert auf das Reizendste mit ihm. Während sie zuvor aus eigener Müdigkeit etwas stiller geworden war, wird sie jetzt immer lebhafter. Auch der Gastgeber, entzückt von ihrer unterhaltsamen Art, wird munterer und einfallsreicher. Indessen kämpft der Ehe-

---

bei Ehekonflikten und daraus resultierende Beratungsprobleme. Prax. Kinderpsych. 16: 33–41, 1967.

mann mühsam gegen seine Müdigkeit und versucht, höflichlahm, die Gastgeberin zu unterhalten.

Gastgeberin: Wie ist es, soll ich jetzt einen starken Kaffee machen?
Er: Für mich bitte nicht, vielen Dank.
Gastgeberin: (zu ihr gewandt) Aber Sie hätten doch sicher gern einen Kaffee, Frau Dellbrück.
Sie: Ach ja, Ihr Kaffee, es gibt keinen besseren! Wenn es Ihnen nicht zuviel Mühe macht – gell, Günter, schnell noch einen Kaffee. Dann gehn wir auch gleich.

Die Gastgeberin verschwindet, um Kaffee zu bereiten. Es dauert gut 15 Minuten, bis sie mit der dampfenden Kanne wieder erscheint. Er ist inzwischen vor Müdigkeit völlig apathisch geworden. Sie hingegen putzmunter, bewundert lebhaft das Kaffeegeschirr der Gastgeberin.

Sie: Das ist altes Meißen, nicht, das Drachenmuster?! Entzükkend! Guck mal, Liebling, ist es nicht bezaubernd!

Der so Angesprochene bringt nicht mehr als ein gemurmeltes ja, ja, zustande.

Er: (zu ihr) Laß uns jetzt gehn, Charlotte, ich kann nicht mehr.
Sie: Ja gleich, Schatz, ich trinke nur noch diese Tasse.

Er trinkt schnell die Tasse aus, die ihm die Gastgeberin sanft aufgedrängt hat, und dankt, als ihm eine weitere angeboten wird. Sie hingegen, ohne eine Spur von Müdigkeit, trinkt genüßlichlangsam und läßt sich, ganz in Gedanken, eine zweite Tasse einschenken. Dabei verwickelt sie sich mit dem Gastgeber in ein Gespräch über die letzte »Documenta«.

Er: (aus zunehmender Lethargie sich zu einem letzten schwachen Versuch aufraffend) Jetzt müssen wir aber wirklich gehn, Charlotte.
Sie: (etwas unwillig) Natürlich gehn wir jetzt. Guck nicht so böse. – Sie wendet sich kokett-hilfesuchend an den leicht amüsierten Gastgeber:
Günter ist oft so streng mit mir.
Gastgeber: (küßt ihr die Hand).

Dann steht sie zögernd auf, was ihr sichtlich schwer fällt, verabschiedet und bedankt sich.

Die beiden fahren die etwa 10 km lange Strecke nach Hause.

Er: (gekränkt und verbittert) Ich weiß nicht, was ich noch alles anstellen soll, um dich an solchen Abenden nach Hause zu lotsen. Ich bin da vollkommen hilflos. Ich hab' den Eindruck: Je mehr ich dränge, desto größer wird deine Entschlossenheit, noch zu bleiben. Du bist von einer sagenhaften Rücksichtslosigkeit.

Sie: (fährt hoch) Wer ist hier rücksichtslos? Und wer hat wem den Abend verdorben? Ich hab' mich wohlgefühlt bei Bergers. Und ich wär' auch gern noch länger geblieben. *Ich* war überhaupt nicht müde. Und *du* verlangst von mir, daß ich *dir* zuliebe aufgebe. *Du* bist doch derjenige, der keinen Spaß an Geselligkeit hat und immer gleich wieder nach Hause strebt. Hättest ja früher fahren können. Ich wär' auch ohne dich nach Hause gekommen.

Er: (noch verbitterter) Ich habe dir vorher gesagt, ich will früh nach Hause, weil ich am Sonntag das Protokoll vom Freitagabend schreiben will. Ich hab' dich gefragt, was du dazu meinst. Und du hast gesagt, du bist auch ein bißchen erschöpft von der Woche, und es ist dir ganz recht, wenn es nicht so spät wird. Und nachher hast du immer so getan, als ob du gleich aufbrechen wolltest, so daß ich denken mußte, es würde sich nur noch um Minuten handeln. Und so hast du mich glücklich eineinhalb Stunden hingehalten. (Er wirkt jetzt gar nicht mehr so müde.) *Ich* würde dich niemals so behandeln. Bei den ersten Anzeichen von Müdigkeit bei dir wär' ich gegangen. Aber du weißt ja gar nicht, was Rücksichtnahme heißt. Sich nach dem Schwächeren richten – ich konnte doch einfach nicht mehr. Aber als du das merktest, wurdest du erst richtig lebendig. Du hast meine Schwäche regelrecht genossen. Sowas von Rücksichtslosigkeit!

Sie: (erregt) Wer ist hier rücksichtslos?! Den ganzen Abend hab' ich an dich gedacht und innerlich richtig gezittert: Er ist müde; daß es bloß nicht zu spät wird! Es ist ja schließlich nicht das erstemal, daß es solche Schwierigkeiten gibt. Du bleibst doch bei keiner Geselligkeit lange. Schon eh wir wegfuhren, hab' ich mir deswegen Gedanken gemacht und extra noch Hausschlüssel und Portemonnaie in die Handtasche gesteckt, damit ich notfalls mit dem Taxi zurückfahren kann.

Er: Aber gesagt hast du davon nichts. Du hast mich hingehalten und hingehalten statt zu sagen: Fahr du nach Hause, ich möchte noch hierbleiben. Das nennst du Rücksicht! Daß ich nicht lache!

Sie: Stimmt, das hab ich nicht gesagt – weil ich nämlich Angst vor dir hab', du Pedant, du Tyrann.

Er antwortet nicht mehr, sieht sie nicht mehr an. Auch sie guckt wütend – schweigend geradeaus. Zuhause verschwindet er in seinem Arbeitszimmer und benutzt seine Couch als Notbett.

Am anderen Morgen, als sie in die Küche kommt, um das Frühstück zu richten, trägt er gerade die Reste seines Frühstücks aus seinem Arbeitszimmer und verschwindet sofort wieder, ohne von ihr Kenntnis zu nehmen.

Gott, wann ist der denn aufgestanden, denkt sie. Er war doch so müde.

Beim Frühstück mit Tochter Ruth

Ruth: Wo ist denn Vati? Frühstückt er heute nicht mit uns?

Sie: Vati sitzt schon am Schreibtisch. Er muß eine dringende Arbeit fertigmachen.

Ruth: Schade, immer diese ollen Arbeiten. Ich geh' gleich mal zu ihm.

Sie: Tu es lieber nicht, Ruthchen. Vati wird bestimmt böse; er will heute nicht von uns gestört sein. Hier, Vati hat sein Ei übriggelassen. Willst du das haben?

Später, als Ruth zu ihrer Freundin ins Nachbarhaus gegangen ist, klopft sie an seine Tür. Als auf mehrfaches Klopfen kein Herein ertönt, geht sie nach kurzem Zögern entschlossen hinein und stellt sich vor seinen Schreitisch. Er schreibt weiter, ohne hochzugucken.

Sie: (energisch) Du, Günter, willst du mir vielleicht bitte erklären, was in dich gefahren ist. Du verziehst dich in dein Zimmer, du läßt mich mit dem Kind allein frühstücken. Was soll das heißen?

Er: (brummend) Mit einer so rücksichtslosen Person, die sich so wenig um mich kümmert – mit so einer frühstücke ich nicht.

Sie: (heftig) Mit so einer Person frühstückst du nicht! Deine Arroganz stinkt zum Himmel. Und dann: Du sprichst immer nur von meiner Rücksichtslosigkeit. Daß es umgekehrt wenig rücksichtsvoll ist, wenn du verlangst, *ich* soll nach Hause fahren, wenn es dir paßt, davon redest du nicht.

Er: (mit einer unwirschen Handbewegung) Das ist doch ganz was anderes. Du kannst ja meinetwegen bleiben, bis die Bergers dich vor die Tür setzen. Aber du hast vorher zu mir gesagt, du willst auch nicht lange bleiben, und später hast du immer wieder ausgedrückt, daß du gleich bereit bist, mit mir zusammen zu fahren. Ich dagegen rede dir immer gleich zu, ins Bett zu gehen, wenn du abends mal früher müde wirst.

Sie: (läßt sich in einen Sessel fallen) Na ja, das ist meine blödsinnige Rücksichtnahme. Ich hab' nicht gewagt, dir zu sagen, daß ich den Hausschlüssel eingesteckt hatte, um eventuell allein nach Hause fahren zu können. Ich wollte dich nicht kränken.

Er: Wieso sollte mich das kränken? Nicht die Spur! Aber daß du mich über eine Stunde gegen meinen Willen auf dieser Party festhältst und mich in meiner Müdigkeit schmoren läßt, das hat mich gekränkt, und nicht zu knapp.

Sie: Und mich ärgert immer, wenn du schon von vornherein festlegen willst, wie lange wir bleiben. Ich kann doch nicht vorher sagen, ich geh' um halb eins nach Haus. Sowas hängt doch von der Atmosphäre und von der eigenen Stimmung ab. Aber nein, du willst, ich soll mich festlegen. Das empfinde *ich* als rücksichtslos. – Aber eins ist doch ulkig: Jeder von uns meint, besonders rücksichtsvoll zu sein, und jeder erlebt den anderen als besonders rücksichtslos. Da stimmt doch was nicht.

Kommentar

Dieser Vorfall hat viele Variationen. Solche Szenen gibt es bei gemeinsamem Besuch von Bekannten, beim Ausflug, im Urlaub, kurz immer dann, wenn ihre verschiedenen Vorstellungen von der Dauer des Verbleibs und des Genießens zusammenstoßen.

Im Grunde sind beide rücksichtslos, ohne Rücksicht auf den

anderen, aber aus verschiedenen Gründen: *Sie* ist reaktiv-rücksichtslos, reaktiv auf ihre sonstige zu große Rücksichtnahme auf ihn und seine Interessen. Sie paßt sich ihm oft zu sehr an, vernachlässigt dabei eigene Belange und Interessen und setzt sich dafür manchmal, vor allem mit Unterstützung anderer, wirklich rücksichtslos gegen ihn durch. Er denkt insofern überhaupt nicht an sie, als er wie selbstverständlich erwartet, daß sie sich seinem Verhaltensstil entsprechend vorher verläßlich festlegt. Er beruft sich darauf, daß sie ja gesagt habe, sie wolle auch nicht lange auf der Party bleiben. Er gesteht ihr nicht das Recht zu, ihre Meinung zu ändern; er tut so, als handle es sich um einen Vertrag. Nicht-lange-Bleiben ist ein sehr relativer Begriff; sie hat eben andere Vorstellungen davon.

Die Verstimmung resultiert also aus folgender Interaktion: Ihre übergefügige Anpassungsbereitschaft mit der dazugehörigen reaktiven Rücksichtslosigkeit gerät an seine übermäßigen Verläßlichkeits- und Fürsorgeerwartungen. In seiner selbstgerechten Verläßlichkeit (Seht so bin ich!) billigt er ihr einfach nicht zu, entgegen ihrem Wort ihre Einstellung zu ändern; sie hat ihr Versprechen einzulösen. Jeder ist gekränkt, weil der andere so lieblos ist; und jeder versteht unter Liebe: Du sollst aus *meinem* Blickwinkel fühlen und handeln.

B. Negative Eskalationen

1. Auftakt zum Wochenende

Er und sie, seit 5 Jahren verheiratet, sind beide berufstätig. Kinder haben sie bisher nicht gewollt. Er ist wissenschaftlicher Assistent an einem geisteswissenschaftlichen Universitätsinstitut; sie ist Direktrice in der Damen-Abteilung eines großen Konfektionsgeschäftes.

Samstagmittag. Er holt sie nach Geschäftsschluß vom Dienst ab und wartet jetzt in ihrem kleinen Büro auf sie, freudig-erregt. Das Wochenende beginnt. Das Wetter ist herrlich. Er stellt sich vor, daß sie beide den Nachmittag auf ihrer Terrasse verbringen und am Sonntagmorgen, ganz früh, noch ehe der übliche Ausflugsrummel beginnt, in ein unweit gelegenes Mittelgebirge fahren.

Er hört draußen ihre Stimme – im Tonfall freundlich aber sehr bestimmt – und blickt erwartungsvoll zur Tür. Sie kommt herein.

Er: Tag, Schätzchen. – (gibt ihr die Hand und möchte sie warm drücken. Sie zieht sie nach flüchtigem Druck zurück.)
Sie: Ach, da bist du ja schon.
Er: (lächelt sie an, umarmt sie und will ihr einen Kuß auf den Mund geben.)
Sie: (bietet ihm statt dessen die Stirn zum Kuß.)

Er erlebt dunkel, daß ihm anstatt der erhofften Weichheit Härte angeboten, daß sein warmer Händedruck nur flüchtig erwidert wird und daß sein Lächeln keine Resonanz findet.

Sie erlebt seinen Händedruck als umklammernd, sein Lächeln als fordernd und seinen Versuch, sie zu küssen, als aufdringlich. – Dabei bleibt dieses Erleben bei beiden eher vage und unbestimmt.

Sie hat sich in den Drehsessel vor ihrem kleinen Schreibtisch gesetzt und versucht abzuschalten. Infolge des plötzlich schönen Wetters war heute morgen ein immenser Betrieb im Geschäft.

Als ob alle Frauen für die Ausflüge, Picknicks und Gartenparties am Sonntag kein passendes Kleid hätten. Den ganzen Vormittag reden, lächeln, nie den Überblick verlieren, veranlassen, daß jede der 50 Angestellten da ist, wo sie gerade gebraucht wird. Er mit seinem Institut und seinen Büchern hat ja keine Ahnung, wie einem nach Geschäftsschluß am Wochenende zumute ist, denkt sie flüchtig.

Er steht am Schreibtisch und spielt mit einem Locher. Er drückt ihn mehrmals zusammen, so daß es ein quietschendes Geräusch gibt.

Sie: (unwillig) Laß das! Ich bin froh, daß ich aus dem Lärm heraus bin; und du fängst von neuem damit an.
Er: (kühl-distanziert) Komm, es ist ohnehin schon spät geworden. Du läßt mich hier immer ganz schön warten.
Sie: Du liebe Zeit, einen solchen Laden wie diesen hier kann man doch nicht auf die Minute schließen. Hast du eine Ahnung!

Sie verlassen das Geschäftshaus und gehen zu ihrem in einiger Entfernung parkenden Wagen. Schweigend laufen sie nebeneinander her.

Er empfindet das Wetter auf einmal nicht mehr schön und strahlend, sondern eher drückend und viel zu warm. Undeutlich geht ihm durch den Kopf, daß es doch eigentlich nicht zumutbar ist, ein ganzes Wochenende mit einer so unfreundlichen Frau zu verbringen.

Sie sieht ihn einmal kurz von der Seite an und denkt: Gott, wie mißgestimmt er wieder aussieht! Sie gehen gerade an einem Blumengeschäft vorüber, und sie spürt eine unbestimmte Sehnsucht nach etwas Schönem, Duftigem und bleibt vor dem Fenster stehen.

Sie: Ich möchte noch ein paar Blumen kaufen.
Er: (mit harter und gleichgültiger Stimme) Ich bleibe nicht 5 Minuten länger in dieser stickigen Stadt. Und wozu Blumen? Du hast ja schließlich den Garten.
Sie: Mit nichts als Rasen.
Er: Na und, genügt dir das nicht? Die Blumen, die du jetzt kaufst, sind doch schon halb welk, bis wir zu Haus sind. Aber du schmeißt ja gern das Geld zum Fenster raus.

Sie denkt: Was soll's! Ich schweige lieber. Wie soll ich diesen Kerl nur ertragen?

Kommentar

Wie kam es zu diesem Mißlingen in der Kommunikation, Mißlingen trotz seiner freudigen Erwartung auf sie und trotz ihrer Hoffnung auf ein erholsames Wochenende? Solche Disharmonien sind in dieser Ehe nicht eben selten. Die Erklärung dafür ist meist: Überspannte Erwartungen gehen voraus, Wünsche nach Gemeinsamkeit melden sich, die, als solche völlig leigitim, Elemente des Illusionären an sich haben. Es handelt sich um narzißtisches Wünschen, bei dem man die besonderen Umstände des Partners und seine momentane Innenbefindlichkeit nicht einfühlend voraussieht.

So kommt es hier zu einer negativen Gefühlseskalation: *Er* hat von ihr wie selbstverständlich die gleiche freudige Erregung ihm gegenüber erwartet, die er ihr entgegenbringt. *Sie* verlangt von ihm stillschweigend Verständnis für ihre Abgespanntheit. Keiner ist darauf eingestellt, daß der andere nicht genauso fühlt, wie man selbst; jeder hat, in sich selbst gefangen, erwartet, daß die beiderseitigen Stimmungen sich von selbst harmonisieren.

Beide sind im Grunde gekränkt durch das »Unverständnis« des anderen; beide fühlen sich als Mitmensch, als Ehepartner nicht verstanden, nicht geliebt, und reagieren mit Gereiztheit, ja Feindseligkeit aufeinander.

Jeder spürt die gereizte Feindseligkeit des Partners, verkennt sie als noch größeres Unverständnis, ja als lieblose Ablehnung und antwortet darauf mit verstärkter Mißstimmung und Feindseligkeit. Die Stimmung ist nun gründlich verdorben.

Wie kann sich so etwas ändern? Wenn *er* sich fragen könnte, warum bin ich denn gleich gereizt, wenn sie mein Gefühlsangebot nicht sofort erwidert, wenn sie mein Gefühl nicht teilt, und wenn *sie* sich fragen könnte, warum empfinde ich ihn denn gleich als uneinfühlsam und fordernd, wenn er mich intensiv begrüßt – dann könnte diese negative Gefühlseskalation vielleicht unterbrochen werden.

Aber das ist zugegebenermaßen schwer, da es sich um eingefahrene, habituelle und großenteils unbewußte Gefühlsreaktionen handelt. Wie eine solche Sequenz bewußter und unbewußter Erlebnisanteile genauer aussieht, soll in bezug auf *seine* Person erläutert werden:

Als schizoid Strukturierter macht er sein Gefühlsangebot in ausgesprochener Mikroform: Er fühlt sich zwar freudig erregt und erlebt sich als warm im Tonfall, im Lächeln und im Händedruck, bringt diese Gefühle jedoch nicht überzeugend zum Ausdruck. Unbewußt bleibt sein unabdingbarer Anspruch, sie müsse sein Gefühlsangebot erfassen und entsprechend positiv werten.

Dieser Anspruch wird von ihr nicht erfüllt; weder strahlt ihr Auge noch klingt ihre Stimme warm; sie lächelt nicht, und ihr Händedruck ist nicht innig. Sie geht ihm nicht einen Schritt entgegen und zeigt keine Resonanz. Der unbewußt geforderte Brückenschlag ist also nicht sofort erfolgt, was von ihm vage registriert wird.

Es folgt eine kurzdauernde Enttäuschung, die ihm jedoch unbewußt bleibt und ihm nur im Prozeß einer Psychoanalyse nachträglich bewußt werden könnte.

Es kommt zu automatischem Gefühlsrückzug, zu einer Abkehr vom anderen, die sich ebenfalls unbewußt vollzieht. Von der Partnerin her gesehen wird er spürbar reservierter und distanzierter.

Nun setzt eine vage registrierte innere Leere bei diesem Manne ein, die sehr schnell durch das Erleben, die Frau sei ihm feindselig gesonnen, ersetzt wird. Die Partnerin sei feindselig, wird zwar bewußt erlebt, kann jedoch natürlich nicht mit der vorangegangenen unbewußten Enttäuschung in Zusammenhang gebracht werden.

So kommt es zu mehr oder minder bewußter Feindseligkeit gegen den anderen und zwar im Sinne des Rachebrütens gegen den »Feind«.

Diese Feindseligkeit geht schließlich in Mißmut und Dysphorie über, die als das Endergebnis des Hin und Her von zentrifugalen Gefühlsbedürfnissen und Rachetendenzen und zentripetaler Enttäuschtheit und Gefühlsrücknahme aufzufassen ist.

2. Das vernachlässigte Bett

Er und sie am Abend im Schlafzimmer. Er liegt schon im Bett und liest; sie ist gerade hereingekommen und hat dabei überlegt, daß am nächsten Tag viel Arbeit auf sie wartet; es wird notwendig sein, früh zu schlafen, um allem gewachsen zu sein. Nachdem auch sie im Bett liegt, greift sie nach dem Lichtschalter.

Sie: Ich glaube, es ist das beste, wir machen gleich das Licht aus. Ich muß morgen schon um 8.00 Uhr mit Susanne beim Ohrenarzt sein.

Er: (zunächst – den Blick in sein Buch gerichtet – etwas zögernd, dann mit sich aufhellendem Gesicht, bereitwillig) Ja, ist vielleicht das beste.

Das Licht wird ausgeknipst, er rutscht zu ihr ins Bett hinüber, zieht sie an sich und beginnt, sie zu streicheln. Sie kämpft indessen einen stummen Kampf: Einerseits empfindet sie seine Nähe und Zärtlichkeit als angenehm, andererseits sträubt sie sich dagegen. Das Arbeitsprogramm morgen, ich muß doch ausgeruht sein, denkt sie.

In dem Maße, in dem diese Vorstellung sich ausbreitet, verliert seine zärtliche Nähe für sie ihren lustvollen Charakter, wird langsam unangenehm und ist schließlich nur noch lästig. Mit einem entschlossenen Ruck zieht sie ihr Nachthemd herunter und forsch-entschlossen

Sie: So, jetzt wird geschlafen!

Er zieht sich sofort in sein Bett zurück. Im Augenblick hat sie jede Anziehung für ihn verloren, wirkt nur noch abstoßend.

Er: (murmelt) Ich weiß nicht, ob es richtig ist, wie du das so machst.

Sie bleibt stumm.

Er denkt an die junge Frau seines Kollegen Oswald, an die ermunternden Blicke, die sie ihm zuwirft, an die Art, wie sie sich leicht an ihn lehnt, wenn er ihr in den Mantel hilft.

Am anderen Morgen beim Frühstück.

Sie: Gehn wir nun eigentlich zu dem Gesellschaftsabend des Tennisklubs? Ich möchte so gern mal wieder tanzen.

Er: (etwas unlustig-abweisend) Ach, da unter all den fremden Leuten sitzen ...

Sie: (drängend) Ich möchte aber gern.

Er: (zögernd) Mal sehen, ob die Oswalds mitgehen und die Meyerhoffs. Ich möcht' mich bei so was auch gern unterhalten, mit ein paar netten Leuten.

Sie: (spitz) Ich genüge dir wohl nicht?

Er: (etwas unwillig) Das hat doch nichts mit dir zu tun. Ich seh' eben ganz gern auch mal andere Leute. Ich bin eben geselliger als du.

Sie: Ich mag das nicht, wenn die Leute mir so auf den Pelz rücken.

Kommentar

Wie bedingen sich die Verhaltensweisen der beiden Eheleute in dieser Szene?

Sie mag es nicht, wenn er ihr erotisch und sexuell »auf den Pelz rückt«. Das Bedürfnis nach Abgrenzung, das für ihr Erleben im Bereich von Leistung und Pflicht keine Berechtigung hat, setzt sich in der Intimsphäre mit um so größerer Intensität durch. Sie merkt gar nicht, wie sie ihn dadurch mehr und mehr in geselligen Kontakt mit anderen hineintreibt und in ihm zunehmend die Tendenz verstärkt, das Alleinsein mit ihr zu vermeiden, da es ja doch nur in Frustration endet. Ein anderer Mann würde vielleicht sexuelle Beziehungen zu anderen Frauen anknüpfen, würde »fremd gehen«. Dieser Ehemann überläßt sich zwar tollen sexuellen Erlebnissen mit rassigen Frauen, jedoch nur in Form von Tagträumen, er »geht« in der Phantasie »fremd«. Außerdem sucht er fast süchtig breiten geselligen Kontakt, wird mehr und mehr zu einer Art Betriebsnudel, versucht durch eine Vielzahl von gesellschaftlichen Kontakten zu ersetzen, was er an warmer Nähe und intimer Verbundenheit mit ihr zusammen nicht verwirklichen kann; er »geht« also quasi sozial »fremd«. Dazu gehört auch, daß er sich in gesellschaftlichen Situationen entgegen seiner sonstigen Fürsorglichkeit um seine Frau wenig kümmert.

Sie spürt sein soziales »Fremdgehen« durchaus und erlebt es ihrerseits als einschneidende Versagung; denn ihre Erwartung geht dahin, für ihren enormen Leistungseinsatz und Pflichteifer von ihm gesellschaftlich herausgestellt und mit angenehmer Unterhaltung versorgt zu werden. Unter dem Druck dieser Versagung neigt sie dann zu noch schrofferer Abgrenzung im Intimbereich.

Er trägt zu ihrem Verhalten noch in anderer Weise bei: Er protestiert zu wenig gegen ihre abrupt-abschneidende Art in der Intimsphäre. Er läßt sie nicht wissen, wie enttäuschend und verärgernd ihre kühle Abweisung für ihn ist. Er macht sie dadurch glauben, daß es für ihn so schlimm auch wieder nicht sei, wenn ihr die Erledigung von Hausarbeiten häufig wichtiger ist als das Zusammensein mit ihm. Er versucht viel zu wenig, auf sie Einfluß zu nehmen, ihr nahezubringen, daß ihm ihre Entfaltung zur Frau und Geliebten wichtiger sei als ihre hausfrauliche Perfektionierung. Er resigniert in dieser Hinsicht auch deswegen so schnell, weil ihm bei seiner wenig expansiven Art ihre hausfrauliche Betulichkeit und Sparsamkeit nur recht sein kann; nicht zuletzt wegen dieser Tugenden hat er sie seinerzeit zur Ehepartnerin gewählt. So bietet er ihr wenig Anreiz, ihre Hausfrauenmentalität aufzugeben.

Beide Ehepartner stimulieren sich also (unbewußt) zu Verhaltensweisen, die den von ihnen ersehnten Befriedigungen abträglich sind.

3. Die vergebliche Werbung

Er und sie sind jung verheiratet; sie leben in einer kleinen, aber komfortablen Neubauwohnung. Samstagabend. Sie liegt in der Badewanne – in einem Schaumbad – mit und ohne Schaum überzeugend jung und schön. Sie hört seine Schritte draußen auf der kleinen Diele und ruft:

Sie: Werner!
Er: (kommt herein, etwas geistesabwesend.)
Sie: (reckt und streckt sich so, daß ihre hübschen kleinen Brüste sich aus dem Schaum herausheben, läßt sich dann wieder sinken, streicht sich lässig-genüßlich den Schaum von den Armen.)
Was machst du denn, Liebling?

Er setzt sich auf den Wannenrand und taucht seine Hand in den Schaum.

Sie: Liebling, mir ist so – ich weiß nicht wie. Ich glaube, ich hab' Sehnsucht.

Er lächelt schwach und streichelt einmal kurz über ihren Brustansatz.

Sie: (dreht sich auf die Seite und hebt eine ihrer Pobacken aus dem Schaum.) Ach, Liebling, es wäre jetzt grade sooo gemütlich.

Er tätschelt ein bißchen ihren Po und denkt dabei – nicht klar, nicht konturiert, eher vage: Ach, da liegt sie im Bad. Ach, es wär' ja auch ganz nett, jetzt mitsammen zu spielen. Ich möchte doch aber so gern den Artikel zu Ende lesen (er hatte am Vormittag beim Friseur einen Artikel über Preisbindung angefangen und nicht zu Ende lesen können). Wenn ich den »Spiegel« noch haben will, muß ich jetzt gleich gehen, ehe der Kiosk im Bahnhof schließt. Schade, jetzt von Marietta weg . . . aber sie ist ja nachher auch noch da; sie war gestern da; sie ist morgen da . . . den »Spiegel« hingegen, den kriege ich nach 20.00 Uhr nicht mehr.

Er: (ist vom Wannenrand aufgestanden. Dann nüchtern-geschäftsmäßig) Ich fahr' eben zum Bahnhof und hol' mir den »Spiegel« von dieser Woche. Bis nachher.

Er verläßt den Raum. Sie hört, wie er den Mantel vom Ständer nimmt, hört die Wohnungstür zuklappen und hört noch seine eiligen Schritte auf der Treppe.

Sie ist einen Augenblick erstarrt – vor Enttäuschung, Kränkung und Wut. Dann zieht sie eine Grimasse, schnaubt kurz die Nase, beginnt sich hastig abzuseifen, trocknet sich eilig ab und zieht sich an – als letztes ein Kleid, das bis zum Hals geschlossen ist. Er soll sie auf keinen Fall mehr im Bad oder halbnackt finden bei seiner Rückkehr. Er ist das gar nicht wert. Er hat sie abgewiesen, der widerliche Kerl, er hat sie beschimpft und verhöhnt. Sie ist so wütend im Augenblick, daß sie ihn zerreißen möchte, oder sich oder etwas anderes, irgend etwas, zerreißen und kaputtmachen möchte.

Er hat indessen das Gefühl, einem gefährlichen Gegner eben noch knapp entronnen zu sein. Er denkt, wieder nicht sehr konturiert, nicht sehr klar, sondern eher vage: So muß man es machen bei ihr, sich kurz-entschlossen zurückziehen. Wenn ich geblieben wäre, wenn ich versucht hätte, ihr das mit der Zeitung noch mehr nahezubringen, dann hätte sie mich bestimmt doch noch rumgekriegt, hätte mir ein Zusammensein abgeschmeichelt, abgelistet. Ich kenn' sie doch. Nein, Jalousien zu, Licht aus, gute-Nacht, Marie. Anders ging das nicht mit ihr.

Kommentar

Im Grunde handelt es sich nicht um eine Jalousie, die er herunterläßt, sondern um eine Art Bunker, in den er sich einmauert und worin er sich geschützt fühlt, wenn auch die Gefahr besteht, daß er langsam aber sicher darin verhungert.

Die beiden hatten sich in einer Zeit kennengelernt, als er gleichsam unter den Bedingungen einer ungeschützt-offenen Grenze lebte. Er war damals immer freundlich, jederzeit hilfsbereit, fürsorglich und spendend; er sagte zu allem Ja und Amen. Sie, die in einer kargen und strengen Atmosphäre aufgewachsen war, erlebte das als äußerst wohltuend und angenehm.

Seit einiger Zeit hat er jedoch zunehmend deutlicher registriert, daß eine in dieser Weise offene und ungeschützte Grenze enorm verlustreich und deswegen beunruhigend prekär sein kann. Seither betreibt er gleichsam Bunkerbau. Er wird zunehmend unzugänglicher, abweisender, verweigernder. Sie ist dadurch mehr und mehr beunruhigt und immer häufiger bis zur Panik verzweifelt.

Sie hat sich von früh an mit ihren Weichheits-, Zärtlichkeits- und Hingabewünschen, hat sich als Frau nie richtig bestätigt gefühlt. Ihre Mutter war eine egozentrische, in bezug auf diese Tochter eifersüchtige und feindselige Frau; der Vater war von seiner bildhübschen und klugen Tochter zwar entzückt, aus puritanischem Schuldgefühl und schlechtem Gewissen gegenüber der Mutter dann jedoch reaktiv besonders streng im Umgang mit ihr und bemüht, die Beziehung zu ihr auf die Ebene geistiger Auseinandersetzung und asketischen Verzichts zu verlagern.

Wenn der Ehemann jetzt auf ihre Gefühlsangebote nicht sofort eingeht – und er geht seit einiger Zeit immer weniger darauf ein –, dann fühlt sie sich total in Frage gestellt, fühlt sich abgewertet, beschimpft und verhöhnt. Sie erlebt: Ich habe die Grenzen zwischen ihm und mir aufgehoben, und er errichtet eine Mauer und läßt einen eisernen Vorhang fallen.

Die beiden haben zur Zeit ausgesprochenes Pech miteinander insofern, als jeder in einer Phase der inneren Entwicklung steckt, die zu der des anderen in ausgesprochenem Gegensatz steht. Die momentanen Entwicklungstendenzen der beiden sind so beschaffen, daß sie sich gegenseitig geradezu frustrieren müssen. *Sie* hatte sich durch seine anfängliche grenzenlose Bereitschaft zum Helfen, zum Ja-sagen, zu breiter Bestätigung dazu bewegen lassen, sich mehr zu erschließen und zu öffnen, ihre bisher unentfalteten Weichheits- und Zärtlichkeitsregungen mehr zuzulassen und, mit ihm als Katalysator, nachzuholen, was in ihrer Kindheit zu kurz gekommen war.

Er spürt allmählich, daß er etwas ganz anderes nachholen muß; er muß lernen, sich anderen gegenüber entschiedener abzugrenzen, mehr nein zu sagen, nicht immer und überall zum Ja und Amen bereit zu sein. Da er diese Fähigkeiten als Kind nie hat erleben und üben dürfen, treten sie jetzt in einer zunächst ungeschliffenen, ungehobelten Form in Erscheinung, in einer Form, die auf die Bedürfnisse der Partnerin keine Rücksicht nimmt. Das wirkt sich an ihr deswegen so verheerend aus, weil bei ihr das neue Pflänzchen Hingabe und Zärtlichkeit noch sehr verletzlich ist, so daß jeder kalte Hauch es zum Welken bringt.

Viel wäre in einer solchen Beziehung gewonnen, wenn jeder dem anderen erklären könnte, wo er zur Zeit innerlich steht, wohin die momentanen Entwicklungstendenzen gehen. *Sie* würde dann von ihm erfahren, daß er zur Zeit lernen muß, sich abzugrenzen, ohne daß er sie deshalb total ablehnt. *Er* würde von ihr erfahren, daß sie es zur Zeit mehr und mehr wagen möchte, um ihn zu werben, und daß sie in diesem Stadium der ersten Versuche auf eine Ablehnung ihrer Werbung besonders empfindlich reagiert. Aber dies könnte nur geschehen, wenn sie sich offen miteinander aussprächen oder wenn ein erfahrener Dritter, etwa ein Psychotherapeut, ihnen diese Zusammenhänge nahebrächte.

4. Sie streichelt ihn

Er liegt am Sonntagnachmittag auf der Couch und liest einen Krimi. Sie ist damit beschäftigt, aus farbigen Steinen und Metallelementen für ihre halbwüchsige Tochter einen Modeschmuck aufzufädeln. Er läßt nach einiger Zeit unlustig das Buch sinken und verzieht das Gesicht.

Er: Ich habe Kopfschmerzen. Komm und streich'le mich ein bißchen.
Sie: Nimm doch eine Tablette!
Er: Die hilft ja doch nicht. Wenn du mich streichelst, geh'n sie bald fort. Du bist nicht lieb.

Sie legt leise seufzend ihre Arbeit zur Seite, zieht sich einen Hocker neben die Couch und beginnt, ihn an Scheitel, Stirn und Schläfen zu streicheln, mit den Fingerspitzen, sanft, gleichmäßig.

Er schließt die Augen; nach einiger Zeit entspannen sich seine Züge; er sieht ganz wohlig aus.

Sie hat anfangs ihre Aufmerksamkeit nur darauf ausgerichtet, ihn zu streicheln. Sie hat sich ganz auf ihre Fingerspitzen konzentriert, voll intensiver Bemühung, ihm wohlzutun. Je mehr er sich spürbar entspannt, desto mehr läßt ihre Aufmerksamkeit nach. Sie denkt daran, daß sie in der kommenden Woche zwei Einladungen – Berufskollegen von ihm und deren Frauen – geben muß; sie denkt auch daran, daß ihre Freundin Ulla eine Geschirrspülmaschine hat, während es bei ihnen in diesem Jahr wieder nicht dazu reicht. Er hat darauf bestanden, erst ein Tonbandgerät anzuschaffen. Sie spürt dabei einen leichten Ärger auf ihn, und ihre Streichelbewegungen werden etwas schneller und mechanischer.

Er: (vorwurfsvoll) Du streichelst nicht, du reibst ja.
Sie: (etwas schuldbewußt) Wirklich? Das tut mir leid.

Sie versucht, sich wieder zu konzentrieren, was ihr jedoch nicht recht gelingen will. Sie fühlt dumpf, ohne daß es ihr richtig klar wird, daß sie ihm viel lieber eine runterhauen und schreien möchte: Lieg hier nicht so rum, sondern tu gefälligst was!

Er: (wendet ärgerlich den Kopf von ihren Händen weg, legt sich auf die Seite und dreht ihr den Rücken zu) Wenn es dir derart schwer fällt, freundlich zu mir zu sein, dann laß es. Mit dir ist heute nichts anzufangen. Sowas von Unfreundlichkeit, wenn ich dich schon mal brauche!

Sie will auffahren, bezwingt sich dann aber, steht auf, rafft ihre Arbeit auf dem Tisch zusammen und verläßt mit indigniertem Gesicht den Raum. Er rollt sich auf der Couch noch mehr zusammen, zieht die Wolldecke bis ans Kinn und tut sich sehr leid.

Kommentar

Eine »zärtliche« Beziehung fürwahr: *Er* sieht es in völlig narzißtischer und ichbezogener Weise als sein Recht an, von ihr gestreichelt zu werden, wenn er Kopfschmerzen hat. Es kommt ihm nicht in den Sinn, sich und sie zu fragen, ob sie Zeit und Lust dazu hat. Er ist von dem selbstverständlichen Anspruch durchdrungen, sie habe jederzeit zur Befriedigung seiner Bedürfnisse verfügbar und bereit zu sein.

Sie beugt sich diesem Anspruch und stellt sich ihm zur Verfügung, auch gegen das eigene Gefühl, die eigenen Bedürfnisse, à contre-coeur. Die »Strafe« für ihre willenlose Bereitschaft folgt auf dem Fuße. In ihr kommt Unmut hoch; ihr Unmut löst bei ihm Vorwürfe aus; auf diese Vorwürfe reagiert sie wiederum schuldbewußt; dadurch verstärkt sich ihr Unmut bis zum Ärger; denn gegenüber Erzeugern von Schuldgefühlen ist man immer ärgerlich; nur moralische Masochisten haben es (scheinbar) gern, wenn Schuldgefühle in ihnen mobilisiert werden. Der Mensch will, wenn er schon kritisiert wird, nicht auch noch moralisch diffamiert oder verdammt werden, sondern möchte verstehend nahegebracht bekommen, warum sich der andere geärgert hat oder sich beeinträchtigt fühlt.

Beide Partner zeigen schließlich im weiteren eine zwar verständliche, aber für die zwischenmenschliche Beziehung eben doch unfruchtbare Reaktion: *Sie* weicht indigniert, also empört-gekränkt einer Auseinandersetzung aus, empört wohl darüber, daß er ihre Bemühung, ihn auch à contre-coeur zu streicheln, so wenig prämiiert hat. *Er* zieht sich noch mehr in sich zurück und versinkt in Selbstmitleid, jener Variante der Selbstgerechtigkeit, bei der man weder wahres Mitgefühl mit sich selbst verspürt noch eine leise Trauer über die im Moment mißglükkende Beziehung, sondern wo man sich pharisäisch bedauert, weil die Welt, der Partner doch so schlecht ist, so verständnislos, so wenig liebevoll.

5. Zunehmende Antipathie

Am Abend. Er, jetzt etwa 50 Jahre alt, sitzt in seinem Arbeitszimmer in einem großen Ohrensessel, eine Flasche Mosel neben sich. Sie, 40 Jahre alt, recht jugendlich und überaus gepflegt wirkend, kommt in einem raffiniert-schicken, hochmodernen Hauskleid ins Zimmer. Er guckt hoch, betrachtet sie flüchtig von oben bis unten mit einem Blick, der etwa das enthält, was in einem Cartoon im »New Yorker« folgendermaßen ausgedrückt war: Stop reading those damned save-your-marriage-articles. Er ist jedoch zu höflich und zu gut erzogen, um dergleichen auszusprechen.

Sie hält ein Blatt Papier in der Hand; in ihrem gesamten Gehabe wirkt sie nervös und etwas hochfahrend.

Sie: Du, Chris, eben finde ich auf deinem Schreibtisch diese Einladung vom Industrieklub zu einem Ball am nächsten Sonnabend. Schon 10 Tage alt. Willst du mir bitte erklären, warum ich davon nichts erfahre?

Er: Das will ich dir gerne sagen: Weil ich nicht gewillt bin, dieses Fest zu besuchen.

Sie: (einen Augenblick sprachlos vor Empörung) Und du hältst es nicht für nötig, mit mir darüber zu sprechen; du informierst mich nicht einmal darüber, daß wir eingeladen sind und daß du, wie ich auch gar nicht anders erwartet habe, natürlich *nicht* dorthin gehen wirst.

Er: (etwas gespannt, aber betont ruhig) Weil ich mir die dann fälligen Auseinandersetzungen ersparen wollte. Was mir diesmal leider nicht gelungen ist. Hätt' ich das Ding doch gleich in den Papierkorb geworfen.

Sie: Du bist unverschämt, Chris, unverschämt und widerlich. Und was ist, wenn ich nun darauf bestehe, auf diesen Ball zu gehen?

Er: (mit Nachdruck) Kommt überhaupt nicht in Frage. Ich weiß doch, wie das geht. Du fängst an zu trinken und wirst dann immer exaltierter, bizarrer – ja, bizarr. Und zum Schluß fängst du an, Betrachtungen über mich und unsere Ehe anzustellen. Ich denke gar nicht dran, mir so was zuzumuten.

Sie: (hat sich an die Verkleidung, die sehr teure Verkleidung des unbenutzten Kamins gelehnt. Höhnisch) Nein, nein, das mutest *du* dir nicht zu, dir anzuhören, was du mit mir gemacht hast und was du *mir* zumutest, Jahr für Jahr. Wie du mich verkommen läßt in diesem goldenen Käfig, dieser Kaninchenfalle, diesem kleinbürgerlichen Muff.

Er: Diese Kaninchenfalle ist nach deinen Wünschen gebaut und eingerichtet und hat die kleinbürgerliche Kleinigkeit von einer dreiviertel Million gekostet.

Sie: (bitter) Damit hast du dich von mir freigekauft, mit dem hübschen Scheck, den dein berühmter Architekt für diesen Schuppen bekommen hat. Leider hat er das Wichtigste bei der Einrichtung vergessen: Atmosphäre, Geist, Kultur, Zärtlichkeit, Liebe. Du machst es dir sehr leicht, mein Lieber. Neunzehn war ich, als du mich geheiratet hast. Neunzehn Jahre jung und dumm. Im Grunde habe ich seither nichts dazu erfahren, nichts wirklich Neues erlebt (sie spielt damit auf ihre Frigidität an, an der nach ihrer Meinung *er* schuld ist) und bin nun das geworden, was du hier vor dir siehst.

Er: (denkt) Ja, 40 Jahre alt und immer noch dumm.

Sie: Du warst ja von Anfang an immer nur mit deinem Beruf verheiratet, mit diesem verdammten Ergeiz.

Er denkt: Ich möchte nicht sehen, wie du reagiert hättest, wenn ich nicht ehrgeizig gewesen wäre und keinen Erfolg gehabt hätte. – Wenn sie doch nur aus dem Zimmer ginge und mich in Ruhe ließe, damit ich weiterlesen kann. Aber sie steht da herum in diesen engen glänzenden Hosen und diesem Hurenhemd darüber. Gott, wie sie mich anödet.

Sie: Nicht *einmal* hast du mich zufrieden gemacht, bis heute. Nicht *einmal.* Und denk' bitte nicht, ich wüßte nicht, warum du dir jetzt ein eigenes Schlafzimmer eingerichtet hast. Halt' mich bitte nicht für so dumm, daß ich dir deine fadenscheinigen Begründungen abnehme: Du wolltest mich morgens nicht stören, da du zwei Stunden früher aufstehst.

Er: (müde-abwehrend) Ich bin ein alter Mann; von mir kannst du nichts mehr erwarten.

Sie: (drohend) Werde nicht unvorsichtig, Chris, ich warne dich. Wenn du so weitermachst, dann wirst du schon sehn, was ich tue. Es gibt immer noch Männer, die in mir eine Frau sehen. Du treibst es so lange, bis ich mich eines Tages vergesse.

Er denkt: Tätest du's nur.

Kommentar

Die Tragödie dieser Ehe: *Sie* sucht wie Semele (unbewußt) einen Jupiter, einen glühenden Allbeglücker, der sie in ihrer ganzen Kühle und gefühlsmäßigen Unbewegtheit in Flammen setzt. *Er* sucht im Grunde »ein Kind, mit dem entzückenden – Wesen einer Mutter« (Curt Goetz), eine Frau, die ihm für seine beruflichen Durchsetzungskämpfe den Rücken freihält, die ihm einen bergenden Hafen bietet und die dabei gleichzeitig ein reizendes Kind ist, dem er sich überlegen fühlen kann, ein Kind, das ihn umspielt und umschmeichelt, ohne ihm je gefährlich zu werden, ohne ihn zu fordern, ohne mit ihm zu konkurrieren.

Wie nun ist es zu dem jetzigen Zustand ihrer Beziehung gekommen? Wie vor allem hat sich die negative Eskalation entwikkelt, die heute die Situation bestimmt?

Sie hat ihn mit ihrer auf Gefühlszuwendung gerichteten Ansprüchlichkeit immer mehr in die Enge getrieben, aus der er sich nicht anders zu befreien weiß, als daß er sich mit *den* Mitteln freizukaufen versucht, über die er verfügt, den materiellen. Durch dieses materielle Mißverständnis (materielle Werte anstelle von Gefühlen) fühlt sie sich noch stärker provoziert, ihn mit ihren emotionalen, erotischen und sexuellen Ansprüchen in zunehmend vorwurfsvollerer Weise zu bedrängen. Gegen diesen Protest richtet sie verletzenden Spott und Hohn in der Hoffnung, ihn dadurch zu mobilisieren. Für solche Kränkungen revanchiert er sich wiederum mit einer Einstellung stillschweigender Verachtung ihr gegenüber.

Wie gestaltet sich die weitere Auseinandersetzung, wenn eine solche Phase feindseliger gegenseitiger Bekämpfung eingetreten ist?

Es kann zu einer weiteren Steigerung der negativen Eskalation kommen, etwa dadurch, daß sie, von einem Rausch der Zerstörung, einer Lust am Untergang gepackt, ihn in eine Situation äußerster Notwehr hineintreibt, eine Situation, die ihm schließlich das Berechtigungsgefühl dafür gibt, sich drastisch gegen sie zu wehren und abzugrenzen – etwa durch eine Trennung oder Scheidung. Nach einer Scheidung würden dann vielleicht beide versuchen, die in dieser Ehe nicht erfüllten Glückserwartungen bei einem anderen Partner zu realisieren. Sie suchte nach dem beglückenden Jupiter, den sie jedoch nicht finden würde, weil es ihn nicht gibt hinieden. Er suchte vielleicht nach der fürsorglichen, einfühlenden Mutter und zärtlichen Kindfrau und geriete dann möglicherweise an eine Art Haushälterin oder Hausdame.

Es kann auch geschehen, daß solche Eheleute den bestehenden Zustand beibehalten und sich arrangieren im Sinne eines durch beiderseitige Resignation bestimmten Nebeneinanderlebens, einer behelfsmäßigen Koexistenz, die durch untergründige Feindseligkeit gekennzeichnet ist.

Es ist schließlich auch möglich, daß beide sich mit Hilfe einer analytischen Psychotherapie darum bemühen, Motive und Ziele der zwischen ihnen sich abspielenden negativen Eskalation zu verstehen, zu verstehen wie sie zustande kommt, und zu entdekken, wie sie zu verhindern wäre und wie die Beziehung in Richtung auf mehr Gemeinsamkeit und gegenseitiges Verstehen gesteuert werden könnte.

6. Die Bedrängende und der Zurückweichende

Er und sie sind seit vier Jahren kinderlos verheiratet. Er wird heute von einer mehrtägigen Geschäftsreise nach Hause kommen. Sie weiß, daß er um die Abendbrotzeit zurück sein wird und hat mit viel Sorgfalt und einigem Vergnügen – sie kocht sehr gern – ein Essen vorbereitet. Sie hat ein neues Rezept ausprobiert, ein Pfannengericht aus Rind- und Schweinefleisch, sehr pikant, mit Roten Beten, Kapern, Gurke und saurer Sahne. Während sie gerade eine besondere Art von Landbrot in Scheiben schneidet, hört sie seinen Wagen vorfahren. Bis dahin hat sie sich ganz wohlgefühlt; jetzt aber wird ihr auf einmal eiskalt. Es schüttelt sie richtig vor innerer Kälte. Sie hört ihn die Treppe heraufkommen. Gleich wird er die Wohnungstür aufschließen und hereinkommen, mit flachem Lächeln, etwas unbeholfen und steif, wenn er auch freundlich sein, sie in den Arm nehmen und ihr ein Mitbringsel geben wird. Ich kann mich auf ihn nicht freuen, denkt sie. Ich kann mich nicht freuen auf diesen ewigen Pubertätsjüngling. Denn so kommt er ihr vor, mit seiner etwas pickligen Haut und seiner Selbstverlorenheit. Außerdem vermutet sie, daß er sich häufiger sexuell selbst befriedigt. Das kränkt sie ungemein. Da ist er auch schon.

Er: (etwas befremdet, weil sie blaß auf dem Küchenstuhl sitzt, anstatt ihm entgegenzukommen. Er streichelt ihr flüchtig übers Haar.) Tag. Da bin ich wieder. Geht es dir nicht gut? Du siehst so blaß aus.

Sie: (krampfhaft lächelnd) Schön, daß du wieder da bist (Dabei denkt sie: Stimmt ja gar nicht!). Wasch' dir schnell die Hände. Wir können dann gleich essen.

Sie fährt mechanisch mit dem Kochlöffel durch das Fleischgericht im Schmortopf. Warum habe ich ihn eigentlich geheiratet, denkt sie. Ich war doch blöd. Er war doch damals schon dieser Pubertätsjüngling. Kein Mann! Nicht mal einen Kuß hat er mir jetzt gegeben! Er hat ja auch schon mal zugegeben, daß er nicht gerne küßt. Und er kann's ja auch nicht. Auch seine Küsse sind flach. Sie seufzt. Ein richtiger Kuß! Sie muß daran denken, wie Helmut Behrens – Behrens' gehören zu den Ehepaaren, mit denen sie Kontakt haben – sie immer halb umarmt, wenn er ihr in den Mantel hilft. Gestern, als sie bei Behrens einen Besuch machte, ohne zu wissen, daß Frau Behrens gerade ein paar Tage verreist ist, hat er sie bei der Gelegenheit zu sich herumgedreht und sie geküßt. Dabei ist ihr ganz warm geworden, während sie jetzt friert. Helmut hatte sie sehr bedrängt, die Nacht bei ihm zu bleiben. Er hatte ihr Komplimente gemacht, die sie einfach bezauberten. Wie hat der Frauenarzt gesagt, der mit Herbert im Kegelklub ist und den sie ab und zu wegen Menstruationsbeschwerden aufsucht: »Um so eine Prachtfrau wie Sie kann man den Herbert schon beneiden.« – Ja, ich bin doch eigentlich auch nett, denkt sie. Sonst würden die es mir doch nicht sagen. Nur Herbert sagt es nie. –

Indessen hat sie das Fleischgericht in eine orangengelbe Schüssel getan und ins Zimmer getragen. Sie hat den Holzteller mit dem Landbrot auf den Tisch gesetzt. Bier eingeschenkt und steht hinter ihrem Stuhl, die immer noch eiskalten Hände um die Lehne geklammert. Er kommt aus dem Bad und setzt sich kurzerhand. Sie setzt sich zögernd.

Er: Es gibt nahher im Fernsehen den Film: Lieben Sie Brahms? Den möcht' ich gern sehn. Und was machst du? Bleibst du zu Haus?

Sie: (einen Augenblick fassungslos, obwohl ihr solche Reaktionen von seiner Seite nicht neu sind. Ihren Ärger mühsam unterdrückend) Du warst eine Woche lang fort. Ich erwarte dich, ich stelle mich auf deine Rückkehr ein, ich probiere für dich ein neues Rezept, ich gehe am Nachmittag zum Friseur und zur Kosmetikerin, ich mache das Kleid, das du neulich zu lang fandest, kürzer und du willst dich ans Fernsehen setzen und legst mir auch noch nahe, den Abend außer Haus zu verbringen.

Er: (ist innerlich entsetzt und erschreckt durch ihren Zorn. Mit solchen Affekten rückt sie ihm viel zu nah auf den Leib. Er läßt gleichsam eine weitere Jalousie herunter, um sich gegen sie zu schützen. Zugeknöpft und steif) Was ist denn dabei, wenn ich diesen Film sehen möchte – und warum soll ich dir nicht die Freiheit lassen, zu tun was *dir* Spaß macht. Und im übrigen, wir sind doch nicht erst seit heute verheiratet; wir waren es gestern und werden es morgen sein.

Sie: (mit wachsendem Zorn) Das hängt noch sehr davon ab: Das will ich dir sagen, wenn du mich heute abend wieder im Bett allein läßt, dann werd' ich es mir in Zukunft nicht zweimal überlegen, wenn ein anderer Mann mich inständig bittet, mit ihm zu schlafen – so wie gestern.

Er: (spürt Mißtrauen und einen Anflug von Eifersucht. Doch die Notwendigkeit, sich gegen ihre Affekte, gegen ihre Zudringlichkeit, wie er es empfindet, abzuschirmen, ist größer. Matt) Wer war es denn?

Sie: Das werd' ich dir nicht sagen. Obwohl du ja geradezu schäumst vor Eifersucht.

Er: Na gut, behalt's für dich.

Sie: Der andere wollte stantepete mit mir ins Bett. Der hat Charme, du müder Schlappschwanz. Wie konnte ich dich nur heiraten. Du läßt mich ja glatt verhungern.

Er: (warum bedrängt sie mich so, warum läßt sie mir keine Ruhe. Vielleicht könnte ich dann eher. Aber sie will mich ja zwingen. – Und er zieht noch eine weitere Jalousie runter. Sein Blick wird immer trüber. – So wie sie jetzt ist, find' ich sie einfach scheußlich. Wie eine läufige Hündin! Und wenn ich durch die Stadt gehe, dann kommt mir fast jede junge Frau verführerisch vor. Komisch!)

Sie: Ich bin eine ganz normale Frau. Ich brauche Kuscheln und Hautwärme und Zusammenschlafen. Ich brauche das! Dr. Weber hat es auch gesagt, und er hat gesagt, er verstünde dich nicht. Er versteht nicht, daß man jemanden wie mich aus dem Bett schmeißt, so wie du neulich.

Er: Aus dem Bett schmeißen! Ich war müde und wollte ganz einfach schlafen.

Sie: Du hast mich richtig grob weggeschubst, nachdem ich dich fast eine Stunde lang streicheln durfte, ohne daß du auch nur einen Finger gerührt hast. Und denkst du, ich merke nicht, wie häufig du dich selbst befriedigst. Ekelhaft!

Er: (ich ertrage das nicht mehr lange. Wenn sie nur aufhörte! Das ist ja gar keine Frau. Das ist eine Bestie, eine Megäre. – Wie war das doch mit den Megären? Sie zerrissen die Männer und tranken ihr Blut. – Er steht etwas schwerfällig auf.) Ich geh' jetzt fernsehen.

Sie rennt ins Schlafzimmer, schließt sich ein, wirft sich aufs Bett, zerwühlt voller Zorn die Kissen und schluchzt heftig.

Kommentar

Auch in diesem Beispiel führt das Verhalten *beider* zu einem verpatzten Abend: Nur ist bei *ihm* deutlicher, vordergründiger, was bei *ihr* versteckter, hintergründiger ist. Man muß sich hüten, ihr Erleben und Benehmen nur als eine verständliche Reaktion auf sein Fehlverhalten anzusehen.

Sie ist genauso an dieser negativen Eskalation beteiligt wie er: Niemals wird einem nur deswegen eiskalt, weil man das kühle Verhalten des anderen in der Phantasie vorwegnimmt. Sie erkaltet vielmehr deswegen, weil sie antizipiert, daß sie ihn wieder dazu bringt, um sie zu werben, weil sie ihn nicht in den Griff bekommt; sie erlebt – natürlich nicht bewußt-reflektiert – in

Reaktion auf diese ihre vorausgefühlte Ohnmacht eiskalte Wut. Er verspürt also etwas Richtiges heraus, wenn er denkt: Warum bedrängt sie mich nur so, warum läßt sie mich nicht los; die will mich ja zwingen! Das ist tatsächlich ihr hintergründiges, ihr selbst nicht bewußtes Motiv: den Mann dazu zu zwingen, um sie zu werben, ihr zu huldigen, ja ihr hörig zu sein; nur dann fühlte sie sich seiner sicher. Dieses Motiv ist die andere hintergründige Seite ihrer Unsicherheit als Frau, ihres Gefühls, nicht liebenswert für Männer zu sein. Das liegt daran, daß sie aufgrund einer gestörten frühkindlichen Entwicklung folgende Fähigkeiten nicht verfügbar hat: Sie nimmt die Regungen des anderen nicht ausreichend wahr, weil sie ihn nicht genügend aufmerksam beobachtet. Außerdem ist sie weitgehend unfähig, aus Beobachtungen Schlüsse auf das Erleben des anderen zu ziehen. Ferner ist sie zu gefühlshafter Initiative nicht in der Lage, d. h. sie kann nicht von sich aus, sondern kann nur re-aktiv ihrer Sympathie Ausdruck geben. Schließlich ist sie auch zu aktiver Einflußnahme unfähig. Sie kann ihn nur maßregeln und bedrohen, nicht aber auf ihre Wünsche umstimmen oder einstimmen.

Aber auch *sein* Verhalten ist nicht bloß als Reaktion auf das ihre zu erklären. Er hält vielmehr von vornherein gefühlshaften Abstand zur Frau. Er ist ein ausgeprägter emotionaler Vermeider, nicht von Natur aus, sondern aufgrund seiner frühen Erfahrungen in der Kindheit. Zusätzlich reagiert er mit verstärktem Gefühlsrückzug auf ihre zwingende Art. Aufgrund seiner Erfahrungen in der frühen Kindheit fürchtet er nichts so sehr wie Nähe zum anderen und besonders zur Frau; denn Nähe bedeutet für ihn, ihm selbst unbewußt, die Gefahr, jede Eigenständigkeit aufzugeben. Er müßte sich dann vorbehaltlos nach der Partnerin richten.

Die negative Eskalation kommt also dadurch zustande, daß sich zwei Eheleute aneinander ihre von früh an gemachten Erfahrungen aufs neue bestätigen. Er beweist sich an ihrem Verhalten aufs neue, daß Frauen fordernde, zwingende Wesen sind, denen gegenüber man gar nicht vorsichtig-reserviert genug sein kann. Sie hingegen erfährt an seinem Verhalten aufs neue, daß sie als Frau nicht liebenswert ist, wenn sie sich auch noch so verzweifelt bemüht.

Wenn beide meinen, zu diesem oder jenem anderen Partner

sei ein befriedigenderes Verhältnis herzustellen, so irren sie sich einfach. Da das Problem in ihnen selbst liegt, würden sich bereits nach kurzer Zeit des Zusammenlebens mit einem anderen die alten niederdrückenden Erfahrungen wiederholen.

7. Die Leidende und der Grobschlächtige

Er kommt abends aus dem Büro nach Hause, schließt sich die Tür auf, hängt Mantel und Hut an den Haken und ruft mit etwas forderndem Unterton: Elfriede! Von ihr keine Antwort. Er reißt die Küchentür auf. Sie steht mit hängenden Schultern und vorgestrecktem Leib am Tisch und schneidet gekochte Kartoffeln in Scheiben, um Kartoffelsalat zu machen.

Sie: (guckt nicht auf, murmelt) N'Abend.
Er: (ärgerlich) Was ist denn mit dir los?
Sie: (kaum verständlich) Mir ist mies. Laß mich?
Er: Wieso denn? Was hast du denn?
Sie: (abwehrend, etwas bockig) Das weiß ich auch nicht, mir ist eben mies. Ich bin nicht in Stimmung.
Er: (schüttelt verärgert den Kopf, verbeißt einen Fluch und geht ins Wohnzimmer. Er dreht das Radio an und bringt die »Musik zum Feierabend«, irgendeinen munteren Krach, auf volle Lautstärke.)

Beim Essen sitzt sie mit leidender Miene da, ißt kaum etwas und guckt nur von ihrem Teller hoch, um zu sehen, ob Inge, die 5jährige Tochter, auch ordentlich ißt. Sie ist sichtlich gequält durch das Radio. Nach geraumer Zeit mit leidender Stimme:

Sie: Muß das so laut sein?
Er: (böse) Anders halte ich deine Trauermiene nicht aus. Ich hab' einen anstrengenden Tag hinter mir und einen anstrengenden vor mir. Und zwischendurch zu Haus – was hab' ich da! Das überleg' dir mal!
Sie: (klagend) Was soll ich denn tun, wenn ich mich so mies fühle? Ich kann doch auch nichts dafür.
Er: Ach, das sind doch nur Launen. Du sitzt eben zu viel herum.
Sie: (kämpft mit den Tränen und wendet sich dem Kinde zu, voll stummen Vorwurfs deswegen, weil er, noch dazu in Gegenwart des Kindes, so ruppig zu ihr ist.)

Komm, Ingelein, nun iß schnell zu Ende, damit du ins Bett kommst.

Er: (lädt sich mit gekränkter Miene noch einmal den Teller voll.)

Kommentar

Wie sich die Szene vordergründig darbietet, mit einer leidenden Frau und einem groben Mann, könnte sie zu voreiligen Bewertungen veranlassen, die der Konfliktlage nicht gerecht würden. Hintergründig geht es bei dieser Auseinandersetzung um Schuldgefühlsprovokation von ihrer Seite und um Schuldgefühlsabwehr von seiner Seite.

Ihr geht es nicht gut' *sie* leidet, aus welchem Grund auch immer. Ihr Leiden steht im Dienst einer unbewußten Intention, der Tendenz, ihm nahezubringen, wie arm sie dran ist und wie sehr er sich um sie kümmern müßte, wenn er moralisch akzeptabel sein will. Ihre ablehnende Einstellung bei der Begrüßung, ihre gequälte Leidensmiene bei Tisch, ihre klagende Stimme, ihr Schweigen auf seinen Vorwurf, sie habe wohl zu wenig zu tun, alles das ist nicht nur Ausdruck ihres schlechten Befindens, sondern soll auch, ihr selbst unbewußt, das Gewissen des Partners wachrütteln, soll Schuldgefühle bei ihm hervorrufen.

Er benimmt sich wirklich grobschlächtig und macht ihr obendrein noch Vorwürfe. Er wird durch ihre Anklagen im Grunde getroffen, d. h. er fühlt sich moralisch verpflichtet, durch sein Verhalten der Partnerin ein ständiges Wohlbefinden zu verschaffen. Wie sollte es aber menschenmöglich sein, dem anderen ständiges Wohlergehen zu garantieren, in jedem Augenblick zu wissen, was er gerade braucht. Wegen dieser auf ihm lastenden unerfüllbaren Verpflichtung entsteht untergründige Feindseligkeit gegen die Frau. Diese Feindseligkeit wiederum führt zu Schuldgefühlen, die höchst unbehaglich sind, besonders deswegen, weil sie den Groll auf ihre Urheberin noch intensivieren. Der Mann gerät dadurch in zunehmende Bedrängnis der Partnerin gegenüber, fühlt sich von ihr mehr und mehr in die Enge getrieben und reagiert darauf im Sinne der Selbstverteidigung mit Grobschlächtigkeit und Gegenvorwürfen. Diese Grobschlächtigkeit gibt der Frau die Bestätigung, daß er ihr unfreundlich gesonnen ist und nicht auf ihr Wohlbefinden bedacht, daß sie an ihm leiden muß.

Die vorhergehende Szene ist demnach das Ergebnis von Interaktionen zwischen einer Frau, die ihre Vorwürfe nicht offen, sondern in der Form von Leiden und Gequältheit ausdrückt, und einem Mann, der sich dadurch in moralische Bedrängnis bringen läßt, aus der er sich mit Hilfe von Indifferenz und Grobschlächtigkeit zu befreien versucht.

Eine Entflechtung einer solchen zwischenmenschlichen Situation ist erfahrungsgemäß recht schwierig. Beide sind ineinander verhakt: Sie hat ihn an der Kette ihres zurückhaltend-demonstrativen Leidens; er versucht, vergeblich, sich durch grobes Um-sich-Schlagen von dieser Kette zu befreien. Eine erste Klärung müßte ihr zeigen, daß sie durch Leiden moralisch zu siegen versucht, und müßte ihm nahebringen, daß er mit seiner groben Art seine Schuld- und Verpflichtungsgefühle zudeckt.

8. Sie kann ihn nicht erreichen

Er und sie sind erst seit kurzem, etwa seit 8 Wochen, verheiratet. Beide studieren noch. Sonntagnachmittag. Sie liegt auf der Liegestatt ihrer möblierten Einraumwohnung, einer Doppelcouch, die nachts als Bett fungiert. Sie raucht Zigaretten und fühlt sich irgendwie leer. Er sitzt an dem einzigen Tisch ihrer Behausung vor aufgeschlagenen Büchern und Tabellen und ist ganz auf diese Dinge konzentriert. Es macht sie ärgerlich und unglücklich, daß er beschäftigt, erfüllt und zufrieden ist, daß nicht *ihre* Person es ist, die ihn beschäftigt, erfüllt und zufrieden macht und vor allem, daß er sich nicht damit beschäftigt, *sie* zu erfüllen und zufrieden zu machen.

Sie denkt vage: Der kümmert sich überhaupt nicht um mich. Ich bin einfach nicht da für ihn. Ich müßte jetzt was sagen, damit er merkt, daß ich da bin. Aber wenn ich was sage, merkt er, wie leer ich bin. Und wenn er das merkt, findet er mich noch weniger interessant. Und außerdem, ich kann erst von mir sprechen, wenn ich weiß, daß der andere sich wirklich für mich interessiert.

Sie fühlt sich zunehmend energielos und resigniert. Sie rutscht immer mehr in sich hinein. Es kommt ihr vor, als ob ihr Körper aus lauter amputierten Gliedern bestünde, aus lauter kleinen Armstumpen. Wenn sie zugreifen will, merkt sie, daß sie keine Finger hat und keine Hände. Sie ist voll ohnmächtiger Wut. Sie möchte auf der einen Seite unbedingt, daß er sich ihr nähert. Auf der anderen Seite möchte sie keinen Finger rühren müssen, damit er es tut. Er soll, er soll nicht mehr in diese Bücher gucken. Sie erträgt es nicht. Schließlich

Sie: Ulrike hat gesagt .....
Er: Mhm
Sie: (gedehnt) Ulrike hat gesagt .....
Er: (guckt hoch.) Nun sag' schon, was diese Zierde der Germanistik, diese Neoromantikerin und Waldläuferin gesagt hat.
Sie: (gleichmütig-langsam) Sie hat gesagt, du bist der Typ des kalten Strebers, der über Leichen geht.
Er: Was für eine Ausdrucksweise! Und diese Dame studiert die deutsche Sprache.
Sie: Und sie hat weiter gesagt, die erste Leiche, über die du gehst, wird meine sein. Interessant, nicht!

Sie spürt dumpf in sich den Wunsch, ihn ärgerlich und wütend zu sehen, zu erleben, daß er die aggressiven Energien, die sie in sich spürt und nicht herauszulassen wagt, an ihr ausläßt; wenn er wütend würde, dann könnte sie sich trauen, wütend zu reagieren. Um Krach zu machen brauche ich eine Geräuschkulisse, denkt sie, ich fühle mich wie ein Körper, aus dem lauter kleine Wülste rauskommen. Ich hab' innen so viel Energie, daß die Wülste sich aufblähen wie Ballons. Ich möchte, daß er hineinpiekt und daß es Pschschscht macht.

Er: Ulrike, diese Stifter-Dame, dieser Nachsommer-Typ. Ein feiner Umgang für dich. Man sollte ihr verbieten, sich um dich zu kümmern.
Sie: (erfreut über seinen Ärger) Das wird schwer sein, sie ist sehr an mir interessiert. Sie findet mich vielschichtig. Dich bezeichnet sie als schlicht.
Er: (ist inzwischen aufgestanden, steht am Fußende der Couch, leicht verstimmt.) Du bist genauso spitz wie deine Nase.
Sie: Ich mag es nicht, wenn man mir sagt, daß ich so aussehe wie meine Eltern.
Er: Wer hat denn von deinen Eltern gesprochen?

Sie: Meine Eltern haben so lange Nasen, das weiß ich doch selbst. Das brauchst du mir nicht noch zu sagen.
Er: (beugt sich über die Lehne eines Stuhls, der am Fußende der Couch steht, auf der sie liegt.) Ich muß mir deine Nase doch noch mal genau ansehen.
Sie: Laß das! Wenn ich liege, laß ich mich gar nicht gerne anguk- ken. Mein Vater hat mal ein Foto von mir gemacht, als ich auf der Couch lag. 14 Jahre war ich alt. Auf dem Bild hab' ich so eine speckige Kinnpartie, richtig eklig. Ich hasse Fett oder Fleisch. Ich möchte einen mageren Körper haben. Ich werde viel zu dick in letzter Zeit. Ab heute werd ich kein Abendbrot mehr essen.
Er: (ärgerlich) Und statt dessen noch 10 Zigaretten mehr rauchen. Du bist schon ein verrücktes Huhn.
Sie: Sag nicht Huhn. Das klingt so feminin, und guck mich nicht so an. Ich fühl' mich wie geschmolzen, wenn du mich so anguckst. Gestern auf der Party sagte jemand zu mir: Eisberg. Dabei fühl' ich mich wie lauwarme Brühe oder Wasser, wo man so reinpantschen kann.

Er setzt sich auf den Couchrand, nimmt ihr die Zigarette aus dem Mund, drückt sie aus und fängt an, sie zu streicheln. Dann steht er auf, schiebt seine Arme unter ihre Kniekehlen und ihren Oberkörper, hebt ihr Federgewicht hoch, setzt sich in den einzigen Sessel ihres Appartements und wiegt sie auf seinen Knien, streichelt und küßt sie. Sie läßt das völlig regungslos über sich ergehen, läßt passiv alles mit sich machen.

Er: Du bist wie so'ne Puppe. Du läßt alles mit dir machen. Wirklich, man hat das Gefühl, man hat 'ne Puppe im Arm. (wiegt sie hin und her) Warum bist du nicht lebhaft?
Sie: (murmelt) Mach mit mir, was du willst, aber verlang nicht, daß ich mich daran beteilige und daß wir dann beide gemeinsam mit mir machen, was *du* willst.
Er: Warum machst du nicht, was *du* willst?
Sie: Ach, das geht nicht. Das durfte ich nie. Als ich Weihnachten bei meinen Eltern war, bin ich doch Silvester bei Rolf und Annette gewesen. Und da bin ich sehr spät nach Hause gekommen.
Er: Na klar, Silvester .....

Sie: Ja, sehr spät, mein Zug nach hier fuhr schon eine Stunde später, und ich hatte großen Durst.

Er: Trinken macht durstig; kennen wir.

Sie: Ja, da bin ich in die Speisekammer gegangen und habe eine Flasche Bier getrunken.

Er: Gezischt.

Sie: Gezischt trifft es besser. Und da erscheint plötzlich meine Mutter, mit grauen Haarsträhnen, im karierten Morgenrock, tiefernst, depressiv und fängt schweigend an, mir eine große Tüte mit Eßkrams zum Mitnehmen einzupacken und dann fragt sie: Hast du noch Brot im Haus? und ich kippe gerade den letzten Schluck Bier und sage: Ah, das tut gut. Und daraufhin wird sie dann ganz tückisch, und ihre lange spitze Nase wird noch länger und spitzer, deswegen weil ich nicht sofort auf ihre Frage nach dem Brot eingegangen bin. Du bist ein ganz ungezogenes Gör, hat sie zu meinen zweiundzwanzig Lenzen gesagt. Da siehst du's. Ich darf eben nicht, wie ich will.

Er denkt: Sie ist wie eine Puppe, wie eine Attrappe, gar nicht wie eine richtige Frau. Aber sie ist auch so reizend und zierlich und apart mit ihren glatten schwarzen Haaren und den schwarzen Augen. Das blonde Busenmädchen Alma fällt ihm ein, deren Schweiß immer etwas nach saurer Milch riecht. Sommerbusen denkt er, wabblig! Nein! Das auch nicht. Dann doch lieber diese hier.

Kommentar

Vielleicht wird manchem das Erleben dieser jungen Frau gar zu abartig, gar zu pathologisch anmuten; nun ist dieses Erleben natürlich nicht gesund, aber deshalb doch nicht abartig im Sinne von: aus der Menschenart schlagend. Diese Frau drückt nur in plastischen Bildern aus, was viele dumpf, dunkel erleben, ohne es anschaulich machen zu können.

Sie ist leer, und es wird auch deutlich, warum: Sie besteht quasi aus Armstumpen, welches Bild besagt, daß sie unfähig ist zuzugreifen, insbesondere unfähig, andere Menschen zu ergreifen; statt dessen fordert sie, vom Partner ergriffen und erfüllt zu werden. Versucht er es dann, so kann sie sich jedoch gefühlshaft nicht ergreifen lassen, sondern läßt seine Zärtlichkeitsbezeigungen bloß passiv über sich ergehen.

Er gibt sich ihren Angriffen gegenüber ein wenig zu gelassen; er bemüht sich zu sehr, die Rolle des Souveränen und Überlegenen zu spielen und durchzuhalten. Dadurch provoziert er sie dazu, noch aggressiver zu werden, um endlich eine Wirkung bei ihm zu erzielen.

So beginnen sich in dieser Beziehung Interaktionen einzuspielen, die gefährlich werden könnten: Sie fühlt sich leer, von ihm alleingelassen und nicht erfüllt – deshalb ist sie ihm gram und macht ihm Vorwürfe – er reagiert darauf betont gelassen und überlegen – das reizt sie wiederum dazu, mit noch stärkerem Geschütz aufzufahren, um ihn zu erreichen und zu treffen und eine, sei es auch aggressive, Reaktion bei ihm hervorzurufen – er versucht, darauf noch gleichmütig–geistreicher zu reagieren.

Aber natürlich ist sie in dieser Szene diejenige, die im Kontakt vergleichsweise gestörter ist. Auch wenn er spontaner auf ihre als Sticheleien getarnten Vorwürfe reagieren würde, wäre für sie noch nicht viel gewonnen. Sie müßte auf jeden Fall versuchen – was wohl nur mit Hilfe einer psychoanalytischen Behandlung möglich wäre – selbst für ihre Erfüllung Sorge zu tragen. Die in ihr Erleben, in ihre inneren Einstellungen und die dadurch bestimmten Verhaltensweisen eingegangene Mutter erlaubt ihr keine eigenständige Befriedigung.

9. Offene Feindseligkeit

Er und sie sind mit dem halbwüchsigen Sohn und der ca. 10jährigen Tochter am Sonntagnachmittag zum Tee versammelt. Die Wohnung ist elegant eingerichtet, das Teegeschirr erlesen, der Tee ebenfalls. Die Atmosphäre ist unfreundlich und kühl.

Sie, in einem sehr eleganten Kleid und angetan mit einer langen Reihe wunderschöner Perlen, sitzt da, den Mund zusammengepreßt, die Mundwinkel heruntergezogen, und rührt betont gelangweilt in ihrer Teetasse. Er sieht unglücklich-bekümmert aus, hockt etwas zusammengesunken in seinem Sessel und bläst Trübsal.

Der Sohn, das lockige Haar ziemlich lang gewachsen, lümmelt sich in seinem Stuhl und zündet eine Zigarette nach der anderen an.

Die kleine Tochter, ein etwas unförmiges Kind mit langen Zöpfen und einem ergebenen Gesichtsausdruck, futtert ein Stück Kuchen nach dem anderen.

Sie: Der Mief in diesem Hause ist unerträglich. Kann mir jemand sagen, warum ich diese Bude nicht verlasse?

Er denkt: Weil du es nirgendwo besser hast. Du wirst dich hüten, fortzugehen.

Sie: (provozierend) Da sitzt du nun und wartest auf den Augenblick, wo du dich in dein Zimmer zurückziehen kannst, um deine Illustrierten und den »Spiegel« zu lesen.

Er denkt: Du hast recht, ich wünschte wirklich, dieser Five o'clock, den du in deinem albernen Snobismus hier eingeführt hast, wäre schon vorbei. – Er spürt eine der Auseinandersetzungen heraufziehen, die sich seit einiger Zeit häufen, und möchte die Kinder entfernen, den Sohn, der bereits die Ohren spitzt, und die kleine Tochter, die ihm leid tut.

Er: (zur Tochter gewandt) Wolltest du nicht ins Kino gehen heute nachmittag – in einen Märchenfilm?

Tochter: (zögert)

Er: (drängend) Hier hast du 10 Mark. Du kannst die Erika von nebenan dazu einladen und von dem Rest könnt ihr euch ein Eis kaufen oder so was.

Er: (an den Sohn gewandt) Warum gammelst du eigentlich die Sonntage immer hier im Hause rum? Warum unternimmst du nichts? Ich in deinem Alter ...

Sohn: Du in deinem Alter hast sonntags HJ-Dienst geschoben. Da gammle ich schon lieber. (Er merkt, daß der Vater ihn gern loswerden möchte und denkt: So billig wirst du mich nicht los). Ich könnte schon was unternehmen. Könnte zum Beispiel noch mit Ulf zum Trabrennen nach Daglfing fahren, aber ich hab' kein Geld.

Er unterdrückt eine Bemerkung darüber, daß das Taschengeld für den Monat schon in der zweiten Dekade verbraucht ist und wirft dem Sohn einen 20-Mark-Schein auf den Tisch.

Sie: Warum willst du denn Heino mit aller Gewalt aus dem Haus treiben. Wahrscheinlich deswegen, weil du weißt, daß *er* mich hier noch am meisten hält.

Sohn: Ein bißchen mehr könntest du schon springen lassen zur Feier des Tages, alter Herr.

Er: (legt noch einen 10-Mark-Schein dazu) Und nun verschwinde!

Er: Daß du auf mich keine Rücksicht nimmst, darüber will ich nichts mehr sagen. Aber in Gegenwart der Kinder könntest du dich wenigstens ein bißchen zusammennehmen.

Sie: Halt' die Kinder nicht für dümmer als sie sind. Meinst du, die merken nicht auch so, was hier los ist? (steht auf, geht zu einer in die Schrankwand eingebauten Bar und schenkt sich einen Cognac ein).

Er: Du fängst wieder früh an mit dem Zeug. Mach' sonst von mir aus, was du willst. Ich hab' es aufgegeben, dich in irgendeiner Weise zu beeinflussen. Nur laß um Gottes willen die Trinkerei!

Sie, höhnisch-lächelnd, schenkt sich einen zweiten Cognac ein, nachdem sie den ersten schnell hinuntergekippt hat.

Er: (erregt) Wenn ich auch sonst zu allem schweige, *dazu* nicht. Wenn du deinen Alkoholkonsum nicht einschränkst, dann laß ich einen Psychiater kommen.

Sie: Was soll er denn tun, dein Psychiater?

Er: Das wirst du dann schon sehn!

Sie: Du wirst es nicht wagen, einen Arzt ins Haus kommen zu lassen, wenn ich nicht will. Im übrigen würde auch ich dem Herrn Doktor einiges zu erzählen haben.

Er steckt sich die vielleicht sechste Zigarette an.

Sie: Du rauchst mal wieder!!! Was würde eigentlich passieren, wenn du *nicht* rauchtest?

Er: Das gehört nicht zur Sache. Wir sprachen über deinen zunehmenden Alkohol-Konsum; und ich möchte dich bitten, zur Kenntnis zu nehmen, daß ich mir das nicht länger mit ansehen werde.

Sie: Es bleibt dir doch gar nichts anderes übrig. Mich hat noch niemals jemand betrunken gesehen. Das müßtest du erstmal beweisen, daß ich trinke.

Er: Das läßt sich leicht beweisen, wieviel Cognac, Bier und Sekt in diesem Hause konsumiert werden. Und im übrigen brauchte man nur deine Leber zu untersuchen.

Sie: (bitter) Was sollte ich denn machen, wenn ich den Alkohol nicht hätte, ohne mein Glas Sekt tagsüber und ohne meine kleine Flasche Pilsner vor dem Einschlafen?! *Du* kümmerst dich doch nicht um mich.

Er: Ich kümm're mich nicht um dich? Wenn ich mich nicht kümmern würde, dann könntest du weder Champagner noch Courvoisier noch Pilsener Urquell kaufen. Das gäbe es dann nämlich in diesem Hause nicht. Das ganze Haus gäbe es nicht. (Er denkt daran, daß dieses Haus ihn bis an die Grenze seiner finanziellen Leistungsfähigkeit belastet hat, eigentlich noch darüber hinaus, und wird deswegen noch erregter.)

Sie: (wegwerfend) Geldverdienen – na ja. Das kannst du. Aber wer kann das nicht? Das können viele! Das ist heutzutage keine Kunst. Du tust es ja auch gern. Es macht dir Spaß. Aber dich wirklich um mich kümmern, mir wirklich helfen, das kannst du nicht. Ein Versager bist du. Du versagst doch völlig. – Versager, sag' ich. (Sie spielt damit auf seine sexuelle Passivität an.)

Er: Das hättest du dir früher überlegen sollen. Ich darf dich nur daran erinnern, wie es früher war! (Er spielt darauf an, daß sie sich in den ersten Jahren der Ehe aus Frigidität gegen die sexuelle Kommunikation eher gesträubt beziehungsweise sich nur widerwillig daran beteiligt hat. Ihr Interesse an sexuellem Zusammenleben ist eigentlich erst dadurch geweckt worden, daß er in dieser Hinsicht desinteressiert wurde und schließlich völlig resignierte.)

Sie: Ich war eben ein unerfahrenes Mädchen, als du mich geheiratet hast, und du hast es unterlassen, mich zu wecken. Du hast nie wirklich was für mich getan und auch heute bietest du mir nichts. Du verlangst, daß ich dein Haus, das dein sogenannter Stolz ist, tipp-topp in Ordnung halte, daß pünktlich ein Essen erster Qualität auf dem Tisch steht und daß ich deine Geschäftsfreunde bewirte. Dafür hab' ich Logis und Kost und dafür behängst du mich mit Kleidern und Klunkern.

Er denkt: Ich möchte mal wissen, was passierte, wenn ich dich nicht mit Kleidern und Klunkern behängen würde. Du weißt ja gar nicht, wie gut du es hast. Undankbare Pute! – Da er sich hier seiner Sache sicher ist, verzichtet er auf eine Antwort.

Sie: (erregt) Du hast es niemals verstanden, mich glücklich zu machen. Du hast mich überhaupt nie verstanden. Du hast dich immer nur für deinen Betrieb interessiert und für dich selbst.

Er gerät dadurch in innere Bedrängnis, ohne genau zu wissen, warum. Er fühlt sich verletzt und gekränkt.

Sie spürt seine Kränkbarkeit und möchte ihn so empfindlich wie möglich treffen.

Sie: Du hast kein Gefühl für mich, kein Verständnis. Ich war ein dummes junges Ding, als du mich geheiratet hast. Ich hab' an dir hochgeguckt, habe dich bewundert, hab' mich in allem nach dir gerichtet, und du, du hast dir das gern gefallen lassen. Es ist dir sehr warm eingegangen. Aber du hast kein Verantwortungsbewußtsein mir gegenüber gehabt. Es hat dich nicht gekümmert, wie *mir* zumute war und was aus *mir* wurde. Du hast mich nie erzogen, nie geführt und nie befriedigt.

Er schweigt in dumpfem Protest. Er möchte sagen, er sei ja schließlich nicht ihr Vater. Andererseits fühlt er sich irgendwie verpflichtet, für seine gesamte Umgebung Vater und Mutter zugleich zu sein.

Sie: O Gott, was bist du für ein unfähiger Trottel. (Sie geht zur Bar und schenkt sich einen weiteren doppelten Cognac ein.)

Er: Mach' von mir aus was du willst, such' dir meinetwegen einen Liebhaber; ich bitt' dich nur um eins: Laß den Alkohol! Eine betrunkene Frau – das ist das Letzte.

Sie: (spürt, daß er an dieser Stelle zu treffen ist und gießt deswegen, in der dumpfen Tendenz, ihn zu verwunden, ihn wenigstens auf diese Weise in Bewegung zu setzen, ihr Glas randvoll. Dann höhnisch) Prost, Eberhardchen, auf dein ganz Spezielles.

Er: (drohend) Du sollst das Trinken lassen, sag' ich.

Sie: (provokativ) Was soll ich denn sonst tun? Wenn ich das hier aufgebe, dann kann ich mich auch gleich umbringen. Aber vielleicht willst du das?

Er: (schreit) Dann trink, trink, trink dich meinetwegen zu Tode.

(steht auf, verläßt den Raum und wirft die Tür ins Schloß)
Sie sitzt da, kippt ihren Cognac hinunter, geht mit schleppendem Schritt zur Bar und schenkt sich wieder ein.

Kommentar

Diese Szene zeigt eine für beide Partner höchst frustrierende Beziehung in einer Phase krisenhafter Zuspitzung. Bei beiden ist es in diesem Zusammenhang zu Störungen von erheblichem Krankheitswert gekommen, bei ihr zu süchtigem Alkoholkonsum, bei ihm zu einer sexuellen Impotenz. Daraus allein erhellt schon die Schwere der hier vorliegenden zwischenmenschlichen Konflikte. Die Auseinandersetzungen der geschilderten Szene zeigen, wie in destruktiver Weise die beiden Eheleute aufeinander reagieren. Ihr geht es offenbar nur noch darum, ihn zu verletzen und zu kränken; er kann trotz seiner Bemühung um Wahrung der Form nicht verhehlen, wie sehr er sie verachtet.

Wie kommt es zu dieser zunehmenden Verstrickung in Kränkung und Gegenkränkung? Auf welche Weise gelingt es ihr, ihn zu treffen und oft bis aufs Blut zu verletzen?

Sie hält ihm ein Bild vor Augen, wonach er ein Mann ist, der sich um seine Frau überhaupt nicht kümmert und der kein Verständnis für sie hat, ein Mann, der eine Frau nicht glücklich machen kann, der sich zwar aufs Geldverdienen versteht, ansonsten aber ein hinterwäldlerischer Trottel und totaler Versager ist. Was soll einer Frau im Zusammenleben mit einer solchen Mißgestalt anderes übrigbleiben, als zum Alkohol zu greifen? Ihr Alkoholkonsum soll ihm sein Versagen immer wieder gleichsam unter die Nase reiben.

An eben dieser Stelle ist er kränkbar und in höchst verletzender Weise zu treffen. Denn im Grunde verlangt er von sich, seine Partnerin völlig zu befriedigen, möchte er anerkannt und bestätigt werden als ein Mann, der total erfüllt und beglückt; so entspräche es seinem idealisierten Bild von sich selbst. Er spürt einerseits den Drang in sich, alles nur irgendwie in seinen Kräften Stehende für sie zu tun, und protestiert gleichzeitig vage dagegen, durch die Erfüllung solcher Ansprüche seine Daseinsberechtigung beweisen zu müssen. Eben wegen dieser Zwiespältigkeit ist er so verwundbar.

Auf welche Weise weiß er umgekehrt sie zu kränken und tief zu verwunden?

Er gibt ihr zu verstehen, daß sie eine Frau ist, die man nicht lieben kann, die nicht fähig ist, bei einem Mann Gefühle in Bewegung zu bringen. Er hält ihr vor Augen, daß sie nicht die Macht hat, einen Mann in einen Liebenden zu verwandeln, daß sie eine Frau ist, der man Pelze und Schmuckstücke zuwirft, anstatt sie zu lieben, die man materiell abspeist. Wenn er ihr direkt empfiehlt, sich einen Liebhaber zu suchen, so sagt er ihr damit, daß sie *ihn* niemals erwärmen oder gar in Flammen setzen wird.

Eben das ist ihre wunde Stelle: Sie verlangt von sich im Sinne einer unabdingbaren inneren Forderung, ihren Partner ständig aufs höchste zu entzücken, ungemein liebenswert für ihn zu sein, eine ständige Quelle von Liebesgefühlen in ihm zu nähren. Das versuchte sie früher dadurch zu erreichen, daß sie sich hingebungsvoll nach ihm richtete und ihn kritiklos bewunderte. Sie verachtet sich dafür, daß sie nicht in der Lage ist, ihn in einen glühenden Liebhaber zu verwandeln. Diese Verachtung ist, gegen sich selbst gewendet, so unerträglich, daß sie sie, um sich davon zu entlasten, im Sinne einer aktiven Externalisierung gegen den Partner richtet: Nicht *ich* versage, wenn ich ihn nicht in einen Liebhaber verwandeln kann, sondern *er* versagt, weil er unfähig ist zu lieben. Er ist schlechthin liebesunfähig und dadurch wird nur allzu klar, warum selbst eine Frau wie ich aus ihm keinen Funken schlagen kann. – Tatsächlich ist *sie* nicht fähig, eigene Hingabegefühle zu entfalten. Das damit verbundene kränkende Insuffizienzgefühl kann sie sich nur dadurch erträglich machen, daß sie *ihn* zu einem in dieser Hinsicht Versagenden abstempelt.

Die negative Eskalation zwischen den beiden kommt dadurch zustande, daß beide mit nachtwandlerischer Sicherheit das glorifizierte Bild, das der andere von sich hegt, quasi zerkratzen und zerstören und damit das Selbstwertgefühl des anderen schwer lädieren. Der Mensch kann ohne Selbstbejahung nicht leben und wird deswegen danach trachten müssen, die Bedingungen, die er sich selbst in bezug auf seine Selbstbejahung stellt, zu erfüllen, mögen sie gesund oder krankhaft sein. Vom anderen bewiesen zu bekommen, daß man diese Bedingungen nicht erfüllt, bedeutet daher eine Katastrophe. Es bedeutet eine mehr oder weniger tödliche Kränkung und löst verzweifelte Notwehraggressionen aus. So kämpfen beide schließlich miteinander gleichsam um ihre Existenzberechtigung, und die Auseinandersetzung bekommt dadurch die Züge eines Ringens auf Leben und Tod.

C. Illusionäre Erwartungen

1. Die Wunschliste

Er und sie – seit kurzem verheiratet. Beide sind berufstätig. Der erste gemeinsame Urlaub nach der Heirat. Er ist recht zufrieden. Sie wohnen in einem behaglichen alten Hotel. Er hat alte Häuser und alte Möbel gern. Sie ist eine hübsche junge Frau, mit einem Koffer voll schicker, von ihr selbst verdienter Kleider. Er hat hübsche junge Frauen in schicken Kleidern gern, besonders, wenn die Frauen die Kleider selbst bezahlt haben, und er ist sehr zufrieden damit, nun ein solches Wesen immer zu seiner Verfügung zu haben. Zwar hat er sich mit der Heirat nicht sonderlich beeilt. Er hielt über viele Jahre den ledigen Personenstand entschieden für vorteilhafter; denn er war weniger kostspielig, machte weniger Scherereien und vor allem – das war ihm freilich nicht bewußt – er verführte einen nicht ständig dazu, sich weichen Gefühlen zu überlassen und so in Gefahr zu geraten, ein Häufchen Watte zu werden, das eine Frau beliebig knautschen konnte.

Es hatte ihn einige Mühe gekostet, diese Heirat zustande zu bringen. Denn auch sie hatte sich ziemlich zögernd verhalten. Und gerade das hatte ihn für sie eingenommen. War eine Frau einmal aktiv auf ihn zugegangen, so hatte er stets in größter Eile zum Rückzug geblasen. Als eine schon nicht mehr ganz junge, wenn auch sehr gepflegte Dame partout nicht locker lassen wollte und ihn mit Briefen bombardierte, hatte er diese Schreiben schließlich gar nicht mehr geöffnet, sondern sie kurzerhand zurückgehen lassen, nachdem er hinten auf dem Umschlag vermerkt hatte: The rest is silence. Da sie Auslandskorrespondentin war, konnte er ihr das englische Zitat zumuten. Sie hatte auch schon beim dritten Male verstanden. Die Frau, die er schließlich heiratete, war vorsichtiger und zurückhaltender. Sie hätte niemals einen Brief geschrieben, wenn sie nicht einigermaßen sicher sein konnte, daß der Empfänger ihn wohlwollend aufnähme.

Er fühlte sich also ganz behaglich an ihrer Seite und war insbesondere froh, daß die anstrengende Zeit des Werbens nun vorbei war, die Zeit der Bemühung, der Fleurop-Sendungen, der Bonbonnieren und Buchgeschenke, des guten Zuredens und der Komplimente. Er war froh, daß er nun den Trauschein in der Tasche hatte und sie verbrieft und besiegelt die Seine war. Gleichsam mit einem Seufzer der Erleichterung ließ er sich wieder in seine Junggesellengewohnheiten zurückfallen. Sie reagierte darauf zunächst mit Schweigen.

Eines Morgens beim Frühstück auf der Hotelterrasse. In der Sonne ist es schon recht behaglich. Der alte Glyzinienbaum, der mit seinen Ästen die bauchig gebogenen Stäbe des Terrassengitters umklammert, hat angefangen zu blühen. Im Garten unten leuchten die Forsythien. Sie sitzen sich gegenüber. Er steht auf dem Standpunkt, daß nur kleine Kinder Bedienung brauchen, und folgt bei Tisch dem Prinzip des do-it-yourself. Wenn zum Beispiel der Brotkorb auf der entgegengesetzten Seite des Tisches steht, von ihrem Platz leicht zu erreichen, dann legt er sich lieber mit dem ganzen Oberkörper über den Tisch, um den Korb an sich heranzuholen, als daß es ihm einfiele, sie um diese Handreichung zu bitten. Er hat es auch nicht gern, wenn sie ihm Kaffee einschenkt. Er tut es lieber selbst. Sie erlebt das mit geheimer Mißbilligung, weiß aber noch nicht recht, wie sie ihm das nahebringen soll. Sie hat schon erfahren, wie empfindlich er auf jede, wie er dann sagt, pädagogische Beeinflussung reagiert.

Sie legt ihre Serviette beiseite, schenkt sich noch eine Tasse Kaffee ein, steckt sich eine Zigarette an und lehnt sich in ihrem Stuhl zurück.

Sie: Weißt du auch, was am nächsten Mittwoch ist?
Er: Nee, was ist denn da?
Sie: Es ist ein ganz besonderer Mittwoch.
Er: Nun mach' es nicht spannend!
Sie: Es ist mein erster Geburtstag als Ehefrau. Hast du wahrscheinlich vergessen.
Er: Nein, hätt' ich nicht. Das steht bestimmt in meinem Kalender. (zieht den Kalender aus der Tasche und zeigt ihr stolz das rotumrandete Datum: 12. April) Was wünschst du dir denn?
Sie: (zögert.)
Er: Am besten, du schreibst deine Wünsche auf – eine Liste so von fünfzig bis hundert Mark.

Sie: (mit leichtem Kopfschütteln) Ich weiß nicht, das finde ich gar nicht schön, so ein Wunschverzeichnis. Gut, wenn es sich um notwendige Anschaffungen handelt, im Haushalt oder so. Aber zum Geburtstag – da laß ich mich doch lieber überraschen.

Er: (unwillig) Und nachher ist es dann nicht das Richtige. Nee, nee, schreib das nur auf! Dann gibt es keine Enttäuschungen. Oder soll ich dir Geld geben und du kaufst dir selber was? Das geht natürlich auch.

Sie: (abwehrend) Also das wär' das Letzte!

Er: Mein Vater hat meiner Mutter grundsätzlich nur Geld geschenkt zu Weihnachten und zum Geburtstag. Allerdings war es nie genug, nach Meinung meiner Mutter.

Sie denkt an die Eindrücke, die sie von der Ehe seiner Eltern gewonnen hat und schweigt lieber still.

Am Morgen des nächsten Tages.

Er: (auf die Bettsituation am Vorabend anspielend, wobei er ihre Hand tätschelt) War's schön gestern abend?

Sie: (zögernd) Hmm, war ganz schön.

Er: Na, so sehr begeistert klingt das ja nicht gerade. Du mußt mir sagen, wenn dir was fehlt – und was du anders haben willst. Kannst du ohne Bedenken tun.

Sie: Ach, alles erst sagen? Vielleicht, wenn du mich noch ein bißchen besser kennst . . .

Er: (etwas beunruhigt wegen ihrer offenbar nicht sehr großen erotischen Befriedigung) Nein, nein, ich finde es besser, wir klären das gleich. (nach kurzem Überlegen) Ich hab's, am besten, du schreibst nach jedem Beisammensein in Stichworten auf, was dir nicht gefiel und wie du es dir anders vorstellst.

Sie: (nun hell empört) Also jetzt reicht's mir aber! Du willst eine regelrechte Gebrauchsanweisung für den Umgang mit meiner Person haben. »Bei genauer Befolgung dieser Empfehlungen ist reibungsloses Funktionieren unseres Markenartikels gewährleistet.« Nee, nee, mein Lieber, die geb' ich dir nicht. Das mußt du schon selber rausfinden.

Er: (nun gleichfalls entrüstet) Du willst also, daß ich dir die Wünsche von den Augen ablese. Du bist ja ganz schön anspruchsvoll. Das hätt' ich nicht gedacht. Du gehörst ja in psychotherapeutische Behandlung.

Kommentar

Hier handelt es sich um zwei Eheleute, die sich in ihrer Wesensart scheinbar entsprechen: Beide sind vorsichtig, in Gefühlsäußerungen zurückhaltend und weitgehend selbständig.

Trotzdem stimmt es nicht recht mit den beiden: Jeder hat nämlich trotz äußerer Ähnlichkeiten seine ganz besonderen Wünsche und Erwartungen. *Sie* erwartet Einfühlung von ihm, bis hin zum Erraten ihrer Wünsche und Bedürfnisse im materiellen ebenso wie im erotisch-gefühlshaften Bereich. Sie möchte einen permanenten zarten Liebhaber. *Er* dagegen erwartet eine auf allen Gebieten nüchterne Frau, die immer genau sagt, was sie gerade will und was ihr abgeht, eine Frau, die es ihm erspart, sich viel Gedanken über sie zu machen, die mühelos überschaubar ist, mit einem Wort: mit der leicht umzugehen ist.

Das Ergebnis der beidseitigen Erwartungen gegenüber dem Ehepartner ist Passivität im zwischenmenschlichen Gefühlsbereich. *Er* ist zu passiv, um sich in sie einzufühlen, um sich Gedanken über ihre Wünsche zu machen und sich vorzustellen, was sie im Materiellen wie im Gefühlshaften wohl erfreuen könnte. *Sie* ist zu passiv, um seinem Verstehen eine Brücke zu bauen. Sie unterläßt es völlig, ihm während des Liebesspiels oder hernach wenigstens anzudeuten, wie sie es denn möchte.

Solche Passivität im Gefühlsbereich ist, zumindest in unserer Kultur, bei Mann und Frau leider sehr verbreitet: Wenigen nur macht es Freude, auf diesem Gebiet erfinderisch zu sein, sich Gedanken zu machen, wie man den Partner verstehen, sich an seine Stelle versetzen und wie man sich ihm verständlich machen, ihm helfen kann, die eigene Befindlichkeit zu erkennen. – Eine der Bedeutungen der Vorsilbe ver- ist die der Stellvertretung, zum Beispiel in den Worten versetzen, vertreten, verstehen.

Daß es sich nicht um eine Passivität handelt, die durch einen bloßen Willensakt zu überwinden oder durch einen guten Vorsatz schnell zu ändern ist, dürfte evident sein. Beide können nicht aus sich herausgehen und sich in den anderen eindenken oder einfühlen. Dieses Unvermögen ist durch (unbewußte) Ängste bedingt, die aus frühkindlichen Entwicklungsstörungen resultieren. *Er* muß befürchten, daß er sich entgrenzte und in lauter Weichheit und Nachgiebigkeit gleichsam verlöre, falls er sich einfühlte. *Sie* würde, wenn sie sich mehr verständlich machte, aus sich heraustreten müssen und gäbe dabei die bergende Festung ihrer Distanziertheit und Reserviertheit auf. In solchen Fällen kann oft nur eine psychoanalytische Behandlung helfen.

2. Die geplatzte Illusion

Er und sie sitzen im Auto; sie haben eine Einkaufsfahrt in eine benachbarte Großstadt hinter sich; ihre vier Kinder werden inzwischen von einer Tante betreut. Sie ist sehr vergnügt, ist in bester Stimmung. Sie haben die von ihr zusammengestellte Einkaufsliste zu einem guten Teil erledigen können. Da sie, vorsichtshalber, ihre eigenen Wünsche vorangestellt hatte, so liegen jetzt hinten im Fond, hübsch verpackt, ein Paar rote Stiefel für das feuchte Wetter, ein finnisches Hemdkleid aus leichter Wolle in kräftigen Farben, ein Hauskasak, türkisfarben mit rosa Bordüre, zur Hose zu tragen, eine Kaffeekanne aus roter Emaille, ein Modeschmuck. Um das von ihm Gewünschte einzukaufen, reichte die Zeit nicht. »Wir fahren ja im nächsten Monat wieder nach Hannover«, hatte sie ihn getröstet. »Das Geld wär' jetzt sowieso etwas knapp.« So hat er das Freizeithemd nicht bekommen, ebensowenig wie den elektrischen Fräser und wie die anschraubbare und in alle Richtungen verstellbare Lampe für seinen Arbeitstisch.

Sie fahren bei Dunkelheit auf einer Bundesstraße, die feucht ist und teilweise – infolge absinkender Temperaturen – etwas glatt. Er sitzt am Steuer und muß sich sehr konzentrieren, was seine trübe Stimmung nicht eben aufheitert. Sie schwärmt indessen von ihren Einkäufen und von dem eleganten Café, in dem sie Tee getrunken haben. Sie neckt ihn in mutwilliger, manchmal leicht boshafter Weise.

Sie: Die roten Stiefel finde ich fabelhaft. Sie passen in der Farbe genau zu meinem Regenmantel. Das Kleid ziehe ich an, wenn wir am nächsten Sonntag zum Cocktail zu Bahrs gehen. Paß auf, Herr Bahr kriegt Glubschaugen, wenn er mich darin sieht. Freust du dich, daß du eine so schicke Frau hast?

Er: (guckt angestrengt geradeaus und denkt daran, daß sie die Nachthemden aufträgt, die sie vor einiger Zeit von ihrer verstorbenen Patentante geerbt hat – Tante-Lina-Nachthemden aus rosa oder hellblauem Barchent – und daß sie sich im Bett auch so verhält, wie rosa und hellblauer Barchent. Er denkt daran, daß immer ein Kleid, ein Pullover wichtiger ist, wenn er einmal anregt, daß sie sich ein reizvolles Nachthemd kaufen solle, ein durchsichtiges. Er hat ihr heute in einer Auslage eines gezeigt. Es hatte die Farbe von hellem Flieder, war irgendwie mit Spitzen garniert und gar nicht besonders teuer. Aber sie hatte ihn gleich weitergezogen zu den Fenstern der Damenkonfektion.)

Sie: Jetzt fehlt mir nur noch ein rotes Hütchen zu meinen Stiefeln – so ein Lackhütchen. Was meinst du, Schatz?

Er: (hat gerade an den elektrischen Fräser gedacht, den er für seinen Bastelkeller so nötig braucht, und brummt etwas Unverständliches.)

Sie: (fährt munter fort, wobei sie die Zeichen seines Unmuts zum Teil nicht wahrnimmt, zum Teil nicht wahrhaben will.) Wir sollten viel häufiger nach Hannover fahren. Ich finde überhaupt, du könntest deiner lieben jungen Frau etwas mehr bieten. Woll'n wir nicht im nächsten Jahr ein Theaterabonnement in Hannover nehmen? Die haben doch viel bessere Inszenierungen als unsere doofe Provinzbühne.

Er: (denkt gerade daran, daß er sich in diesem Jahr keine Spikesreifen hat kaufen können, weil sie unbedingt einen neuen Wintermantel brauchte. Unwirsch)
Ich finde, du könntest deine Wünsche allmählich ein bißchen zügeln. Ich bin doch kein Großverdiener.

Sie: (krault ihm den Nacken.) Mein armes, süßes Männchen, muß immer Geld ranschaffen für Frauchen und für die lieben Kleinen. Aber mein Männchen sagt doch immer, daß ihm das eine ganz ganz große Freude ist.

Er: (macht seinen Nacken ganz steif.) Laß die Albernheiten, ich muß mich auf's Fahren konzentrieren, das ist kein Spaß bei der Glätte. Und wenn es dich interessiert – Ehemann zu sein ist auch nicht immer ein Spaß.

Sie: (krault ihn weiter) Zehn Jahre zieht es nun schon den Ehekarren, das wackere Männchen. Armes Männchen! Zehn Jahre leidet es nun schon an dem bösen Frauchen.

Er: (schüttelt mit einem Ruck ihre Hand ab. Bitterböse) Allerdings, meine Liebe, allerdings! Wenn du etwa meinst, diese 10 Jahre waren ein einziges Honiglecken für mich, dann bist du reichlich schief gewickelt. Du bildest dir wahrscheinlich ein, es wäre ein reines Glück, mit dir verheiratet zu sein.

Sie: (ist erschrocken und verstört, weil sie ihn so gar nicht kennt und die vorangegangenen Zeichen seines Unmuts nicht ernstgenommen hat.)

Er: Du bist so lange zufrieden, wie du mich vor deinen Wagen spannen kannst. *Meine* Wünsche interessieren dich überhaupt nicht. Wenn ich nur ans Bett denke! Immer zu müde, immer vorwurfsvoll, immer dieses: Ich muß morgen wieder früh raus. Und dann diese verdammten Tante-Lina-Nachthemden!

Sie: (hat angefangen zu weinen, wimmert in sich hinein. Nach einiger Zeit) Du hast mich erschreckt. Du bist rücksichtslos. Du bist lieblos. So kenn' ich dich ja gar nicht. Ich wollte doch nur Spaß machen, wollte dich aufheitern. Und du wirst so böse.

Er: (unmutig) Ach, laß das Flennen.

Sie: Lieblos bist du, lieblos.

Er: (spürt so etwas wie ein schlechtes Gewissen und schluckt die Antwort hinunter, die er auf der Zunge hat. Er guckt verbissen geradeaus und sagt während der weiteren Fahrt kein Wort.)

Kommentar

Ein lange unterdrückter und aufgestauter Unmut macht sich bei ihm Luft: Er fühlt sich nicht zum erstenmal zu kurz gekommen. Besonders häufig fühlt er sich leer ausgehen, wenn er erotische und sexuelle Wünsche hat. Der Satz: »Meine Wünsche interessieren dich überhaupt nicht« enthält die Quintessenz seiner Vorwürfe.

Dieser Vorwurf ist zweifelsohne nicht unbegründet. *Sie* ist – zumindest auch – egozentrisch und, nur an sich denkend, nicht bereit, seine Wünsche ernstzunehmen. Daß der Ehemann mißmutig werden könnte, wenn bei einem Einkauf sie alles, er nichts bekommt, dieser Gedanke taucht bei ihr gar nicht auf. So wie sie auch nicht im Traum daran denkt, daß er unzufrieden mit ihr sein könnte. Er kann sich, davon ist sie überzeugt, gar nicht glücklich genug schätzen, eine Frau wie sie zu haben, die alles Tun auf ihn bezieht, doch immer nur an ihn denkt, bemüht ist, ihm eine Quelle reiner Freude zu sein. Denn sie macht sich ja nur seinetwegen hübsch, ist seines Prestiges willen auf Partys amüsant. Für ihn führt sie einen Haushalt, der sich sehen lassen kann. So erlebt sie sich gerade als besonders auf ihn bezogen und merkt nicht, daß sie ihre Bemühungen in den Dienst ihrer Ich-Ideale stellt, daß sie versucht, ihrem eigenen Leitbild gerecht zu werden und nicht seinen Gefühlen und Wünschen. Um so entsetzter ist sie dann, um so mehr fällt sie aus den Wolken ihrer Ichidealbezogenheit, als es aus ihm herausbricht, wie wenig er sich von ihr geliebt fühlt, als sie merkt, daß sie nicht das reine Glück für ihn verkörpert.

Aber auch *er* hat sein gerüttelt Maß Anteil an dieser Entwicklung der ehelichen Beziehung. Er beansprucht nicht mehr und nicht weniger, als daß sie an seiner Statt sich für seine Wünsche interessiert. Er hat in ihr durch scheinbar kritiklose Bejahung die Illusion genährt, daß sein Glück darin beschlossen sei, sie zur Frau zu haben, daß er darüber hinaus keine Wünsche und Bedürfnisse habe, sondern im Besitz einer solchen Frau wunschlos glücklich sei.

Sie ist ichidealbezogen und nimmt ihn und seine Bedürfnisse zu wenig ernst. *Er* verweigert ihr Kritik, das Stimulans jeder zwischenmenschlichen Beziehung, und nährt auf diese Weise ihre Illusionen. Sein Ausbruch und ihre Erschütterung darüber könnte der Beginn einer fruchtbareren Beziehung sein.

3. Der Weltverlorene und die Hungrige

Er und sie sind jung verheiratet. Am Abend. Er nimmt eine Konzertsendung auf Tonband auf. Sie hockt mit untergeschlagenen Beinen in einem Sessel und strickt. Zunächst haben sie sich noch unterhalten. Inzwischen hat er sich eine Zeitschrift über Elektrobastel-Technik genommen und sich darin festgelesen. Es sieht so aus, als ob er nichts hörte und sähe von allem, was um ihn geschieht. Sie beobachtet ihn mit zunehmender Beunruhigung.

Sie: Schatz!
Er: (schweigt.)
Sie: (etwas dringlicher) Liebling, hör doch mal!
Er: (freundlich-abwehrend) Mmmmhm
Sie: (noch drängender) Wo bist du denn eigentlich, Schatz! Du hörst ja gar nicht hin.
Er: (brummt undeutlich und abwehrend so etwas wie) . . . mich in Ruhe.
Sie: (wirft das Strickzeug hin, rutscht aus ihrem Sessel und kauert sich vor seinen Stuhl.) Was liest du denn da eigentlich? Das ist ja schrecklich, wie abwesend du bist. Ich fühle mich ganz alleingelassen.
Er: (guckt ärgerlich über seine Zeitschrift auf die Kauernde.) Bei dir kann man nicht mal 'ne halbe Stunde ruhig lesen.
Sie: (eigensinnig) Nicht am Abend, wo du doch den ganzen Tag schon nicht hier bist! Abends brauch ich dich.
Er: (zieht sich spürbar in sich zurück.) Ich brauch' meine Ruhe nach dem Rummel den ganzen Tag.
Sie: (spürt beunruhigt seinen Rückzug, geht auf die Knie, rutscht nahe an ihn heran und legt die Arme um ihn.) Du läßt mich viel zuviel allein, und du küßt mich auch viel zu wenig. Und ich, ich mag dich so gern. (Sie legt den Kopf zwischen seine Oberschenkel und versucht, mit den Händen unter sein Hemd und auf seine Haut zu gelangen.)
Er: (ärgerlich) Alles zu seiner Zeit, Ute. Du merkst doch, daß ich jetzt nicht mag.
Sie: (murmelt, während sie ihm über den Rücken streichelt und den Kopf tiefer in seinen Schoß bohrt) Ich möchte aber.

Er zieht sich auf der einen Seite noch mehr in sich zurück, auf der anderen Seite weckt ihr Streicheln angenehme Empfindungen auf seiner Haut, denen er sich mehr und mehr, selbst ganz passiv, überläßt.

Sie hat sich inzwischen auf seine Knie gesetzt, vergräbt ihr Gesicht an seinem Hals und küßt ihn intensiv und eindringlich.

Er sinkt immer mehr in seinen Sessel zurück und überläßt sich den von ihr ausgelösten Hautempfindungen, wobei er die Partnerin selbst seiner Aufmerksamkeit noch mehr entgleiten läßt. Er ist sozusagen ganz Haut, in einer selbstbezogenen und weltverlorenen Weise.

Sie: (murmelt zärtlich) Mein Liebling, mein Süßer, mein Pfefferkuchenmännchen, mein Eichhörnchen, mein Seepferdchen ...
(hat inzwischen sämtliche ihr erreichbaren Knöpfe an seiner Kleidung aufgenestelt und versucht, ihm die Sachen abzustreifen.) Komm, Süßer, komm doch, komm auf die Couch, da haben wir's bequemer.

Er läßt sich von ihr hochziehen und läßt es geschehen, daß sie ihn auszieht und dabei von oben bis unten abküßt. Er läßt sich auf die Couch fallen und zieht eine Wolldecke über sich.

Sie zieht sich in großer Eile und glühend vor Ungeduld ebenfalls aus, schlüpft unter die Decke und schmiegt sich an ihn.

Er hat die Augen geschlossen mit dem Gesichtsausdruck eines wohlig-müden Säuglings.

Sie streichelt ihn unaufhörlich in einer besitzergreifenden Weise. Sie möchte, daß jedes Areal seiner Haut auf sie reagiert, ihr gehört. Außerdem gerät sie zunehmend in sexuelle Erregung, mit der er jedoch nicht korrespondiert. Denn er verliert sich mehr und mehr an das von ihr ausgelöste Hauterleben. Sie ist für ihn sozusagen eine Streicheleinrichtung und keine Partnerin.

Sie wird aus einem zunehmenden diffusen Gefühl ohnmächtiger Verzweiflung heraus immer drängender. Sie gleitet mit den Lippen über die Haut seiner Brust, faßt mit den Zähnen hinein, erst ganz zart, dann etwas stärker und saugt sich regelrecht fest.

Er erlebt das zunächst noch als angenehm.

Sie gräbt ihre Zähne tiefer in seine Brust und fängt an zu beißen, erst leicht, dann fester und plötzlich, unter der Einwirkung hochschießender Wut deswegen, weil er ihrem Begehren unerreichbar bleibt, ganz fest, so fest, als wollte sie wirklich ein Stück aus ihm herausbeißen.

Er wird durch den plötzlichen Schmerz aus seinem süßen Dämmern gerissen und erlebt das Gefühl einer unmittelbaren Bedrohung durch einen raubtierhaften Zubiß. Unbedingt will er sich dieser Bedrohung entziehen, greift in ihre offenen halblangen Haare und reißt ihren Kopf von seinem Körper weg in ihren Nacken, so heftig, daß es in ihrer Halswirbelsäule knackt.

Sie: (nunmehr gleichfalls erschreckt und jäh ernüchtert, entwindet ihren Kopf seinen Händen. Empört) Was fällt dir ein!

Du hättest mir das Genick brechen können. (Sie reibt sich den Nacken, tut sich selbst leid und beginnt zu weinen.) Gemeiner Kerl, ich hab' dich gern, ich bemüh' mich um dich, ich streichle und küsse dich, und du brichst mir zum Dank den Hals. Gemein, gemein, gemein! (trommelt dabei mit den Fäusten auf ihre Knie)

Er: Wenn du mich halb auffrißt mit deinen scharfen Zähnen! Sieh dir das an ... (Er zeigt etwas wehleidig auf eine sich rötlich verfärbende Stelle auf seiner Brust.) Sieh dir das an! Und du willst mich lieben! Du willst ja nur deinen Willen haben, du Bestie.

Sie: Andere Männer wären stolz auf so was, richtige Männer. Du müder Säugling du. Ich kann es nicht ertragen, ich kann es nicht. (läuft schluchzend aus dem Zimmer und schließt sich im Bad ein)

Er hockt auf der Couch, mürrisch und müde. Er schlägt sich die Decke um die Hüften, schlurft ins Schlafzimmer, läßt die Decke vor dem Bett auf die Erde fallen, steigt in seinen Schlafanzug, legt sich ins Bett, rollt sich auf die Seite, die Bettdecke hoch über die Schulter gezogen, und ist schon eingeschlafen, als sie, immer noch schluchzend und tief gekränkt, ins Bett steigt und vergeblich versucht, Schlaf zu finden. Schließlich steht sie nochmals auf, holt sich eine Schlaftablette und versucht, sich auf die Lektüre eines Bändchens mit spanischen Liebesgeschichten zu konzentrieren, was ihr jedoch nicht recht gelingt. Allmählich beginnt das Schlafmittel zu wirken, und sie schläft ein.

Kommentar

Eine sexuelle Beziehung scheitert, weil bei beiden Eheleuten sich etwas anderes vordrängt und durchsetzt als liebevoll auf den anderen bezogene Sexualität.

Gerade die körperliche Nähe weckt oft Impulse, die sonst im Leben des Betreffenden verdrängt, beiseite geschoben, nicht beachtet werden. Regungen setzen sich durch, die wenig oder gar nichts zu tun haben mit den in der Situation liegenden Möglichkeiten. In der Situation liegt: einander Lust und Freude bereiten, im Gefühl zum anderen hinströmen und des anderen Gefühle aufnehmen und erwidern, Zärtlichkeiten austauschen in Worten und im Streicheln, den anderen berühren und erregen wollen und selbst sich berühren und erregen lassen, mit einem Wort: ein intensiver Gefühls- und Empfindungs*austausch*, eine »Orgie« in emotionaler und sensorischer Interaktion.

Nichts dergleichen geschieht bei dem jungen Paar: Zum Austausch sind sie beide nicht fähig, beide sind zu unbezogen, zu narzißtisch dazu, aber jeder aus anderen Gründen: Bei *ihr* werden in der intimen Begegnung sonst unterdrückte, in archaischer Form bereitliegende Bedürfnisse wach. Sie will ihn vereinnahmen, in Besitz nehmen, er soll ihr gehören. Dieses Bedürfnis steigert sich, nicht zuletzt stimuliert durch seine passive Resistenz, sein Widerstreben, sich im Gefühl und Empfinden mitreißen zu lassen, so weit, daß sie ihn buchstäblich in Besitz nimmt: Sie beißt zu, als ob sie ihn fressen wollte (Fressen als Urform der Besitzergreifung).

Bei *ihm* werden Wünsche nach angenehmem Hauterleben geweckt, Wünsche, sich völlig zu verlieren, ohne jeden Bezug zum anderen, ohne Gespür für das, was den anderen bewegt. Er fühlt keinen Wunsch, selbst zärtlich zu sein, selbst sexuell zu begehren; er ist nur auf narzißtische Lust eingestellt und daher ohne Antennen für ihre zunehmende Erregung und die Gefahr, die ihm von daher droht.

Es wäre noch zu ergänzen, daß *sie* in den sonstigen Lebensbereichen zu wenig »zubeißen«, zu wenig auf ihre Interessen und Vorteile bedacht sein kann. *Er* ist in allen sonstigen Bezügen, besonders auch im Beruf, zu wenig um die eigene Befriedigung, vielmehr ängstlich um die der anderen bemüht. Dem entsprechen bestimmte Wertsetzungen: Für sie ist Verzichteinstellung ein Zeichen inneren Adels; in seinem Mund ist Egoismus eine harte Beschimpfung.

In der lockernden Atmosphäre einer intimen Situation setzen sich die sonst verachteten Impulse ungesteuert durch und beherrschen die Szene.

4. Der Begehrliche und die Ermüdete

Abends, etwa um 23.00 Uhr. Er liegt schon im Bett und liest noch. Sie geht die Treppe zum Schlafzimmer hinauf, ein wenig trotzig-gespannt. Ihre Haltung und ihr Gang drücken, ohne daß ihr das bewußt wäre, in etwa aus: Das wollen wir doch mal sehen! Bewußt denkt sie: Du liebe Zeit, schon wieder so spät! Und morgen wieder um halb sieben raus. Hab' ich eigentlich Ulrichs Rechenheft durchgesehen? Total verschwitzt. Muß sehen, daß ich das morgen früh schaffe. Peters Stirn war ein bißchen heiß heut' abend. Hoffentlich wird er nicht krank. Das würde mir grade noch fehlen.

Er: (hört sie heraufkommen und ruft) Du, bring mir doch bitte noch ein Glas Cola mit rauf.

Sie: Coca-Cola, so'n Blödsinn abends spät, das macht dich doch viel zu munter ... (kehrt unwillig auf der Treppe um und holt das gewünschte Getränk)

Sie: (hat sich inzwischen ins Bett gelegt mit einer halb leidenden, halb verkniffenen Miene. Sie dreht ihm den Rücken zu und sagt über die Schulter) 'Nacht, schlaf gut.

Er: (schielt nachdenklich zu ihr hinüber, greift dann nach dem Cola-Glas, trinkt ein paar große Schluck, daß es gluckert, ein Geräusch, bei dem sie leicht zusammenzuckt, und rutscht dann kurz entschlossen zu ihr hinüber.)

Sie: (klagend-abwehrend) Was willst du denn? Laß mich doch! Es ist schon so spät. Ich muß morgen wieder früh raus.

Er: (während er ihr Nachthemd hochschiebt und versucht, sie sanft zu streicheln, murmelt) Laß mich doch. Das tut doch gut. – (etwas später) Deine Haut ist so weich. Du bist ein süßes Schweinchen.

Sie entspannt sich etwas unter seinen Zärtlichkeiten und richtet sich innerlich darauf ein, von ihm in den Schlaf gestreichelt zu werden. Ihr ist ganz passiv zumute, und ihre Atemzüge werden allmählich tiefer und schlafnäher.

Er registriert das mit leichter Beunruhigung. Er fängt an, sie zu küssen, nimmt ihre Hand und führt sie auf seinen Bauch, andeutend, daß er auch gern gestreichelt werden möchte.

Sie zieht die Hand wieder zurück und versucht, ihr Gesicht seinem Mund zu entziehen; gleichzeitig kuschelt sie sich in kindlichem Verlangen an seine Seite, als wollte sie sagen: Streichle mich, hüll' mich in Wärme und Zärtlichkeit, laß mich in Ruhe schlafen.

Er: (leicht ungeduldig fordernd) Du, ich hab' auch einen schönen weichen Bauch.
Sie: (ärgerlich klagend) Was willst du denn nur von mir? Den ganzen Tag bin ich rumgefuhrwerkt, und nicht mal jetzt hab' ich Ruh'.
Er: Du redest, als ob das eine Arbeit wäre.
Sie: (murmelt) Ist es ja auch.
Er: Für dich ist alles Arbeit. Du bist schon eine komische Kruke.
Sie: Beschimpfen tust du mich auch noch.

Er – inzwischen in stärkerer sexueller Erregung – streichelt sie noch intensiver und küßt sie von oben bis unten. Es gelingt ihm schließlich auch,eine Hand zwischen ihre zunächst festgeschlossenen Beine zu schieben.

Sie läßt sich völlig passiv alles gefallen, läßt ihn ruhig »arbeiten« und gerät – ganz allmählich – auch in wohlige Erregung.

Nachdem er sich eine gute halbe Stunde bemüht hat, sie »in Gang zu bringen«, kommt es zur Vereinigung. Sie rollt sich hernach gleich auf die Seite, murmelt noch etwas Unverständliches und ist auch schon eingeschlafen.

Er dagegen liegt noch etwas wach und denkt über sie und ihrer beider Beziehung nach.

Kommentar

Die affektive Ausgangslage beider Partner ist völlig verschieden: Sie ist trotzig gespannt-abwehrend und zeigt von vornherein Protest gegenüber seiner von ihr bereits erwarteten sexuellen Annäherung. Dabei muß man ihr Verhalten auf dem Hintergrund sehen, daß für sie der ganze Tag, ja das Leben insgesamt, nur Arbeit und Pflichterfüllung ist.

Ihr geht es vor allem darum, als gute Hausfrau und gute Mutter ihrer Kinder zu gelten, während es ihr wenig oder nichts bedeutet, Partnerin und Liebhaberin zu sein.

Er dagegen ist voll sexueller Begehrlichkeit, zu jedem Spiel aufgelegt. Er will im Gegensatz zu ihr an diesem Abend noch etwas erleben; der Tag war für ihn, wie so oft, voller Routine, und er möchte daher, daß noch etwas geschieht; er möchte von seiner Frau noch etwas haben. Er giert geradezu nach sexuellem

Verkehr als einem Mittel der Abwechslung und auch der körperlichen Entspannung.

Die unterschiedliche affektive Ausgangslage bräuchte die zwischenmenschliche Beziehung und den erotischen Kontakt noch nicht unbedingt zu behindern. Wenn zwei Partner immer darauf warten würden, bis bei beiden die gleiche gefühlshafte und affektive Ausgangslage gegeben ist, wenn sie die genau gleiche Gestimmtheit zur Bedingung einer sexuellen Annäherung machen wollten, dann ... ja dann könnten sie oft lange warten. Man kann nicht davon ausgehen, daß eine solche Übereinstimmung von vornherein da ist, aber man kann sie allmählich erzeugen. Auch wenn das gelingt, werden jedoch bei beiden Partnern während des Zusammenspiels unterschiedliche Nuancen des erotisch-sexuellen Bedürfnisses jeweils dominieren. Der eine wird heute vielleicht mehr zur Hautzärtlichkeit aufgelegt sein, der andere mehr dazu, Schmeichelworte und Kosenamen und Huldigungen zu sagen und zu lallen. Störend, die beiderseitige Befriedigung störend, ist in dieser Situation etwas anderes: *Sie* ist nur auf passive Zärtlichkeit aus, sie will nur stillhalten und gestreichelt werden. Sie ist noch einer infantilen Phase verhaftet, wo man nur Zärtlichkeit empfangen, aber keine geben will. Sie will »als ein Säugling« in den Schlaf gelullt werden. *Er* dagegen stimmt sie zu wenig vorher ein. Bei ihm beginnt der Verkehr immer erst im Bett und nicht schon in einer Vorbereitung darauf. Seine Werbung erschöpft sich darin, zu ihr ins Bett zu kriechen; denn er geht innerlich von dem Anspruch aus, zum sexuellen Verkehr sei die Ehefrau ja schließlich da. Auch stellt er sich nicht realistisch zu seiner Frau ein; er nimmt sie nicht, wie sie eben ist, sexuell inaktiv und ziemlich prüde, sondern geht immer wieder von seiner Idealvorstellung von Frau aus. Er lebt also im erotisch-sexuellen Bereich in einer Soll-Welt, und nicht in einer Ist-Welt. Er »verschwendet« keine Gedanken daran, wie er sie besser erwärmen könnte, z. B. indem er ihr vor dem Insbettgehen schon Komplimente machte und überhaupt erst einmal eine erotische Atmosphäre schaffte. Je unsicherer sich eine Ehefrau als Frau fühlt, desto mehr braucht sie die Sicherheit, die für sie in anerkennenden Komplimenten und huldigenden Worten liegt, die Sicherheit geliebt zu werden, begehrenswert zu sein.

So entwickelt sich die erotisch-sexuelle Interaktion nicht sehr erfreulich: Sie will nur eingekuschelt werden ohne sexuelle Aktivität – dadurch wird er nur ungeduldig-fordernder – sie wird daraufhin im Grunde noch ablehnender, wobei sie sich vordergründig »aus Pflicht« seinem Verlangen überläßt – wegen ihrer untergründigen Ablehnung muß er sich seine Befriedigung regelrecht erarbeiten – das erfüllt sie mit wohliger Genugtuung – beide erleben schließlich einen Orgasmus; aber zu beglückender Verbundenheit kommt es nicht.

5. Die reinliche und die optimistische Liebe

Er und sie sind seit ca. 12 Jahren verheiratet. Sie haben vier Kinder. Abends im Bett, nahe zusammengekuschelt und in wohliger Erregung. Sie hat ihre Nase an seiner Schulter vergraben, um seinen brünstigen Geruch nicht riechen zu müssen, den sie nicht mag.

Er: Wann hattest du zum letztenmal die Regel? Das ist doch schon wieder ziemlich lange her.

Sie: Warum fragst du?

Er: Ach, ich denke, es wär doch viel schöner, ohne ... es ist schöner, wenn überhaupt nichts zwischen uns ist, find' ich, wenn man ganz ineinander übergehen kann.

Sie: (zögert, denn es ist ihr an sich ganz lieb, wenn sein Erguß »gut verpackt« wieder verschwindet.) Die letzte Regel war am Zweiten.

Er: (erfreut) Das sind dann ja 24 Tage her. Na wunderbar, da kann ja gar nichts schiefgehn.

Sie: (ängstlich) Bist du sicher? Ich hab' keine Lust, Zwillinge zu kriegen, du.

Er: (der zu einem etwas seichten Optimismus neigt) Ich garantier' dir, daß du keine kriegst, obwohl – wär' doch eigentlich ganz nett. Zwillinge – das wär' doch mal was anderes. Soll'n wir es mal versuchen?

Sie: (rückt ein Stück von ihm ab.) Du bist dazu imstande. Also ich finde, das ist keine Sache zum Scherzen.

Er denkt daran, daß seine Mutter sieben Kinder durch Krieg und Nachkriegszeit mit Flucht und mühsamem Neuanfang durchgeschleppt hat, immer quasi ein Lied auf den Lippen, immer vergnügt. – Diese jungen Frauen, denkt er, viel ist mit denen nicht los.

Sie denkt, daß er ihr zwar das ganze Geld zum Verwalten gibt, was ganz angenehm ist, daß er dann aber auch erwartet, daß es selbstverständlich für alle und für alles gut ausreicht. Noch zwei Kinder! Der hat eine Ahnung! Dieser Hans-guck-in-die-Luft!

Er: (zieht sie wieder mehr an sich heran.) Na, keine Angst, mein Herz. Ich paß schon auf. Es passiert bestimmt nichts. Paß mal auf, es wird heute besonders schön. So schön wie nie. Komm doch näher, auch mit deinen Händen, nicht nur oben rum, sondern auch unten. (resigniert) Aber das willst du ja nicht.

Sie denkt, er möchte so gern, daß ich ihn überall anfasse – auch *da*. Ich sollte es doch einfach mal versuchen. Aber bei der bloßen Vorstellung zieht sich alles in ihr zusammen. Ich kann nicht, ich kann einfach nicht. Sie umklammert seinen Nacken und vergräbt ihre Nase noch tiefer an seiner Brust und findet es sehr angenehm, daß seine Hände sie überall streicheln, einfach überall, und sie in eine herrliche Erregung versetzen. Später in der Nacht wacht der kleine Sohn im Nebenzimmer auf, weil er auf den Topf muß.

Er: (stößt sie an.) Kläuschen muß mal. Ich kann ja gehn, aber ich will dir dies Vergnügen auch wieder nicht nehmen; denn *ihn* faßt du ja geradezu mit Wonne an.
Sie: (steigt aus dem Bett) Bei Kläuschen ist das auch klein und süß und goldig, – nicht so groß und so derb.

Am anderen Morgen.

Sie: Ich bin noch ganz angefüllt von dir. Buchstäblich.
Er: Das ist doch herrlich.
Sie: (zweifelnd) Ich weiß nicht, das bleibt doch so lange wirksam. 24 Stunden. Oder sind es nicht sogar 48?
Er: (lachend) Dummchen, es passiert nichts. Ganz bestimmt nichts. Leider nicht, möcht' ich fast sagen.
Sie: Außerdem rieche ich 10 Meter gegen den Wind, glaub' ich.
Er: Na und!? Genauso wie eine liebende junge Frau riechen muß. Ist doch wunderbar. Besser als Chanel No. 5.

Sie: Ausgerechnet Chanel No. 5. Dazu gehört nicht viel. Aber es gibt ja auch andere, wirkliche Wohlgerüche.

Er: (leicht ärgerlich) Wie wär' es mit einem kleinen Lysol-Bad? Du könntest dich ja auch in Persil einweichen, oder in Sunil oder in irgendwas, was aus deinem Weiß das strahlendste Weiß deines Lebens macht oder was das Licht anknipst im Weiß. Du hast eine richtige Lysol-Seele. (geht fort)

Sie denkt: Du hast gut reden. Du hast nicht meine empfindliche Nase. Und bei deiner Mutter kam es ja auch nicht so drauf an. Da bist du allerhand gewöhnt. – Sie vergleicht den Haushalt ihrer Mutter mit dem seiner Mutter. Ihre Mutter war eine sogenannte Meister-Hausfrau mit vielen Haustöchtern zum Haushaltlernen, mit blankgebohnertem Parkett, scharfgebügeltem Damast, blinkendem Silber, blitzblank polierten Gläsern. Auch die Äpfel, die auf den Tisch kamen, wurden poliert. – Ich habe eben eine empfindliche Nase, denkt sie, genau wie meine Mutter. Dieser süßliche Gestank, den man am Tag danach mit sich herumträgt, das ist doch einfach widerlich. Das Bohnerwachs zu Hause bei ihrer Mutter, das roch gut. Aber dieses! Wenn die Kinder zur Schule sind, dann nehm' ich erstmal ein Bad, beschließt sie bei sich.

Später. Sie liegt in der Badewanne. Sie hat sich tüchtig Fichtennadelbadesalz hineingetan: Aah, das ist herrlich! – Sie hat fast das Gefühl, wieder in einen jungfräulichen Zustand zurückzukehren. Hinterher zieht sie sich ihr mädchenhaftestes Kleid an und bindet ihr Haar in einen Pferdeschwanz. Die Achselhöhlen hat sie sich mit Uralt-Lavendel ausgerieben. Als er mittags nach Hause kommt, geht sie ihm strahlend entgegen und legt die Arme um seinen Hals.

Sie: Riech' ich nicht gut?

Er: (schnuppert und schiebt sie von sich) Du riechst ja gar nicht mehr nach Liebe. Heute morgen gefielst du mir besser. Jetzt bist du wieder ganz die Tochter deiner Mutter.

Sie: Nun hab' ich mich extra frisch gemacht, damit *du* dich freust. Und das ist der Dank!

Draußen ruft die älteste Tochter, an der er besonders hängt: Vati, Vati, guck mal, was ich gefunden habe.

Die Tochter läuft auf ihn zu, faßt ihn um die Hüften und legt ihren Kopf zwischen seine Oberschenkel.

Sie spürt einen eifersüchtigen Stich.

Sie: (streng) Nun wasch dir aber die Hände und den Mund, Cornelia. Du siehst aus wie ein Ferkel, und dann rasch zum Essen!

Kommentar

Diese beiden Eheleute haben recht unterschiedliche Auffassungen von der Liebe und von der sexuellen Kommunikation. Dabei stellen sich diese Auffassungen nicht in scharf konturierten, klaren Gedanken dar, sondern in vagen, wunschähnlichen, unbestimmten Phantasien von dranghaftem Charakter. *Er* stellt sich Liebe und Sexualität vor als ein Aufgehen im anderen, er will mit ihr verschmelzen, will sich in ihr auflösen. Tucholsky spricht in seiner Sommergeschichte »Schloß Gripsholm« von diesem nie zu unterdrückenden Wunsch, von der Frau wie ein »Beefsteak gefressen zu werden, daß die Kinnbacken krachen«. *Sie* dagegen will erobert, ihre Hingabe soll von ihm quasi erarbeitet werden; man muß dem Mann die Mühe anmerken, dann ist es richtig.

Er möchte auch am Glied von ihr berührt, angefaßt und gestreichelt werden, was alle Männer gerne haben. Nur kommt bei ihm noch etwas hinzu: Er möchte auch deswegen von ihr dort angefaßt werden, weil er quasi von ihr gepackt, ergriffen, in Besitz genommen werden will. *Sie* dagegen will das nicht; sie lehnt es vielmehr ab, ihren Mann am Glied zu berühren. Ihr ist dieses Organ zu groß und derb, und darin drückt sie pars pro toto ihre Einstellung zum Mann aus: Ausgewachsene Männer sind ihr zu groß und derb. Sie kann sich nicht vorstellen, solch einen Kerl »wirklich in der Hand zu haben«, was sie andererseits auch wieder nicht möchte; denn *sie* will ja doch die von starker Hand Gepackte und Eroberte sein. Andererseits möchte sie die Männer klein und süß und goldig. Darin drückt sich ein unlösbarer Konflikt von ihr aus: Sie möchte einesteils als eine sich Sträubende und Widerstrebende vom Mann erobert und besiegt werden; er soll ihre Widerstände kraftvoll überwinden; denn dann ist nicht sie, sondern er der Verantwortliche für diese »unsaubere«, aber eben doch höchst lustvolle Angelegenheit.

Gleichzeitig möchte sie den Mann kleinhaben, damit sie ihn mühelos in der Hand hat. Das ist unvereinbar.

Er steht in einem ganz ähnlichen Ambivalenz-Konflikt: Er möchte einerseits die Mutter-Frau, die ihn warm vereinnahmt und andererseits die Tochter-Frau, die an ihm hängt, ja von ihm abhängt, der er spielend überlegen ist.

So tragen beide Erwartungen an den Partner heran, die in sich widersprüchlich sind, Erwartungen, die der andere gar nicht erfüllen könnte, selbst wenn er seinerseits frei von solchen Ambivalenzen wäre. *Er* kann nicht gleichzeitig ein erobernder Held und ein kleiner Junge sein, *sie* nicht gleichzeitig eine bergende Mutter und ein kleines Mädchen.

6. Sie verfehlen einander

Er und sie sind seit ungefähr 10 Jahren verheiratet. Er mosert gelegentlich darüber, daß sie sexuell so zurückhaltend geworden sei. Er murrt und raunzt und gibt zu verstehen, daß er sich »anderweitig umsehn« werde, falls sie nicht ... Seinen Andeutungen ist zu entnehmen, daß er sich keinesfalls von ihr trennen will. Sie ist eine angenehme, kluge und selbständige Person. Er mag sie sehr gern. Im Zusammenleben klappt sonst alles recht gut – für *sein* Gefühl. Nur diese bestimmten Bedürfnisse, für die sie so wenig Verständnis hat und die ihr offenbar so wenig wichtig sind. Trennen würde er sich nicht, aber hinsichtlich dieser speziellen Bedürfnisse sich »anderweitig umsehn ... so leid es mir tut«. Er läßt offen, wohin die anderweitigen Schritte führen würden. Er weiß es wohl auch selbst nicht so genau; er unterläßt es, genauere Vorstellungen zu entwickeln. Wahrscheinlich will er sie nur unter Druck setzen, was ihm auch immer wieder ein Stück gelingt; denn das anderweitige – und es würde ja wohl auf »eine Anderweitige« hinauslaufen, ist ihr gar nicht behaglich, wobei auch sie es unterläßt, genauere Vorstellungen zu seinen Andeutungen zu entwickeln.

Sie weiß selbst nicht recht, woran es liegt, daß er an erotisch-sexuellem Reiz zunehmend eingebüßt hat. Sehr intensiv war seine Reizausstrahlung ohnehin nie für sie. Es waren andere Qualitäten, die sie von jeher an ihm geschätzt hat und die sie schließlich veranlaßten, in die von ihm beharrlich angestrebte

Ehe einzuwilligen, Qualitäten wie Zuverlässigkeit, Stetigkeit, Nüchternheit, Kameradschaftlichkeit.

Sie sitzt ihm am Frühstückstisch gegenüber und denkt über ihrer beider Beziehung nach. Sie denkt oft nach, gerade bei den gemeinsamen Mahlzeiten; denn meistens fühlt sie sich dabei recht allein und isoliert. Nachdenklich betrachtet sie ihr Gegenüber: Er kaut hingegeben. Mit jedem neuen Bissen schnappt er gleichzeitig quasi nach Luft. Auch beim Trinken fällt auf: Er saugt Flüssigkeit und Luft gleichzeitig ein – gierig, sehnsüchtig; so kommt es ihr vor. Er sitzt dabei in seinem Stuhl zurückgelehnt, halb liegend, so als ob er keinen Halt im Kreuz hätte. Wie ein noch rückgratschwaches Kleinkind auf dem Schoß der Mutter, denkt sie. So arbeitet er auch – niemals am Schreibtisch sitzend, sondern entweder auf der Couch liegend oder lieber noch im Bett oder auch halbliegend in einem Sessel, mit eingesunkenem Brustkorb. Sie fühlt sich, wie gesagt, allein gelassen und hat dabei vage Wunschvorstellungen von einem gemeinsamen Frühstück im englischen Stil (so wie sie sich englischen Stil vorstellt), wobei man sich höflich, freundlich und zuvorkommend gegenübersitzt, sich gegenseitig bedient und aufmerksam einander zugewandt ist.

Merkwürdig, denkt sie, sonst ist er doch so fest und sicher im Auftreten und weiß meistens, was er will. Aber so im häuslichen Kontakt wirkt er ganz anders. Abends im Bett ist er meist sehr drängend. Wenn sie dann mitspielt und ihn streichelt, kann es ihr auch wieder passieren, daß sie sich alleingelassen vorkommt; für ihr Empfinden wird er unter ihren streichelnden Händen oft zum Säugling, windet sich, streckt die Beine zappelnd in die Luft, stöhnt, völlig in sich verloren, und kümmert sich überhaupt nicht mehr um sie.

Er hat gerade wieder einen Bissen in den Mund gesteckt und findet, daß dieser Schinken wirklich ganz köstlich ist. Er nimmt sich noch eine Scheibe.

Er: Dieser Schinken ist gut.
Sie: (freundlich-abwehrend) Mmmhm
Er: (nach einiger Zeit – er hat sich ein Brötchen mit Käse belegt) Den Romadur find' ich etwas zu scharf. Den brauchst du künftig nicht mehr zu kaufen.
Sie: Ja, ja.

Er trinkt – nein atmet, wie es ihr vorkommt – in großen Schlukken seinen Tee und stellt dann die Tasse heftig zurück auf die Unterschale, so als ob er den Arm dabei ein Stück herunterfallen ließe.

Er: Zum Frühstück mag ich diesen kräftigen Tee am liebsten. Was ist das für eine Sorte?
Sie: Wie bitte?
Er: Welche Tee-Sorte das ist?
Sie: (sich beeilend) Das ist ein Assam-Tee. Ich finde ihn auch gut.
Er: (durch ihre Zurückhaltung leicht und diffus beunruhigt, bemüht sich, ein Gespräch in Gang zu bringen.) Im letzten »Monat« steht ein Artikel über Israel – von Guggenheim. Ganz ausgezeichnet. Würd' ich dir raten zu lesen. Wo soll ich ihn dir hinlegen?

Er ist vom Tisch abgerückt und liegt auf seinem Stuhl mehr als er sitzt. Dadurch wird seine Stimme hart und gepreßt. Sie ist unglücklich, weil sie fühlt, daß er sich vergeblich um sie bemüht, und ist zugleich ärgerlich, weil er sie nicht erreicht.

Er denkt: Sie ist schrecklich einsilbig; ich komm' einfach nicht an bei ihr. Die Falten, die von seiner Nase zu den Mundwinkeln abwärts ziehen und entsprechende Kerben gegraben haben, vertiefen sich noch. Er sieht ein bißchen so aus, als ob er etwas Widerliches röche, als ob ihm ein unangenehmer Geruch in die Nase stiege. Heftig schiebt er seinen Stuhl zurück.

Er: Ich muß los. Wiedersehen!
Sie: (mit mühsamer Freundlichkeit) Auf Wiedersehn, Schatz.

Sie spürt unklare Schuldgefühle, wie sie meint deswegen, weil sie ihn enttäuscht hat; denn sie fordert von sich, niemals einen Menschen zu enttäuschen. Sie läuft vor die Haustür – er geht gerade durch den Vorgarten zur Garage – und ruft: Wiedersehn, Liebling. Dann läuft sie noch ein Stück hinter ihm her und küßt ihn auf die Wange. –

Sie: Auf Wiedersehen, du. Heute mittag bekommst du Crêpes Suzettes (Er schätzt Süßigkeiten über alles.)
Er: (strahlt sie an.)

Sie, gleich wieder ernüchtert und resigniert, denkt: Wie ein kleiner Junge.

Kommentar

Sie treffen sich, begegnen sich nicht auf der gleichen Ebene, sie senden und empfangen auf verschiedenen Wellen.

Sie beobachtet richtig: Er ist bei Tisch immer etwas zu sehr in sich selbst vertieft, er saugt beim Essen und Trinken gleichzeitig Luft ein, er fällt beim Sitzen oft in sich zusammen, er ist in der erotisch-sexuellen Annäherung ziemlich bedrängend und hernach zu sehr in sich versunken. Auch ihre Schlüsse sind richtig: All das sind Zeichen von übermäßiger Ichbezogenheit, von einem Narzißmus frühkindlicher Art, von mangelnder Offenheit und Zugewandtheit gegenüber der Partnerin.

Was sie aber nicht richtig sieht, vielmehr aus eigenen Motiven heraus verzerrt beurteilt, ist das Ausmaß seines Narzißmus. Er ist auch narzißtisch und ichbezogen, aber nicht nur, verglichen mit vielen anderen Menschen vielleicht gar nicht einmal so sehr. Sie mißt ihn mit dem Maßstab ihrer Sehnsüchte, wonach der Partner-Mann sie ständig in liebevolle Beachtung und Bestätigung einhüllen müßte – wie Jupiter, der die jeweilige Geliebte durch seine göttliche Nähe aufs höchste beglückte – allerdings auch bald wieder verschwand. Da ihre Glücksvorstellungen an dieses Wunschbild gebunden sind, zieht sie ihn als Glücksspender gar nicht ernstlich in Betracht. Wenn sie ihn nur akzeptieren wollte, wie er eben ist, dann würde sie auch Einfluß auf ihn nehmen und ihn zu größerer Zugewandtheit bewegen können! Denn niemand ist bereit, sich dem Einfluß eines Partners zu öffnen, wenn dieser die Bedingung stellt: Du mußt dich erst ändern, bevor ich dich bejahen kann. Diese Bedingung stellt sie mit (im Grunde) großer Härte. Ihre mühsame Freundlichkeit ist ein Versuch, dieser Härte entgegenzuwirken. Dabei merkt sie gar nicht, daß sie durch die Art, wie sie auf seine Wünsche eingeht, seinen Narzißmus nur bestärkt und ihre eigenen Gefühle vergewaltigt.

Er denkt zu wenig darüber nach, warum die sexuelle Gemeinsamkeit so wenig befriedigend ist. Er macht, von sich selbst sehr durchdrungen, nur sie dafür verantwortlich. Er übergeht das Faktum der zwischenmenschlichen Interaktion, wonach das Verhalten des einen Stimulans ist für das Verhalten des anderen.

Beide stellen einander im Grunde harte Bedingungen: Er ist dann, und nur dann offener und zugewandter ihr gegenüber, wenn sie zuvor mit ihm geschlafen hat. Sie umgekehrt will dann, und nur dann gerne mit ihm schlafen, wenn er ihr gegenüber aufgeschlossener und einfühlsamer ist.

Solche (unbewußten) Bedingungen werden in vielen Ehen gestellt, und viel ist gewonnen, wenn beide sie erkennen und sich miteinander darüber aussprechen. Erst dann wird ihnen deutlich, wie zäh sie an diesen Bedingungen festhalten und wie sehr sie eine Weiterentwicklung ihrer Beziehung dadurch behindern. Aus solcher Einsicht kann sich dann vielleicht die Bereitschaft entwickeln, die dem Partner auferlegten Bedingungen in Frage zu stellen, ihn anders zu sehen und neue Zugänge zu ihm zu finden.

D. Bindung durch latente Befriedigungen

1. Der große Mann und die Kleine

Er und sie sind seit einigen Jahren verheiratet. Sie haben zwei kleine Töchter. Er ist elf Jahre älter als sie. Die erste Frau ist ihm eines anderen wegen weggelaufen deswegen, weil sie ihn zu schulmeisterlich fand. Tatsächlich ist er Schulmeister von Beruf, Studienrat für alte Sprachen. Außerdem interessiert er sich für Archäologie und Mythologie und spielt vorzüglich Klavier.

Sie hat eine Ausbildung als Mittelschullehrerin abgeschlossen und dann, anstatt den Beruf auszuüben, geheiratet. Sie ist blond und von kühler Schönheit, an den angelsächsischen Typ erinnernd.

Irgendwie sieht sie immer sauber und frisch aus, auch dann, wenn sie sich, widriger Umstände halber, einmal nicht hat waschen können. Er dagegen sieht selbst dann nicht frisch aus, wenn er eben der Badewanne entstiegen ist. Das mag an einer gewissen Schlampigkeit und Nachlässigkeit, unter anderem in der Körperhaltung und in der Kleidung, liegen und an einer Neigung zu Geistesabwesenheit.

Sie hat ihn geheiratet, weil er ihr überlegen ist und so sehr viel mehr weiß; sie bewundert ihn deswegen.

Er hat sie geheiratet, weil sie so brav ist, so beherrscht und gesittet, so ganz der Typ des guten Kindes, das keine Schwierigkeiten macht. Seine erste Frau war sehr kapriziös und amüsant, gar nicht brav. Er hatte sie zwar unterhaltsam gefunden, aber doch auch sehr strapaziös. Und er hatte deswegen auch mit zwiespältigen Gefühlen reagiert, als sie ihm davonlief, weil sie ihn ganz und gar nicht unterhaltsam fand. Auf der einen Seite war er verdutzt und gekränkt gewesen, und ihre Munterkeit fehlte ihm sehr. Auf der anderen (überwiegenden) Seite hatte er erleichtert aufgeatmet und gedacht: Gott sei Dank! Nie wieder! Nach einigen Jahren hatte er sich dann doch wieder nach einer Frau umgesehen, weil das Einspänner-Dasein einem noch relativ jungen Studienrat schließlich mehr Verdruß als Freude bereitet, es sei denn, er habe Vermögen. Und er hatte sich diesmal antithetisch zu seiner ersten Wahl orientiert.

Er ist, wie gesagt, ein ausgezeichneter Klavierspieler. Auch sie hat dieses Instrument erlernt, und es an Fleiß bei ihren Übungen nie fehlen lassen, aber ihr fehlt jenes Maß an angeborener Musikalität, das ihm eignet.

Als sie ihn – sie waren damals noch verlobt – zum erstenmal spielen hörte, die As-Dur-Sonate von Beethoven, war sie tief beeindruckt und hatte im stillen beschlossen, nie wieder eine Taste anzurühren. Es erschien ihr nicht statthaft, sich mit ihrer Stümperei vor einem solchen Könner hören zu lassen. Nach der Heirat lockte es sie dann doch, einmal wieder das Klavier aufzumachen, besonders auch deswegen, weil er häufig mit einer der Kolleginnen an seiner Schule, einer aparten Halbfranzösin, vierhändig oder an zwei Klavieren spielte. Und da nicht er, wohl aber jene Kollegin über zwei Instrumente verfügte, führten ihn diese musikalischen Übungen häufig außer Haus hin zu der anderen; und es war durchaus nicht die Regel, daß er sie aufforderte, ihn bei diesen Besuchen zu begleiten. Alarmiert durch Signale selbstverständlicher freundschaftlicher Vertrautheit zwischen dem Ehemann und seiner Mitpianistin hatte sie, natürlich nur heimlich, wieder angefangen zu üben. Sie hatte sich die c-moll-Sonate von Mozart vorgenommen und diese so lange geduldig geübt, bis sie den Eindruck hatte, sie mache ihre Sache gut. Nach dem Abendbrot.

Sie: (schüchtern) Du, Erik.
Er: (blättert gerade in einer archäologischen Zeitschrift.) Mmmhm?
Sie: Wenn du grade ein bißchen Zeit hättest . . . ich möchte gern, daß du dir etwas anhörst.
Er: Willst du mir was vorlesen?
Sie: Nicht lesen, spielen.
Er: Spielen, was denn spielen?
Sie: Eine Mozart-Sonate – c-moll.
Er: Seit wann spielst du denn Klavier?
Sie: Ach, ein bißchen immer schon.
Er: (ein wenig skeptisch) Nun gut, ich höre.

Sie, nachdem sie zum Schluß gekommen ist, bleibt still auf dem Klavierschemel sitzen und wagt nicht, sich umzudrehen oder gar ihn nach seinem Urteil zu fragen.

Er: (räuspert sich.) Also den 3. Satz, den mußt du noch ein ganzes Stück schneller nehmen. Und im ersten besser phrasieren – das hat sonst keine Kontur. Und den 2. Satz viel leidenschaftlicher, aber verhalten leidenschaftlich. Außerdem bist du im 1. Satz mal von c-moll in des-moll gekommen.

Er ist zu ihr ans Instrument getreten und blättert in den Noten.

Er: Also vor allem der 3. Satz, der muß viel schneller – laß mich mal bitte.

Sie erhebt sich vom Schemel und macht ihm Platz.

Er: Also so!

Er spielt den 3. Satz mit bravouröser Präzision vom ersten bis zum letzten Ton. Als er fertig ist und sich nach ihr umdreht, ist sie nicht mehr im Zimmer. Er stutzt einen Augenblick, will nach ihr rufen, dann fällt ihm ein, daß sie wahrscheinlich nach den Kindern sieht. Er klappt den Deckel des Klaviers zu, setzt sich in einen Sessel und vertieft sich wieder in seine archäologische Zeitschrift.

Sie hat sich inzwischen in ihr winziges Arbeitszimmer, den kleinsten Raum der Wohnung, eingeschlossen. Sie ist völlig verzweifelt und denkt: Es war eine Unverschämtheit von mir, ihm so etwas Unfertiges vorzusetzen. Das war eine Zumutung für ihn. Er hat's mich ja auch spüren lassen. Das wird mir nie, nie wieder passieren.

Am anderen Tag beim Mittagessen.

Er: (beiläufig) Ich geh' heute abend zu Lilian. Wir wollen die Brahms-Sonate für 2 Klaviere noch einmal durchgehen.

Sie nickt ergeben und hat dabei das Gefühl, ihr werde ein Dorn ins Fleisch getrieben.

Als er abends gegangen ist, ruft sie ihre einzige Freundin an, eine einige Jahre ältere, recht weltläufige Frau, und versucht, bei dieser ihr Herz etwas zu erleichtern. Nicht, daß sie ihr Herz ausschüttet – das kann sie gar nicht. Sie bemüht sich im Gegenteil sehr um Ruhe und Sachlichkeit: Ich hielt die Sonate für gut, Doris. Nicht makellos – aber ganz ordentlich. Ich dachte, er fände es auch schön. Ich komm' ihm ja selten mit sowas; daß ich ihm was vorführe, was ich gemacht habe – mal ein Kleid, oder Sets für den Tisch oder ein neues Rezept. Er sagt auch nie: Das ist schön. Er sagt nur Kritisches oder gar nichts. Das höchste Lob aus seinem Munde: in Ordnung. Und ich möchte gern, daß er einmal sagt: Das hätt' ich nicht von dir erwartet. Daß ich seine Erwartungen einmal übertreffe, daß er mal staunt über mich. Aber das passiert nicht. – Was sagst du, Doris? Ich soll doch mal versuchen, ihm nahezulegen, mir was Positives zu sagen? Nein, du, wenn er nicht von selbst was sagt – nein! Ich will keine Reaktion, die auf Suggestion beruht. Um ein Lob werben, das ist aufdringlich. Was sagst du? Mir sei nicht zu helfen? Kann schon sein. Aber sei du erstmal mit einem verheiratet, der schlechthin alles besser weiß und kann. – Du meinst, grade deswegen hätt' ich ihn ja geheiratet? – Hab' ich das? – Kann schon sein. – Ob es mir umgekehrt besser gefiele? – Ich weiß nicht, wahrscheinlich nicht. Ich weiß selbst nicht, was ich will. Du hast recht, ich bin ein hoffnungsloser Fall. Gute Nacht, Doris.

Kommentar

Wie ist die Verbindung zustande gekommen?

Sie sieht in ihm den überlegenen Partner, dem eine gewisse Souveränität zu eigen ist, der über ein gutes Maß an Wissen und Können verfügt und der sich in der Sozietät durchgesetzt hat. Die Beziehung zu ihm verschafft ihr verschiedene geheime, ihr selbst kaum bewußte, jedoch sehr intensive Befriedigungen.

In seinem Schatten, als Ehefrau und Mutter sozial ausreichend bestätigt, kann sie sich wenigstens partiell von ihren an sich selbst gerichteten Forderungen entlastet fühlen, geistig und künstlerisch schlechthin Vollkommenes zu leisten. Denn von einer vielbeschäftigten Hausfrau und Mutter ist das billigerweise nicht zu verlangen.

Eine weitere Befriedigung: Sie bewundert ihn insgeheim sehr, weil er den Mut hat, sich mit Fähigkeiten vor den anderen zu präsentieren, die zwar ein gutes Niveau haben, im Sinne ihrer eigenen überhöhten (perfektionistischen) Maßstäbe jedoch durchaus nicht hundertprozentig sind. Er nimmt sich damit eine Freiheit, die sie sich selbst nicht zugesteht, sondern dann lieber überhaupt verzichtet, sich zur Geltung zu bringen. In der Beziehung zu ihm kann sie ihre strengen inneren Forderungen indirekt umgehen und in identifikatorischer Teilhabe von seiner nach lässigeren Maßstäben erlangten Geltung profitieren.

Gleichzeitig verschafft ihr die Beziehung zu ihm aber auch Genugtuung in bezug auf ihre strengen inneren Maßstäbe; denn auf der anderen Seite verachtet sie ihn gerade deswegen, weil er es sich vergleichsweise so leicht macht und mit Leistungen vor die anderen tritt, die eben doch nicht wirklich vollkommen sind.

Schließlich bietet ihr die Verbindung mit ihm auch die Möglichkeit, in gewissen Grenzen Kritik zu üben. Offen kritisch zu sein vermeidet sie im allgemeinen deswegen, weil ihre harten, überstrengen Maßstäbe auch ihren kritischen Äußerungen eine Strenge und Härte gäben, deren Auswirkungen sie fürchtet, weswegen sie lieber schweigt. Ihren so unbestreitbar überlegenen Mann kann sie ungeniert kritisieren. Wie ein Mäuschen, das sich einen Elefanten vorknöpft, ohne fürchten zu müssen, ihn ernsthaft zu verletzen.

Er suchte in ihr die eindeutig Unterlegene, die Kind-Frau. Die Beziehung zu ihr verschafft auch ihm eine Reihe geheimer Befriedigungen:

Er sucht bei ihr das selbstverständliche, das kampf- und wettbewerbslose Überlegensein nach dem Motto: Ich will nicht kämpfen, ich will siegen (G. B. Shaw). Diese Art von dauernder Überlegenheit stärkt sein Selbstwertgefühl, das sonst, in Abweichung von ihrem Bild von ihm, etwas labil ist deswegen, weil es ihm nicht leicht fällt, mit anderen Männern offen zu konkurrieren.

Eine weitere Befriedigung: Er kann, aus seiner überlegenen Position, seinem Kritikbedürfnis ihr gegenüber ohne Angst nachgeben, ohne einen gefährlichen Gegenschlag fürchten zu müssen. Unter Männern, unter Gleichstarken oder Stärkeren, ist er in bezug auf die Äußerung von Kritik eher ängstlich-zurückhaltend.

Er, der von seinen Idealen her von sich verlangt, ein Kavalier und Beschützer der Frauen zu sein, kann diese Rolle einer jüngeren und resigniert-bescheidenen Frau gegenüber, wie sie eine ist, ohne beängstigenden Aufwand einnehmen und somit auf quasi preiswerte Weise seinen Idealen genügen.

Und schließlich: Er genießt in identifikatorischer Teilhabe, daß sie sich anlehnt, daß sie weich und schwach ist. Ein solches

Verhalten kann er sich selbst nicht einräumen. So befriedigt er seine latenten unterdrückten Anlehnungsbedürfnisse insgeheim in der Identifikation mit ihr.

So verschafft das vordergründige Überlegenheits-Unterlegenheitsverhältnis beiden Partnern vielerlei heimliche Befriedigungen. Wegen dieser Befriedigungen hängen die beiden aneinander und an der so gearteten Beziehung. Das spürt die Freundin der Ehefrau richtig heraus, wenn sie sagt, daß dieser wohl kaum zu helfen sei, daß sie ihre Ehe im Grunde so haben wolle wie sie sei, und nicht anders.

2. Der Aggressive und die Sanfte

Er und sie sind seit 26 Jahren verheiratet. Sie haben zwei Söhne, die in anderen Städten studieren.

Sonntagmorgen beim Aufstehen.

Er: (ärgerlich) Was ist das wieder für ein Scheißwetter. (geht zum Fenster und schließt es; anklagend) Die ganze Fensterbank ist naß.

Sie: (beschwichtigend) Laß nur, ich reib' sie gleich trocken.

Er: (ist inzwischen ins Bad gegangen und ruft) Die Zahnpasta ist alle, es reicht nicht mal mehr für mich. Warum werden in diesem Haus die Dinge nie rechtzeitig nachbesorgt?

Sie: Das ist doch nicht so schlimm. Ich hab' noch eine Tube in meinem Reisenecessaire. Einen Augenblick, ich geb' sie dir gleich.

Er: (halb zufrieden, halb unzufrieden, weil ihm die Möglichkeit zum Grollen zum zweitenmal relativ schnell abgeschnitten wurde, guckt aus dem Fenster.) Es wird heute gar nicht richtig hell. Und wie es graupelt. Na, mich kriegen heute keine zehn Pferde vor die Tür.

Sie: (ängstlich-schüchtern) Hast du vergessen, daß wir uns heute in Hildesheim angesagt haben?

Er: (auffahrend) In Hildesheim? Wieso? Davon hast du mir nichts gesagt.

Sie: Doch, erinnere dich, schon Anfang der Woche hab' ich dir erzählt, daß die Eltern mit uns über den Grundstücksverkauf sprechen möchten, und du hast zugesagt.

Er: Ja, ja, jetzt weiß ich wieder. Du hast mit deinem Vater telefoniert, hast die Muschel zugehalten und gesagt: Sie möchten, daß wir Sonntag kommen! Geht das? Da hab' ich vielleicht was gebrummt, was du als Ja genommen hast. Das ist so eine deiner typischen Unverschämtheiten, mir unter Zeitdruck was abzupressen.

Sie: (gekränkt) Wenn du nein gesagt hättest, dann wär' es auch gut gewesen. Dann wär'n wir eben nicht gefahren.

Er: Das hätte ich mal versuchen sollen, nein zu sagen! Dann hättest du gesagt: Aber sie möchten es doch so gern, die alten Leute, und sie brauchen doch so dringend deinen Rat. Und: Wenn wir erstmal in dem Alter sind und die Jüngeren brauchen. Du hättest mir so lange zugesetzt, bis ich schließlich ja gesagt hätte. Hier in diesem Hause kann jeder tun, was *du* willst; das wissen wir doch.

Sie: (bitter) Ja, ja, genauso ist es.

Etwas später, beim Frühstück. Er sitzt mürrisch da und rührt grimmig in seiner Kaffeetasse. Mit knäternder Stimme

Er: Ein feiner Sonntag!

Sie: (bemüht sich darum, ihn mit allem zu versorgen, was er zum Frühstück braucht, und seine Wünsche zu befriedigen, noch ehe sie ihm selbst deutlich geworden sind. Sie überlegt, was sie ihm noch anbieten kann.) Ich hab' Theaterkarten reservieren lassen für die Ionesco-Stücke »Die Stühle« und »Die kahle Sängerin«.

Er: (etwas besänftigt) Mmmhm

Sie: Die Inszenierung soll glänzend sein – besonders »Die kahle Sängerin«, ganz präzis, jedes Wort sitzt, sagt Lydia (ihre Freundin).

Er: (noch etwas brummend) Wer hat es denn inszeniert?

Sie: (eifrig) Der Mensing. Erstaunlich, daß dieser Brocken von Mannsbild eine so leichte Hand hat. Denk nur an den Büchner, an »Leonce und Lena«, war doch entzückend.

Er: Ja, das war hübsch.

Er lebt etwas auf, da er unbewußt die Macht genießt, die er über sie hat. Die Macht, die darin besteht, sie durch Murren und Schimpfen zu freundlicher Bemühung um ihn zu veranlassen.

Als sie bei ihren Eltern ankommen, ist seine Stimmung recht gut. Sie hat ihn während der ganzen Fahrt sehr amüsant unterhalten. Doch wirkt sie hinter ihrer vordergründigen Freundlichkeit etwas gespannt. Sie bemüht sich sehr darum, auch ihren Eltern und deren Sorgen gerecht zu werden und erzählt ihnen von ihrem Leben und vor allem von den beiden Kindern, von allem, wovon sie annimmt, daß es die Eltern ergötzen könnte.

Am Abend im Bett.

Er: Deine Eltern sind doch eigentlich ganz nett. Ich fand es mal wieder sehr gemütlich. Die Schachpartie mit deinem Vater war interessant. Und der Rotwein von dem Alten – nicht schlecht. Die Soßen deiner Mutter sind excellent – übrigens viel besser als deine. Und du warst ja auch leidlich lieb, Alte. Na komm, laß uns noch ein bißchen zusammenliegen.

Sie denkt: Ich möchte schlafen. Ich möchte nichts als meine Ruhe haben. Er ist doch ein unerträglicher Kerl. In schwachem Protest

Sie: Ist es nicht schon ein bißchen spät?

Er: Erst halb zwölf, ist doch keine Zeit. Komm schon, – oder soll ich zu dir rüberkommen?

Sie denkt: Nein, mein Bett soll schön frisch und kühl bleiben, und rutscht zu ihm hinüber. Sie spielt im Liebesspiel ihre Rolle mit der Routine einer etwas müden Charge, die pünktlich und genau ihre Einsätze vollzieht, und ist froh, als alles vorbei ist.

Beim Einschlafen denkt sie: Ich möchte mal ein paar Wochen für mich sein, ganz für mich, irgendwo, wo es hübsch und ruhig ist, wo mich keiner kennt, keiner anspricht, keiner, keiner – nur für mich sein, für mich, für mich, für mich.

Er: (tätschelt ihr die Hand.) War schön, Schätzchen. Nun schlaf auch gut!

Sie: (mit dem Rücken zu ihm, murmelnd) Gute Nacht, schlaf auch gut.

Hier haben sich zwei nicht auf der Basis der Übereinstimmung gefunden, sondern nach dem Prinzip einer irrationalen Komplementarität: Jeder lebt im anderen die eigene Latenz, die eigenen unterdrückten Regungen.

Er sagt den anderen die »Wahrheit«, äußert ziemlich ungeniert jeden Ärger und jede Empörung und realisiert dabei Einstellungen und Verhaltensweisen, die sie mühsam unterdrückt, die sie aber auch durch ihn mitlebt; denn eben das hat sie seinerzeit auch an ihm angezogen, daß er so unverblümt allen die Meinung sagt und sich nicht wie sie um dauernde Freundlichkeit und Gefälligkeit zwanghaft-dranghaft bemüht.

Sie ist für ihn nach dem gleichen Prinzip anziehend und notwendig, so z. B. in der Beziehung zur Außenwelt; manches Porzellan, das er zerbrochen hat, wird durch ihre freundliche Art wieder gekittet. Sie ist ihm auch notwendig in der ehelichen Interaktion, insofern als er Freundlichkeit und Gefälligkeit durchaus schätzt – an anderen; er würde beides sehr entbehren, wenn es in der ihn umgebenden Atmosphäre fehlte. Er hat sie im Sinne der unbewußten Wahl auch deshalb geheiratet, weil sie verkörpert, was er bei sich ablehnt.

Man könnte geneigt sein zu sagen, daß doch alles in Ordnung sei, da die beiden sich so gut ergänzen. Es ist jedoch eine unfruchtbare Beziehung, wenn jeder den anderen (unbewußt) dazu benutzt, die eigene latente, innerlich abgelehnte Persönlichkeitsseite zu leben; jeder bleibt dabei auf seiner Stufe der Persönlichkeitsentwicklung stehen; infolgedessen stagniert auch die Entwicklung der ehelichen Beziehung, es sei denn, daß jeder der beiden sich aus der (unbewußten) Identifikation mit dem anderen löste und selber lebte, was bisher der andere für ihn gelebt hat.

Den Entwicklungsanstoß in dieser Ehe müßte sie in diesem Falle geben. Er hat ja keinen ihm spürbaren Grund, unzufrieden zu sein, solange er erleben kann: Wenn ich grantig bin und sie so etwas in der Furcht des Herrn halte, dann bemüht sie sich besonders nett um mich. Sie leidet mehr an dieser Verzahnung von ihrer beider Verhalten. Sie wird ihn jedoch erst dadurch zur Änderung von Einstellung und Verhalten bewegen können, wenn sie ihm auch Leiden schafft, dadurch daß sie das Spiel nicht mehr mitmacht, das Spiel: Je mürrischer *er* ist, desto freundlicher bemühe *ich* mich um ihn. Wenn sie nicht länger mitspielt, wird er bald einen Mangel an Freundlichkeit und Gefälligkeit spüren und daran leiden. Wenn sie dann nur fest bleibt, wird er allmählich zu der Einsicht kommen, daß wirkliche Freundlichkeit beim anderen auf die Dauer nur durch eigene Freundlichkeit zu erzeugen ist.

Der Weg einer solchen Änderung und Umstellung der ehelichen Beziehung würde für beide zunächst auch mit Unbehagen verbunden sein: Er würde bei seinen Versuchen, netter und freundlicher zugewandt zu sein, die Angst erleben, gleichzeitig schwach und willenlos zu werden. Er träumt häufig vom Wasser, das »zum Bade lächelt« und ihn dann verschlingt. Sie würde bei ihrem Bemühen, ihn nicht mehr nur in Freundlichkeit einzuhüllen, die Angst erleben, genauso aggressiv und unliebenswürdig zu werden wie er. Sie träumt immer wieder von großen Wespen, die sie mit unbeirrbarer Zudringlichkeit böse umsurren. Doch diese Ängste und dieses Unbehagen würden wieder verschwinden, falls sich die beiden um eine Umorientierung weiterbemühten.

3. Die Freudlosen

Er und sie sind langjährig verheiratet und haben einen heranwachsenden Sohn, der in einer Internatsschule in Süddeutschland ist. Er ist, in Nachfolge seines Vaters, Rechtsanwalt.

Er lebt mit ihr in einer Situation erheblicher Distanz. Sie haben sich von Anfang an nicht besonders gut verstanden. Er hat relativ spät geheiratet, in erster Linie aus Zweckmäßigkeitsgründen und weniger oder kaum aus einem Bedürfnis nach Nähe, Verbundenheit und Vertrautheit.

Sie war schon einmal verheiratet und im Krieg jung Witwe geworden. Sie war schließlich froh, einen gutsituierten Mann gefunden zu haben, der sie von einer anstrengenden Berufstätigkeit als Sekretärin quasi erlöste.

Vor kurzem sind sie umgezogen. Sie haben ein Haus am Stadtrand günstig kaufen können. Sie wohnen jetzt in einer Straße mit Einfamilienhäusern, die von kleinen Gärten umgeben sind und vorwiegend von mittleren Beamten bewohnt werden. Die

Grundstücke sind nicht so groß, als daß man sich nicht gegenseitig in die Fenster gucken könnte, wenn man wollte. Das Ehepaar hat seine Wohnung in der ersten Etage des neu erworbenen Hauses eingerichtet. Das Erdgeschoß ist zu günstigen Bedingungen an eine Agentur vermietet worden.

Eines Morgens gegen Ende März. Er und sie am Frühstückstisch. Es ist einer der ersten wirklich schönen Tage, und da das Zimmer nach Osten gelegen ist und die Sonne hereinscheint, hat sie die Gardinen beiseite gezogen. Er sitzt dem Fenster gegenüber, hat sich gerade ein Brötchen gestrichen, guckt hoch und sieht, wie auf dem Balkon des gegenüberliegenden Hauses eine Frau mittleren Alters im Morgenrock sich über die Brüstung beugt und ihnen ins Zimmer guckt.

Er: (fährt sie an) Warum hast du denn die Gardinen zurückgezogen?! Meinst du, ich hab' es gern, wenn die Leute mir auf den Frühstückstisch starren? Los, mach sie zu!

Sie: (einerseits ängstlich, andererseits aufsässig) Nun stell' dich doch nicht so an! Laß sie doch gucken! In Holland verhängt kein Mensch seine Fenster. Da kann jeder dem anderen ins Familienleben sehn, wenn er will.

Er: (scharf) Ich habe gesagt, du sollst die Gardinen zuziehn. Sie sind ohnehin viel zu durchsichtig. Es gibt doch diese – na, wie heißen diese Dinger – meine Mutter hatte sie – aus dichtem Tüll und so zusammengerafft ...

Sie: Meinst du etwa Wolkenstores? Die hat doch kein Mensch mehr. Solche altmodischen Staubfänger.

Er: Jedenfalls kann man nicht durchgucken. Wenn dir die Zudringlichkeit der Leute nichts ausmacht – das ist deine Sache. Ich für meine Person will nicht, daß die Leute mir hinter die Vorhänge gucken. Das weißt du auch ganz genau. Und ich kann sehr, sehr unfreundlich werden, wenn man sich nicht danach richtet. Gestern standen ein paar Leute um den Wagen herum – so als ob sie noch nie einen Citroën DS gesehn hätten.

Sie: Sicher, in dieser Straße gibt es ja auch nur kleinere Wagen; ich hab' noch keinen Mercedes, keinen Opel Kapitän und keinen DS gesehn.

Er: Das ist es ja gerade. Wir fallen hier viel zu sehr aus dem Rahmen. Das provoziert natürlich die Neugier der Leute. (überlegt einen Augenblick) Hör mal, können wir das Eßzimmer nicht nach hinten zur Gartenseite verlegen? Natürlich, wir verlegen das Gästezimmer in diesen Raum und essen in Zukunft in Ruhe hinten mit Ausblick auf den Garten, wo wir kein Gegenüber haben.

Sie: (protestierend) Das hintere Zimmer ist doch viel zu klein zum Essen. Und dieser schöne große Raum soll dann in Zukunft leerstehen bis auf die paar Tage im Jahr, wo wir mal einen Hausgast haben ... Wann kommt das schon vor? Ich glaube, du spinnst.

Er: (böse) Hüte deine Zunge! Ich weiß, was ich sage. Man liefert sich den Leuten viel zu sehr aus, wenn man sie in seine Kochtöpfe gucken läßt. Ich bin für Zäune und Mauern. Mein Vater war genauso. Der hat mir mal voller Stolz erzählt, daß es einer Auskunftei bei aller Bemühung nicht gelang, irgendwelche Informationen über ihn einzuziehen. Es ging um eine Hypothek; und irgendein Kreditinstitut wollte wohl Auskünfte über ihn haben. Nichts zu machen! Sie mußten sich zum Schluß an den Alten selbst wenden, wenn sie auf ihre Informationen nicht verzichten wollten. Nein, nein, nur immer schön zurückgezogen, so daß keiner was von einem weiß. Du kannst machen was du willst, Junge, sagte mein Vater immer, aber coute que coute hinter den Kulissen.

Sie: Bei deinem Vater kann ich es noch verstehen. So wie deine Mutter war ...

Er: Unerträglich neugierig und zudringlich.

Er trinkt schweigend seinen Kaffee und denkt an die Beziehung seines Vaters zu seiner Mutter. Vater mußte alles vor ihr geheimhalten, denkt er; es gab nichts, wo sie nicht nachschnüffelte. Aber ich glaube, er war ein Stück gewiefter als sie. Er hat mir mal gesagt: Der Mutter sagen, wieviel Klienten ich habe und wieviel Vermögen ... um Gottes willen ... wenn sie nichts weiß, kann sie keine Ansprüche stellen. Er hatte recht, der Alte, so wie die Frauen nun mal sind – alle, eine wie die andere. Nein, sich bloß nicht von einer Frau in die Karten gucken lassen.

Sie hat inzwischen die Gardinen zugezogen. Die Frau von drüben ist daraufhin eilig verschwunden.

So hält man gute Nachbarschaft, denkt sie. Sie selbst hat nichts gegen einen Schwatz über den Zaun. Sie hätte der Frau von drüben auch ganz gern guten Morgen zugerufen. Und es störte sie auch nicht, wenn diese Nachbarin ihrem Mann beim Mittagessen erzählte: Du, die Meiers drüben, die haben ein ganz modernes Eßzimmer in Perlweiß. Und die Frau ist beim Frühstück schon ganz richtig angezogen, nicht so im Morgenrock wie ich. – Falls sie das überhaupt gesehen hat auf die Entfernung.

Er ist aufgestanden, trinkt seine Tasse im Stehen aus und verläßt dann eilig das Zimmer. Beim Hinausgehen

Er: Der Termin heute kann lange dauern. Warte mit dem Essen nicht auf mich. Und kümmre dich um die Verlegung des Zimmers.

Sie: (will noch etwas sagen.)

Aber er ist schon verschwunden. Sie guckt sich im Zimmer um. Nun haben wir dies Zimmer in Grün tapezieren lassen, passend zu dem goldgelben Teppich und den weißen Möbeln. Hinten im Gästezimmer ist eine billige Streifentapete. Außerdem wird man sich dort kaum umdrehen können ... Sie wird langsam wütend. Was denkt sich dieser Kerl eigentlich? Der ist ja doch verrückt. Und daß er gar nicht merkt, wie sehr er sich überschätzt. So interessant, wie er meint, ist er nun auch wieder nicht. Natürlich werden die Leute hier die neuen Bewohner von Nr. 8 zunächst mal beschnuppern; aber nach einiger Zeit hört das ganz von selbst auf, wenn man ihre Neugier nicht gerade reizt. Wenn man alles besonders dicht macht, so wie er das tut, das reizt natürlich. Schrecklich: auf der einen Seite sich wer weiß wie interessant machen und auf der anderen Seite total in Ruhe gelassen werden wollen. Nun gut, soll er haben! Ich laß ihn. Aber er soll mich auch lassen – soll vor allem seine Bett-Ansprüche aufgeben.

Sie geht durch die Wohnung und überlegt, ob es sich nicht ermöglichen läßt, getrennte Schlafzimmer einzurichten. Muß doch angenehm sein, abends vor dem Einschlafen nicht mehr seinen Kommentar zum Tag hören zu müssen, der doch immer wieder auf die Feststellung hinausläuft, alle Menschen seien bösartig, niemandem sei zu trauen. Sein Schnarchen nicht mehr hören, seinen morgendlichen Mißmut nicht mehr in völlig unausgelüfteter Form erleben.

Er sitzt indessen in seinem Büro und spricht mit einer Klientin, einer jungen unverheirateten Frau. Sie ist nicht besonders hübsch, aber recht intelligent und in der Rechtsangelegenheit, in der sie ihn aufgesucht hat, vollkommen hilflos. Er hat sich dieser Sache, obwohl sie nicht sehr lukrativ ist, zu seinem eigenen Erstaunen sehr intensiv angenommen. Es geht um eine Erbschaftsangelegenheit, bei der man seine Klientin übervorteilen wollte. Er hat die Sache zu ihren Gunsten wenden können.

Klientin: (schüchtern) Sie haben sich so sehr für mich eingesetzt, Herr Doktor. Ich weiß gar nicht, wie ich Ihnen dafür danken soll.

Er sieht sie nachdenklich an und ist selbst verwundert über sein Engagement in dieser Angelegenheit, über Regungen von Fürsorglichkeit, die er sonst kaum kennt. Vielleicht hat es an dem Vertrauen gelegen, das diese junge Person ihm von Anfang an entgegengebracht hat.

Er: Nun, das ist schon alles in Ordnung, darüber brauchen Sie sich keine Gedanken zu machen. Ich freue mich, daß Sie nun in Ruhe und wirtschaftlich einigermaßen gesichert Ihre Ausbildung abschließen können.

Klientin: Ja, und das habe ich Ihnen zu danken, Herr Doktor. Und dabei ... (sie stockt verlegen) ... Ihr Honorar –, ich verstehe nichts von diesen Dingen, aber ich habe den Eindruck, es ist sehr niedrig; und ich wollte Sie bitten ... (In ihr Gesicht ist eine leichte Röte gestiegen.)

Er sieht sie nachdenklich an. Wie sie mich anguckt, denkt er. Er ist plötzlich davon überzeugt, daß sie ihm ein Liebesangebot macht, daß sie bereit ist, aus Dankbarkeit mit ihm ins Bett zu gehen.

Er: (räuspert sich.) Nun, liebes Kind, das ist schon recht so, wie es ist. Wenn Sie meine Hilfe einmal wieder brauchen sollten – dann kommen Sie ruhig wieder vorbei.

Klientin: Vielen lieben Dank, Herr Doktor.

Nachdem die Klientin gegangen ist, fühlt er sich wie ausgepumpt. Warum habe ich mich so engagiert, nur um einem kleinen Mädchen zu 10000 DM zu verhelfen, fragt er sich. Und dabei stehen Dinge an wie die von Müller & Co. – große Projekte, von denen viel abhängt und bei denen es wirklich um Geld geht. Und Geld ist wichtig. Geld macht unabhängig. Mit Geld kann man lästige Leute abschmieren. Mit Geld kann man sich auch die eigene Frau vom Halse halten. Am besten, man gibt 'ne faule

Birne zu, hatte sein Vater immer gesagt, wenn die Mutter ihm lästig wurde.

Er drückt auf den Knopf seiner Sprechanlage. Zu seinem Bürovorsteher

Er: Die Akte und das Plädoyer in der Sache Müller gegen Heinze, bitte!

Kommentar

Der kontaktmeidende Mann – die resignierende Frau: Wie wird eine Ehe verlaufen, wenn Mann und Frau sich nicht einmal aus Verliebtheit heiraten, geschweige denn aus wirklicher Zuneigung, wenn er sich ihr verbindet, um einen geordneten Haushalt zu bekommen, und sie ihn ehelicht, weil sie den Anstrengungen eines eigenständigen Existenzkampfes entgehen und materiell gut versorgt sein will. Damit ist schon der Grundriß für eine weitgehend unbefriedigende Beziehung abgesteckt; denn beide heiraten ja nicht, weil sie Freude aneinander haben, sondern aus Gründen, die nicht primär mit der Ehe zu tun haben. So könnten seine an eine Ehe geknüpften Wünsche durchaus auch von einer Haushälterin erfüllt werden; und sie wäre auch wohl zufrieden, wenn sie zeitlebens bei ihrem Vater hätte bleiben können, von ihm versorgt und behütet.

So leben die beiden nebeneinander her, ohne Verständnis, ohne Austausch und ohne gefühlshaften Bezug zueinander. *Er*, der von jeher zu Frauen mißtrauisch-kritische Distanz gehalten hat, meidet nun auch zu der ihm Angetrauten jeden näheren, intimeren, persönlicheren Kontakt. Einer der Gründe dafür: Er ist heute noch mit seinem Vater identifiziert und hält sich darauf etwas zugute. Er sieht alle Frauen durch die väterliche Brille und ist dabei stolz auf seinen Scharfblick. Die Frauen sind eben unerträglich neugierig, sie schnüffeln überall hinein, stellen dauernd materielle Ansprüche und sind nie zufriedenzustellen. Er wird in dieser fixen Idee noch bestärkt dadurch, daß er zutreffend spürt, seine Frau hat ihn nicht aus Liebe, sondern aus Versorgungswünschen geheiratet. Er denkt in diesem Zusammenhang nicht daran, daß seine Motive bei der Heirat ähnlich gelagert waren.

Sie re-agiert, paßt sich ihm nach außen weitgehend an, erhebt nur gelegentlich kraftlose Proteste und vermeidet es gleichfalls, ihm näher zu kommen. Ich lasse ihm seine Ruhe, soll er mich auch in Ruhe lassen, so lautet das von ihr angebotene Arrangement. Das bedeutet aber nichts anderes als das völlige Aufgeben eines persönlichen Engagements und den totalen Verzicht auf eine gefühlsnahe Beziehung.

Genau besehen ist diese Ehe die Hölle, ein Nebeneinanderherleben ohne Gefühlsaustausch und ohne Zärtlichkeit. Seine vernachlässigten Gefühlsbedürfnisse tauchen gelegentlich in beruflichen Situationen gegenüber jungen, hilflosen Klientinnen auf. Ihnen gegenüber vernachlässigt er plötzlich zu seinem eigenen Erstaunen sein Time-is-money-Prinzip, und auf sie projiziert er seine eigenen sexuellen Wünsche, bei alledem vor wirklicher Annäherung ausreichend geschützt durch seine überlegene berufliche Position. Sie hat das für sie notwendige Minimum an Gefühlsaustausch in nachbarlichen Kontakten, gleichsam über den Zaun, vor der auch von ihr gefürchteten größeren Nähe geschützt durch das dreifache Gitter, das er um das häusliche Leben zieht. Die Beziehung ist dadurch stabilisiert, daß beide sich auf Gegenseitigkeit gleichartige Ansprüche befriedigen: den Anspruch auf materielle Versorgung und vor allem den Anspruch, in Ruhe gelassen zu werden.

4. Das Dreieck

Er und sie sind seit 6 Jahren verheiratet und haben einen vierjährigen Sohn. Er ist beträchtlich älter und hatte lange kein Bedürfnis verspürt, sich zu verheiraten. Er hatte damals eine langjährige Liebschaft mit einer sehr viel älteren Freundin, einer musisch sehr begabten Frau, die ihn als jungen Mann gesellschaftlich geschliffen, geistig gebildet und erotisch erzogen hatte. Ihr trotz sorgfältigster Pflege immer offenkundigeres Altern hatte dann allmählich doch den Wunsch nach einer jüngeren, frischeren Partnerin in ihm geweckt, ein Wunsch, der vielleicht insgeheim verbunden war mit der Tendenz, nun einmal selbst der Bildende und Formende zu sein. Doch er war fest gewillt, die Freundschaft mit der Älteren fortzusetzen. Er konnte sich schlecht vorstellen, sie zu entbehren, da sie so initiativebereit war, so erfahren, so vital. Nur unter der Voraussetzung, daß die Freundschaft fortgeführt würde, war die Ältere bereit gewesen, die Heirat zuzulassen. Diese hatte sich ihrerseits das Konzept zurechtgelegt: Wenn es nicht anders sein kann, mag er sich für Bett, Kinderaufzucht, Küche und Oberhemden eine junge Frau nehmen – nach Art der Christiane Vulpius. Seine Charlotte von Stein bleibe ich; ich werde nicht so schnell das Feld räumen wie jene.

Er hegte freilich insgeheim auch die vage Hoffnung, dem Joch der Älteren auf diesem Wege eines Tages zu entrinnen. Selbst unter diese Beziehung entschlossen einen Strich zu ziehen, dazu fühlte er sich schlechterdings nicht in der Lage.

Die junge Frau wußte von jener Freundschaft, hatte aber in aller Selbstverständlichkeit angenommen, die andere würde sich nunmehr in anständiger und ihrem Alter geziemender Resignation diskret zurückziehen. Ihr selbst war es unvorstellbar, jemals in das Gehege einer anderen Frau einzudringen, mit einer anderen um einen Mann zu kämpfen.

Sie war dann völlig verstört und ratlos, als der Ehemann bereits am Polterabend und auch am Hochzeitstag von der Freundin unter irgendeinem banalen Vorwand abberufen wurde und jeweils erst nach Stunden wieder zu seiner Frau und zur Fortsetzung der Hochzeitsfeierlichkeiten entlassen wurde.

Die junge Frau sieht zu, untätig und unfähig einzugreifen, wie nach der Heirat zunächst unregelmäßig, dann im Sinne einer festen Gewohnheit ihr Mann einen Abend jeder Woche bis spät in die Nacht bei der Freundin verbringt, »um mit ihr über seine Arbeit zu sprechen«. Auch ein Teil des Wochenendes – die Sonntagnachmittage – werden dafür abgezweigt. Schließlich kommt es soweit, daß der Ehemann auch seinen Urlaub mit der Älteren verbringt, auf Bildungsreisen. Die Ehefrau fährt indessen mit dem kleinen Sohn an den Familienstrand eines deutschen Seebades und buddelt mit ihm im Sand. Und abends sitzt sie weitab von dem abendlichen Kurbetrieb auf einer Bank, versucht »edle Gedanken« zu denken, quasi in sich »nach Perlen zu tauchen«, wie sie das bei sich nennt, und verfällt dabei immer wieder grauer Leere. Die Gedanken und Gefühle, die außer den »edlen« in ihr hochsteigen, besonders in Zusammenhang mit dem Ehemann und seiner Freundin, kann sie sich nicht gestatten, weil sie nicht echten Perlen glichen, sondern magmatisch heftig und nach ihren eigenen Maßstäben höchst unedel wären. Solche Gedanken werden unbewußt von ihr ausgespart, und da sie sehr viel aussparen muß, entsteht in ihrem Erleben immer wieder diese graue Leere.

An einem Spätnachmittag. Sie hat Besuch von ihrer einzigen Freundin.

Sie: Gestern rief mich Jädicke an (der Chef des Ehemannes) und bat mich, mal bei ihm vorbeizukommen.

Freundin Gisela: Was wollte er denn?

Sie: Er hat mir was gezeigt.

Gisela: Hat er wieder eine römische Münze aufgetrieben – eine »sehr schöne« oder gar eine »mit Stempelglanz«?

Sie: Leider nein. Was er mir zeigte, war gar nicht sehr schön und hatte auch bestimmt keinen Glanz. Er zeigte mir nämlich einen Brief von Ilsabe.

Gisela: Seit wann korrespondiert die denn mit ihm?

Sie: Weiß ich nicht. Jedenfalls beklagt sie sich darin über Peter. Sie hilft Peter doch bei der Vorbereitung der Ausstellung, die Jädicke vorhat. Gestern hat sie Peter angerufen, sie müsse sich von der Sache zurückziehen. Seit einiger Zeit streike ihr Herz, und ihr Arzt habe ihr alle Anstrengung verboten und so weiter und so weiter. Peter hat das natürlich auch geglaubt. Und nun schreibt sie dem Chef, man könne nicht mit Peter zusammenarbeiten; er sei so willkürlich und unzuverlässig, und so sehr sie es bedauere, sich von dieser wichtigen Sache zurückziehen zu müssen ... so in dem Stil ... Sie hat Peter also diffamiert. Jädicke war ...

Gisela: Erbost wahrscheinlich.

Sie: Erbost ist nicht das richtige Wort. Dazu ist er zu beherrscht und zu formbetont. Nein, er war unangenehm berührt. Das Ganze war ihm peinlich. Er mochte deswegen auch nicht mit Peter darüber sprechen. Deshalb hatte er *mich* wohl angerufen. Aber nun kommt's: Ich war kaum eine Stunde wieder zu Haus, da klingelt es, und eine überaus liebenswürdige Ilsabe steht vor der Tür, in jedem Arm eine große Tüte, mit französischem Käse, Lachsschinken, Krebsschwänzen und ein paar Flaschen Wein – lauter sehr guten Dingen für ein gemeinsames Abendessen. Peter habe doch so viel zu tun und könne sicher was Gutes brauchen. Und ich sei noch so angeschlagen von meiner Grippe. Das sähe man mir doch an. Ich war einfach baff. Was ist nun echt an dieser Frau?

Gisela: Immer der jeweilige Affekt.

Sie: Na ja, aber im ganzen ist die doch unecht! Einfach nicht greifbar. Ohne Linie und ohne Konsequenz. Bei der ist doch alles nur show!

Gisela: Auf jeden Fall hast du ja jetzt was in der Hand gegen sie. Hast du schon mit Peter über den Brief gesprochen?

Sie: Das geht nicht. Peter ist zur Zeit wirklich nicht gut beieinander. Ich möchte ihn damit nicht belasten. Ich weiß, wie ihm das nahegehen würde. Außerdem würde er dann mit Ilsabe sprechen, und sie würde entweder entsetzlich traurig oder sehr wütend reagieren, und dann würde sie auf mich losgehen. Und ich könnte mich nicht wehren. Du kennst mich doch: Wenn jemand durch mich traurig wird, dann kriege ich Schuldgefühle. Ich denke, ich hab' was falsch gemacht. Und dann will ich das Unrecht wieder gutmachen. Und wenn jemand auf mich wütend wird, dann fühl' ich mich schwach und unterwerfe mich.

Gisela: (nachsichtig-mitleidig) Ja, so bist du, ein Schaf, und das bei einem Intelligenzquotienten von 135, wenn ich mich richtig erinnere.

Sie: Ich weiß nicht, ob ich dir das schon mal erzählt habe: Vor zwei Jahren, als die beiden zu der Ausgrabung nach Paestum fuhren, da haben sie mich doch freundlicherweise eingeladen, und ich bin auch mitgefahren, mit eingezogenem Schwanz und mit dem Gefühl, um Gottes willen, bloß nicht bellen. Eines Tages hat Ilsabe mich dann aufgefordert zu einer Autofahrt, mich allein. Sie hat dafür extra einen Wagen gemietet. Mitten in der Landschaft hielt sie dann plötzlich an und legte los: Warum Peter mich nur habe heiraten müssen! Ich hätte alles kaputtgemacht. Ich verstünde ihn ja doch nicht und würde ihn immer nur behindern. Ich habe fassungslos geheult. Ich hatte den Wunsch: nur weg, nur weg. Niemanden mehr sehen. Ilsabe hat bei meiner Heulerei bestimmt gedacht: Das ist ihr schlechtes Gewissen. Sie machte dann wieder auf die mitleidige Tour. Und das ging mir erst recht an die Nieren.

Gisela: Und du hast Peter natürlich nichts davon erzählt?

Sie: Natürlich nicht. Das hätte ihn nur belastet. Er ist dieser Frau doch einfach nicht gewachsen.

Eine Dreier-Beziehung, in der jeder auf seine Weise nicht zufrieden ist! Die Ehefrau ist immer wieder verstört und ratlos, wenn sie merkt, welche Macht die Freundin über ihren Mann ausübt. Die Freundin wird wieder und wieder eifersüchtig auf die Ehefrau und gerät in Zorn, weil dieses junge Ding die, wie sie meint, so schöne, geistige und künstlerische Beziehung zweier reifer Persönlichkeiten gestört hat. Der Mann schwankt von vornherein zwischen den beiden Frauen und fühlt sich in dieser Unentschiedenheit unbehaglich, unbehaglich zwischen zwei Frauen, die beide nicht recht zufrieden mit ihm sind und von denen jede ihm immer wieder offene oder versteckte Vorwürfe macht.

Zwei Fragen drängen sich auf. Die erste Frage: Wie kam es zu dieser Beziehung, die für keinen der Beteiligten befriedigend ist? Die wichtigsten Gründe wollen wir anführen:

Die Ehefrau ist nicht in der Lage, bewußt und angstfrei mit anderen Frauen zu konkurrieren, sie vermag eine Rivalin nicht aus dem Felde zu schlagen. Dies kann sie unter anderem deswegen nicht, weil sie der Frau überhaupt jedes Mitbestimmungsrecht abspricht und meint, allein der Mann habe zu bestimmen; so hatte sie gehofft, ja als selbstverständlich vorausgesetzt, der Mann werde die Freundin zum Rückzug veranlassen.

Der Ehemann ist aber selbst ein Unentschlossener, er gehört zu denen, die niemandem wehtun wollen und es allen rechtmachen möchten und die eben dadurch allen Beteiligten Kummer bereiten.

Die Freundin schließlich will unter keinen Umständen den Mann verlieren; sie ist die einzige wirklich Entschlossene in diesem Kleeblatt. Lieber hätte sie ihn zum Ehemann gehabt; als das nicht zu verwirklichen ging, fand sie sich damit ab, in ihm wenigstens einen ständig zur Verfügung stehenden Freund zu haben.

Die zweite Frage lautet: Wie kommt es, daß eine solche Beziehung bestehen bleibt, daß sie trotz den Mißfallensäußerungen der Beteiligten sich zähe am Leben erhält. Diese Verfestigung ist latenten Motiven zuzuschreiben:

Die Ehefrau hängt an dieser 3-Personen-Beziehung, weil das Festhalten der anderen Frau an einem verheirateten Mann ihr erlaubt, sich dieser moralisch überlegen zu fühlen (»*Mir* liegt ein solches Verhalten fern«). Sie genießt also ihre Selbstgerechtigkeit. Sie genießt außerdem in (unbewußter) identifikatorischer Teilhabe die rücksichtslos verdrängende, besitzergreifende Art der Rivalin. Sie hängt ferner an dieser Beziehung, weil sie ihr zu einer Art Alibi verhilft. Sie kann von sich selbst sagen: Ich hätte bestimmt eine wärmere und vertrautere Beziehung zu meinem Mann, wenn diese Frau nicht wäre. Tatsächlich ist sie einer gefühlsnahen Beziehung zu einem Manne jedoch nicht fähig – was kaum verwundert bei einem Menschen mit solch »edlen« Gedanken und solcher Unfähigkeit, sich mit anderen Frauen zu messen.

Der Ehemann hängt an dieser Beziehung, weil er damit quasi zwei Fliegen mit einer Klappe schlägt: Er hat eine junge, hübsche Frau, die sich bescheiden zurückhält und der er sich überlegen fühlen kann; er hat eine Freundin, die ihm ihre Impulse und die Fülle ihrer Erfahrung leiht, auf die er sich stützen kann. Was will ich mehr, so fühlt er im Grunde.

Die Freundin hängt an der Beziehung, weil sie ihr ebenfalls eine doppelte Befriedigung verschafft: Sie kann sich der Ehefrau überlegen vorkommen, dadurch daß sie den Mann manipuliert – und sie kann sich, ähnlich wie die Ehefrau, einreden: Was für eine wundervolle Beziehung würde das sein, wenn *ich* mit ihm verheiratet wäre! Es ist jedoch kein Zufall, daß sie nicht verheiratet ist; ihre dominierende und vereinnahmende Art würde in einer Ehe sicher zu großen Schwierigkeiten führen.

So finden alle drei uneingestandene Befriedigungen in dieser Beziehung, und keiner denkt ernsthaft daran, sie aufzulösen.

IV.

Schlußwort

Die Ehe als eine Zwei-Personen-Beziehung ist eine der kleinsten, intimsten und zugleich fragilsten Gruppenformen. Loeser[53] hat bei der Erforschung gruppendynamischer Prozesse festgestellt, daß zwischen Größe, Form und Funktion einer Gruppe regelhafte Beziehungen bestehen. Die Gruppengröße, das heißt die Zahl der Mitglieder, bestimmt sich unter anderem nach der Aufgabe oder Funktion der betreffenden Gruppe, zum Beispiel im Fall von Gerichten, Jurys, gesetzgebenden oder Untersuchungsausschüssen, Vorstandsgremien und ähnlichem. Diese Tatsache zeugt von einer mehr oder minder reflektierten Erfassung solcher Zusammenhänge im allgemeinen Bewußtsein.

Die gegenseitige Abhängigkeit von Größe, Form und Funktion gilt auch für die Ehe-Gruppe. Dank ihrer Begrenzung auf zwei Personen ermöglicht sie das höchste Maß an Intimität. Sie gestattet eine weitgehende Abschirmung gegen die Öffentlichkeit und Geborgenheit in einem Wir, zu der kein Ungebetener Zugang hat. Loeser weist darauf hin, daß die Dualbeziehung der Freundschaft und auch der Ehe besonders kreativ sei, daß in solchen Beziehungen die höchsten geistigen Werte entwickelt wurden. Andererseits kann die Dyade jedoch auch besonders heftige, aggressive, ja destruktive Affekte erzeugen.

Die Nähe, in der sich die Kommunikation in der Ehe vollzieht, mobilisiert in gleicher Weise mitmenschlich-freundliche und kritisch-feindselige Gefühle. Eine Dualbeziehung bietet ein größtmögliches Maß an Intimität und läßt gleichzeitig kein Ausweichen vor der Verantwortung zu, wie Loeser sagt. Für das Gelingen oder Mißlingen einer Ehe sind nur zwei Menschen, Mann und Frau, verantwortlich. Je mehr Mitglieder eine Gruppe zählt, desto mehr erlaubt sie, daß Verantwortung aufgeteilt wird.

---

[53] Loeser, L. H.: Some aspects of group dynamics. Int. J. Gr. Psychother. 7: 5–19 (1957).